# 历史上那些女人们

杨柳 著

群言出版社
QUNYAN PRESS
·北京·

**图书在版编目（CIP）数据**

历史上那些女人们 / 杨柳著 . -- 北京 ： 群言出版社，2016.4（2020.4 重印）

ISBN 978-7-5193-0096-8

Ⅰ. ①历… Ⅱ. ①杨… Ⅲ. ①女性－名人－生平事迹－中国－古代 Ⅳ. ①K828.5

中国版本图书馆 CIP 数据核字（2016）第 080031 号

---

**策划编辑**：杨　青
**责任编辑**：李　群
**封面设计**：颜森设计

**出版发行**：群言出版社
**地　　址**：北京市东城区东厂胡同北巷 1 号（100006）
**网　　址**：www.qypublish.com（官网书城）
**电子信箱**：qunyancbs@126.com
**联系电话**：010-65267783　65263836
**经　　销**：全国新华书店

**印　　刷**：北京柏力行彩印有限公司
**版　　次**：2016 年 7 月第 1 版　2020 年 4 月第 5 次印刷
**开　　本**：710mm × 1000mm　1/16
**印　　张**：21.25
**字　　数**：326 千字
**书　　号**：ISBN 978-7-5193-0096-8
**定　　价**：36.00 元

# 前言

可以肯定的是，追求幸福是每一个女人的目标，任何一个女人都梦想能够拥有美满的婚姻、和睦的家庭、幸福的生活以及成功的事业。而这一切都需要有不同寻常的魅力作支撑。可惜的是，一些女性由于不太关注培养自身的修养，难以提升魅力，只能眼睁睁地看着幸福擦身而去；还有一些女性以国际化女性为培养方向，她们以为只要学一些西方的习惯就可以了，比如喝法国红酒、穿名牌、戴钻石、会说场面话、会做场面活……这不过是把皮毛当成了精髓，外表也许可以很像淑女、名媛，但却没有淑女、名媛该有的气质和风度。

我们认为，提升魅力，关键在于提升内在修养。而向外国人学习不如先向自己的前辈们学习，毕竟不同的国度存在着巨大的文化差异。民族的才是世界的，这句话同样适用于女性魅力。与此同时，漫无目的地四处摸索，不如先去浩瀚的历史长河中求索。历史是根基，在这个基础上你才更能够把握身边优秀女性的精髓。

请不要轻视历史的作用。不可否认，在中国乃至世界，长期的男权制度让女人在很长一段时间内集体失声。这一失声期至少延续了五千年左右，至今仍有后遗症。即使如此，依然有无数女性在以男性为主角的史册中，浓墨重彩地留下了她们的身影。她们为后来的女性提供了各种样板。

《白雪公主》中恶毒的继母有一面诚实的镜子，历史就是这样一面镜子，它能准确地照出一切事物的过去、现在和将来。对于女性来说，如果你试着一窥历史这面镜子，就会发现，在这里，你几乎可以看到女性身上可能存在的所有优点和缺陷，并且能够找到修正缺点的法宝。

正是基于以上观点，本书编写者不惜翻故纸堆，选择历史上不同性格、不同结局的女性故事，结合现代社会中典型的女性事件和女性问题，诸如职场生存、家庭关系、情感误区、价值取向、个人修养等各个方面，为女性朋友们提供了提升个人魅力的建议。

能够为女性朋友们打开一扇通往幸福的窗，是我们的希望。由于作者水平有限，在认识和理解上必然存在着不足之处，希望读者谅解。

# 目录

# 第一章

# 闯荡名利场，需要硬装备

名利场就像野兽张开的大嘴，进去不易，出来更不易。能冲杀出来，脱颖而出的女人，必定有非凡的“装备”——包括超常的智慧、强硬的背景、绝色的美貌，抑或冲天好运气。本书就从一个具有冲天运气的女人开始。

## 天上掉下个太子妃——王政君

王政君是西汉元帝刘奭的皇后。她的一切似乎都是老天硬给她的。她没后台，在后宫争斗中几乎没有战斗力，却一路从普通宫女，做到太子妃、皇后、皇太后、太皇太后，而且是几任太皇太后，历经七个皇帝，两个朝代。这个辉煌的“职业履历”是西汉王朝唯一的一个，在历史上也屈指可数。按照穿越小说的说法，王政君是拥着“金手指”的——不用努力，就能得到他人不惜赔上性命追求的东西。

更奇的是，她身居高位，生命漫长，几乎没有做对过事，生生让儿子绝后、暴毙，将西汉王朝拖向末路。这是一个另类的让人无语的奇女子。

王政君是带着光环出生的。据《汉书》记载，她的母亲李氏怀她时曾“梦月入其怀”，这种异象的意思是说此女日后必定非同寻常。随着年龄渐长，王政君渐渐出落得美艳端庄，且“婉顺得妇人之道”，在当地颇有佳名。到了可以出嫁时，父亲将她许配了人家，即将成亲时，准新郎突然不明不白地暴病而亡。东平王不信邪，欲纳她为姬，结果一样没有等到洞房花烛就撒手西去了。同样的怪事接连发生，致使王姑娘一直拖到十八岁也没嫁出去。

像王政君这种情况，放在明清以后必定会被扣上“克夫”的帽子，甚至是“天煞孤星”“白虎星”之类的帽子，别说嫁个好人家，能好好活着就不错了。然而，在汉代，如果哪家出了这样的姑娘，就会被相士高人上门恭贺：“你家姑娘贵不可言！”

王政君的父亲，廷尉史王禁被人这么恭喜过多次后，干脆把这位已经无人敢来求亲的女儿送进了皇宫。于是，公元前 54 年，18 岁的王政君进入皇宫，做了一名地位很低的“家人子”。

想进皇帝后宫混个品级，没有一定家世是不行的。王政君的父亲王禁虽然是个小官僚，王家却是当朝皇帝汉宣帝刘询的亲戚。说起来，王政君的家世也是一个传奇。刘询的祖父是汉武帝刘彻与皇后卫子夫的儿子刘据，刘据曾一度被立为皇太子。刘据与史良娣生子刘进，世称史皇孙，他就是刘询的父亲。汉武帝晚年发动的江充巫蛊事件中，卫子夫一脉受到陷害，刘据、刘进父子双双悬梁自尽，他们的妻妾全被处决，刘询的母亲王翁须也在其列。尚在襁褓中的刘询则陷入大狱，历经牢狱之灾，长大后又流落民间，历经磨难才被找回继承帝位。

刘询当了皇帝后下令寻找祖母家和母亲家的人，最后，终于找到了外祖母王媪和两位舅父王无故和王武。王武生儿子王禁，王禁生女儿王政君（就是本文的主角）和儿子王曼，王曼生儿子王莽。王莽的大名，人人皆知，他靠着姑母王政君的裙带关系，进入西汉政府，最终夺取政权，建立了自己的新王朝。

王家将王政君送入宫中，抱着发扬光大王家势力的目的。不过，王姑娘进宫后的第一年并没有什么进展。但是不久之后，机会终于来了。

当时还是太子的刘奭正在闹别扭。原因是他最喜欢的良娣司马氏病故，她不甘心早早退场，临死前留话说，是太子宫里的其他姬妾咒死她的。刘奭伤心之余将自己后宫的女人全部视为是害死爱人的仇人，不让她们近身。皇帝刘询觉得儿子这么消极不好，自己还没有孙子呢，就嘱咐皇后在后宫挑几个良家美女给儿子送过去。

刘询的王皇后并不是太子的亲生母亲。她的命运与王政君有些像，也是多次订亲新郎就死的“贵不可言”的命。当时还未登基的汉宣帝刘询就住在王家隔壁，太子的亲娘，前皇后许平君刚刚被害，太子刘奭还很小。刘询觉得自己的每个妃嫔都像是要害死太子让自己儿子上位的恶毒女人，于是干脆将人品不错的王氏召入宫中照顾儿子。汉宣帝并不喜欢王皇后，只是把她当作太子的保姆。这一点王皇后也很清楚，因此对太子的事情非常上心。当汉宣帝吩咐下此事后，她很快挑了五个适龄女子站成一列让刘奭挑，王政君就在其列。刘奭敷衍地随手一指说：“就她吧。”大家并不知道“她”是谁，正巧王政君那天穿了一身比较显眼的衣服，又离刘奭最近，于是就被送到太子宫中。

刘奭喜欢个性美女，王政君的姿色、性格都不足以引起刘奭的兴趣。经过这唯一一次阴差阳错的宠幸后，王政君就被太子抛到脑后了。不过，“金手指”的力量是无穷的。就这一次的机会，让王政君生下了太子的第一个儿子。

皇长孙的降世让汉宣帝大为高兴，立刻赐名为“骜”（千里马的意思），封为皇太孙。王政君母凭子贵被册封为太子妃。

这个太子妃的头衔，对于王政君是天上掉下来的馅饼，自此，开启了她传奇的后宫升职之旅。对于西汉王朝，则是没落宿命的开始。

刘奭的皇太子之位当时并不太稳，这个儿子的出生也让他沾了光。

汉宣帝刘询打小经历坎坷，因此治国手段比较狠硬。刘奭长于宫廷，迷信儒学，还有点艺术家气息，总觉得老爹不是仁君，时常在老爹面前叽叽歪歪。刘奭的智力虽然平平，但是口才极好，让刘询烦不胜烦。烦得次数多了，就是亲爹也不能忍了。忍无可忍的刘询怒斥：“乱我家者，太子也！”不缺儿子的刘询动了改立太子的心思。

这个想法实行起来很不顺利。刘奭的母族许氏家族不同意，以太子为倚仗的王皇后也不同意，那些在中枢已经占好位置的太子党们更是不同意，大臣们考虑到易储带来的政局动荡，觉得“易储”这件事应当反对。抛开外部的重重阻挠不说，刘询本人也有些矛盾，他一直对结发妻子许平君因为自己继承皇位被人毒死一事耿耿于怀，对许平君唯一的儿子下不去手。就在犹豫来犹豫去的档口，王政君生下了皇长孙。喜气冲淡了刘询对儿子的怨气，刘奭度过最危险的关头。

刘奭在度过对司马良娣的短暂怀念期之后，很快投入新的爱情，最宠的傅氏、冯氏都在王政君之后有了儿子。由此可见王政君的运气之好。有趣的是，刘奭本人性格软弱，但是他喜欢的都是个性美女，前面死都要拉着垫背的司马良娣自不必说，后来的新欢也个个性格鲜明，有性格泼辣、有心计、有野心的傅昭仪，有敢于挡熊而立的冯媛冯昭仪，最有名的就是自请去匈奴让他追思不已的王昭君。（这三个美女的故事将在后面的章节中介绍）

在性格美女的衬托下，王政君没有手段、没有胆量，美貌也不出众，更加不得刘奭的欢心。

皇太孙刘骜三岁时（公元前 49 年），刘询驾崩，刘奭继位，是为汉元帝。刘骜升职为皇太子，按说王政君顺理成章地应该立为皇后。但元帝却想把皇后的桂冠戴在最宠爱的傅妃头上，可是他又不敢违反传统的规制。在整整犹豫了三天后，元帝还是无可奈何地立王妃为皇后。

王政君的皇后生活相当憋屈，连普通妃嫔都不把她放在眼里。好在王政君生性柔顺，并不争风吃醋，因此，汉元帝对王氏家族的恩典并不少，王氏家族封王者多至十人，为西汉末年外戚专权埋下了祸根。

汉元帝非常宠爱傅昭仪，对傅昭仪所生的儿子刘康也是钟爱有加，"坐则侧席，行则同辇"，形影不离；对王政君所生的太子刘骜则是横竖看不顺眼。尤其是后来刘骜经常饮酒作乐，不务正业，汉元帝更觉得他无德无能，不堪大任，常常想以刘康代之。王政君母子以及王氏家族为此忧惧不安。这一次，金手指再次起作用。史丹出面力保王政君母子。史丹在汉宣帝时曾力保过刘奭的太子之位，因此他的话对刘奭很有影响力。

为了保住刘骜的太子之位，史丹建议刘奭将自己生母许氏家族的平恩侯许嘉之女立为太子妃。刘奭对于自己生母早亡一事始终耿耿于怀，对许氏家族也相当优厚，于是同意了史丹的建议。刘骜有了许氏家族的女子为妻，暂时保住了太子之位。刘骜为了讨好老爹，专宠许妃。刘奭见刘骜还算老实，又有史丹力保，就渐渐放松了改立太子之事，一拖就拖到了断气。

公元前 33 年五月，元帝刘奭驾崩，刘骜继位，是为汉成帝，当时只有三十七岁的王政君晋升为皇太后。所有封为亲王的皇兄皇弟，都被遣送到他们的封国，王政君的情敌们也都跟着走了：傅昭仪跟着儿子刘康去了定陶（今山东省定陶县），称"定陶太后"，刘康死后，其子刘欣任定陶王。冯媛跟着儿子刘兴先去了封国信都（河北省冀县），不久改封到中山（河北省定县），冯媛被称"中山太后"。

看起来，王政君唯我独尊的日子到来了。然而，事情并没有这样发展，一手好牌还是让她弄砸了。此事要从她的儿子刘骜说起。

刘奭没什么能力，但对儿子的认知倒是很准。刘骜继位为帝后，一扫之前在老爹面前的伪装，不再假装与许氏深情款款，而是广纳妃嫔，开始了他不务正业、胡作非为的酒色生活。与他爹一样，刘骜的后宫也都是赫赫有名的美女，包括千古风流的赵飞燕、赵合德姐妹，才女班婕妤。

赵氏姐妹入宫后，把后宫闹得鸡飞狗跳，先是害死许皇后，然后把持后宫，屡屡残害后宫诸妃嫔皇子，导致刘骜到死都没有儿子——不是生不出儿子，而是儿子们都被谋杀了。

赵飞燕姐妹能够横行后宫，王政君功不可没。赵飞燕姐妹进宫几个月后就想对许皇后动手。刘骜对这个先皇指定的皇后并不喜欢，王政君也不喜欢这个儿媳妇。先皇在世时，许氏及其家族的地位和权势都要高过王政君和王氏家族，这让她很不舒服。于是，一场有预谋的废后阴谋开始了。

汉成帝鸿嘉三年，赵飞燕密告许皇后与其姐姐诅咒怀孕的王美人和大将军王凤，而且不但咒骂自己还咒骂皇帝。王政君亲自过问，大狱兴起，许氏家族被诛杀干净，为王氏家族的封侯拜将腾出位置，也为赵飞燕姐妹上位腾出位置。

许皇后被废后，刘骜想立赵飞燕为皇后。起初，王政君嫌弃她出身微贱，有碍皇室体面，出面阻止。后来见拗不过，她就暗示皇帝先封赵飞燕的父亲为成阳侯，改变赵飞燕的贫贱出身，以对付大臣。刘骜依言而行，如愿以偿地册封赵飞燕为皇后，册封赵合德为昭仪。说起来，皇嗣断绝、刘骜暴毙，王政君都有不可推卸的责任。

皇家绝嗣，这是一个很严重的场面，但身为皇太后的王政君不闻不问。那么，她在忙什么呢？在忙着大封亲族呢。

王政君战战兢兢地生活了十几年，当上皇太后以后，一吐心中块垒，打算放手为所欲为了。她主要做两件事，一是任由儿子胡作非为以自保，二是帮助自己的王家飞黄腾达，扬眉吐气。刘骜沉迷后宫，不理朝政正可以让她大展手脚。

在王政君的裙带提携下，王氏家族迅速崛起，拉开了西汉王朝外戚专权的帷幕。她的大哥王凤被加封为司马大将军领尚书事，这一职位是政府百官之首，自王凤起至西汉亡，几乎为王氏垄断，王凤、王音、王商、王根、王莽先后任该职。她的其他五个兄弟同一天封侯，号称“五侯”，其他王氏子弟加官晋爵者甚众。一时间，王氏门中“五将十侯”，让世人只知有王凤而不知有皇帝。

王家在王政君做太子妃、皇后的时候，都始终不受皇帝的待见，如今一吐郁气，自然要能多嚣张就多嚣张。弄得朝政腐败，民怨载道，西汉政权眼见已经日薄西山。

公元前 9 年，刘骜和王政君都不得不接受没有皇太子这个沮丧的事实。不得已之下，皇太子只能从刘骜的兄弟子侄中选择，候选人有冯昭仪的儿子中山王刘兴和傅昭仪的孙子定陶王刘欣。刘骜听从赵飞燕姐妹的建议，册立了刘欣为太子。这位刘欣，正是当年与王政君争位的傅昭仪的孙子。如果王政君有脑子的话，就应该想办法让刘骜后宫诞下自己的亲孙子，而不是把皇位送给自己的头号情敌的孙子。退一步讲，也应该选择威胁更小的冯昭仪的儿子。可是她没有。

接下来王政君的表现更荒谬。

按照刘骜的命令，刘欣被封为皇太子后要待在首都长安，他的祖母傅氏和亲娘丁姬不准跟着来走马上任，仍要留在封国所在地定陶。这件事情在法理和伦理上都有据可循。傅氏千方百计把唯一的孙儿推上皇位继承人的宝座，就是打算跟着回长安作威作福的。如今不但自己不能回长安，还要失去孙子，如何甘心？此事虽然在法律和伦理方面无空子可钻，但她有左道旁门——贿赂。当初她就是用大笔的金银财宝让赵氏姐妹为刘欣说话。如今，她再度大撒金钱，贿赂皇后赵飞燕和宰相王根一众重臣，让他们在皇帝和太后面前说好话。

同时，傅氏还在王政君面前放低身段，极力奉迎，这让王政君感到无比的满足，于是她做了个很没脑子的决定，她特别允许傅氏和丁姬可以每隔十天到太子宫探望刘欣一次，这意味着婆媳俩可以长住长安了。刘骜还不算太笨，坚决反对。王政君解释说：“刘欣年龄还小，让傅氏去看望他，不是因为她是祖母，而是把她当成奶妈。”然后向儿子做了小小的让步，只让傅氏去看刘欣，不让丁姬去，因为丁姬只生了儿子没有养儿子。事实上，丁姬根本没机会养儿子，她生下刘欣后，娃儿就被婆婆傅氏抱走了。由此可见，傅氏比丁姬难对付得多。如果王政君聪明，就算是给太子召保姆，也要选弱势的丁姬。也许她觉得自己和王家的势力足够强大，她和儿子的好日子还长着呢，傅老太婆已不足为惧。总之，王政君做了一件又一件给自己挖坑添堵的蠢事。

定下太子人选后，赵氏姐妹依旧祸害后宫，王政君母子则手握江山，玩得其乐融融，母慈子孝。然而，欢乐的日子很快就结束了。

公元前7年，即汉成帝绥和二年，距立刘欣为太子不过两年，汉成帝因过量服用春药，暴死于赵合德的床上。刘欣继位，傅太后重返权力中心。王政君和傅氏这对老冤家，经过二十余年的分离后再度短兵相接。

傅氏本就工于心计，当年还是昭仪时，不但自己牢牢笼络住汉元帝，还让儿子投皇帝所好学习音律，以至于刘奭晚年病重，只有傅昭仪和刘康在身边侍奉，王政君母子轻易见不到皇帝，还差点被废。如今，重返皇宫的傅氏战斗力更强。

刘欣继任皇帝后，太皇太后是王政君，赵飞燕是皇太后，他的亲祖母傅氏和亲妈丁姬仍是封国的小宗身份——定陶太后和定陶皇后。雄心勃勃的傅太后自然不甘心。她从刘欣上位后就天天逼着孙子公开尊崇自己当太皇太后，尊崇丁姬当皇太后，但是刘欣有些为难。一来，此事与宗法制度不合，再说，刘欣刚刚坐上宝座，屁股还没有暖热，政府大权仍把持在王政君娘家人王姓家族的手里，他不敢直接发命令。

侯爵董宏看在眼里，向刘欣上了一个条陈，建议他仿效战国时期子楚（秦始皇的父亲）的母亲夏姬的事例。当时子楚为了得到秦王的青睐，过继给其正妻华阳夫人为子，等到子楚坐上王位后，夏姬和华阳夫人同时都称王太后。

对于傅氏的回归，王氏家族中有一个人表现出了高度警惕，那就是王莽。董宏的提议一出，时任大司马的王莽立即做出反击，他联合左将军师丹等人联名弹劾董宏，说他引用野蛮之邦的故事，是看不起天子，应该满门处斩。刘欣抵抗不住王姓家族的压力，虽然没将董宏满门抄斩，但也不得不将董宏贬成平民。

董宏事件点爆了傅王二家之间的火药库。傅氏责备刘欣没用，连亲娘和亲祖母的尊号都束手无策。刘欣觉得有理，于是他向王政君要求支持。王政君不好意思拒绝，就以太皇太后的身份下令，追赠刘欣的生父刘康为“共皇”，尊傅氏为“定陶共皇太后”，丁姬为“定陶共皇后”。

傅氏当然不满意，她忍着等待下一个契机。王姓家族同样也在摩拳擦掌，等待下一个契机。

有一天，太皇太后王政君在未央宫大摆筵席。王政君是首席，傅氏让人将她的椅子摆在王政君的旁边，两人平起平坐。座位刚刚摆好，宰相兼大司马的王莽就冲了进来，大发雷霆道："上面怎么有两个座位呀？"办事人员称："正中的是太皇太后，旁边的是定陶傅太后。"王莽大怒道："定陶傅太后只不过是一个封国的太后，怎敢跟太皇太后平起平坐？还不把椅子搬开！"办事人员只好把傅氏的椅子摆到次席的位置。早有耳报将此事传到傅氏耳中，傅氏大怒，死活不去参加宴会了。此时王政君还不知道发生了什么事情，几次派人去催请傅氏都请不来。宴会最后虽然仍然正常举行了，但因皇帝的嫡系祖母没有出席，皇帝不高兴；皇帝一不高兴，其他参加的人自然也不敢高兴。一场宴会，弄得兴致索然，每人心里都蒙着一层阴影。

事后，傅氏立刻加以反击，她要刘欣对王莽采取行动。好汉不吃眼前亏，王莽自动提出辞呈滚蛋了。王莽丢官拉开了王氏家族倒台的大幕。随后，司隶校尉解光抓住机会，弹劾王姓家族的两位当权分子：官拜侯爵的王根和王况叔侄。这一弹劾正中皇帝刘欣的下怀。趁机将王根遣回他的封邑曲阳（今安徽省凤台县），王况则被撤销侯爵，贬成平民。

自此，王姓家族衰落，傅姓家族兴起，丁姓家族也跟着沾光。一时间，傅丁二家的势力如日中天，炙手可热。

这一切都发生在刘骜死掉，刘欣上台那一年。

王政君与傅氏的再度交锋，王政君大败。而这个结果的主要缔造者正是王政君。王政君与王家把持朝堂数十年，竟然一朝被扳倒，其能力也真不够看。

傅家既已掌权，傅氏成为全国最有权威的女人，她和丁姬的尊号问题不再是问题。傅氏和丁姬的尊号随着权力的变化而变化，傅氏的称号由"定陶共皇太后"到"帝太太后"再到"皇太太后"，丁姬则由"定陶共皇皇后"改称为"帝太后"。加上原有的太皇太后王政君以及皇太后赵飞燕，西汉后宫形成四位太后并立的罕见局面。其中最有权的是傅太后。

当时，皇帝刘欣不过二十来岁，王政君已老，其生命似乎只有黯然收场一条路。然而，老天再次给她好运。公元前 5 年六月，丁姬在争取到尊号的三个月后一命呜呼。三年后，踌躇满志的傅氏命归阴府。次年（元寿二年，公元前 1 年），皇帝刘欣也跟着去世，在位仅七年，死后被谥为哀帝。

王政君虽然一时失势，手中仍有势力。她最早得到了刘欣去世的消息，赶在皇太后赵飞燕和傅皇后之前跑到了刘欣的尸体前，一把将玉玺抓到了手里。经过这么多年的教训，王政君再愚弱，此时也知道权力是个太好的东西。政府大权刹那间重新回到太皇太后王政君手里，她立刻把喜爱的侄子王莽召回中央政府，任大司马（相当于当全国武装部队总司令）兼领尚书事（相当于皇宫机要秘书长）。由于刘欣无子，冯媛的孙子，九岁的衎（也叫刘箕子）继任皇帝，是为汉平帝。

王莽一回归，姑侄二人就迅速对傅丁二族展开暴风骤雨般的报复，掘了恨入骨髓的傅太后的坟，顺带着也掘了丁皇后的坟，声称她们没资格葬在长安，应改葬到她们的封国定陶。当挖掘傅太后的墓时，忽然产生崩陷，压死数百人，开棺后臭味传播数里之外。挖掘丁姬墓时，棺材忽然起火，王莽因而宣称那是上帝降的大火。不敢想象，如果傅太后不早一年死掉，结局会多惨。说起来，傅氏也是一个幸运的人。赵飞燕和刘欣的傅皇后也没这么幸运，统统被逼自杀了。

愚蠢了一辈子的王政君在关键时刻表现出了极高的政治敏感性，接下来仍旧大失水准，难免让人想到她当时受到了高人指点。

接下来轮到王莽表演了，在他一步步将西汉王朝推向墓地的过程中，王政君依然不自知地起着帮手的作用。

王莽是什么时候兴起雄心，要篡夺西汉王朝政权，自己建立王朝的，我们不知道。只知道在他重返政府后，一切努力——包括杀掉阻挠自己的儿子和小皇帝的母族卫姓家族，都是朝向夺权的目标急进。

当时王政君虽然年迈，但牢牢握着玉玺，任何事情都要掌握在自己的手中。王莽想夺权，又不敢惹王政君。于是，他就对王政君表现出十二万分的孝顺，同时展示自己的能力，让王政君对他满意的挑不出毛病。看火候差不多，就指使爪牙上书，说太后是至尊之躯，不宜操劳过度，一些小事就不必亲躬了。王政君听了很高兴，吩咐以后除了封侯赐爵一事必须奏闻于她，其他事一概由王莽裁决。

摆平了王政君后，王莽开始着手掌握小皇帝刘箕子，最好的办法就是将女儿嫁给他。那时候王莽还要维持他仁善的面目，不能强行将女儿塞给皇帝。于是拿姑妈王政君当枪使。

公元4年，刘箕子十二岁，王莽对王政君说，应该替皇帝选择妻子了。王政君女士既老且昏，当然听侄儿的。王莽是个古礼的崇拜者，他决定完全采用古礼，即周王朝所用的古礼给皇帝选妻。在古礼中，皇帝同时娶十二位妻子，术语称之为“天子十二女”。王政君依言下令有关衙门，物色年龄相当的名门世家的美貌少女造成名册，呈请裁夺。名册呈到王莽手中后，他有点傻眼了：每一个候选女子都门庭煊赫，而且王姓家族的女郎占了一半，他的女儿虽然也在其中，却没有必胜把握。

王莽这才发现自己给自己挖了个坑，他必须解救这个危机。于是他采取以退为进战略，报告王政君说：“我既没有特别的才能，我女儿也没有出众的容貌，请求准许把她剔除。”王政君的脑子不足以领悟王莽的意图，以为他不想让王姓家族跟皇帝再亲上加亲。这种谦卑和忠贞的态度让她老人家大为感动，当即吩咐有关衙门，将王姓家族的女儿一律剔出皇后候选人名单。这个命令如果实行了，王莽就真是竹篮打水一场空了。就在这个节骨眼上，王莽长期结党营私笼络的庞大势力集团动了，政府高级官员们纷纷向王政君呼吁，要求不必再行遴选，应该直接指定王莽的女儿当皇后。与此同时，他多年沽名钓誉，广施恩惠，在民间营造的“谦恭俭让，礼贤下士”的形象也起了作用，全国各地的中下级官员和一些民众也纷纷宣称不让王莽这种德配天地、道冠古今的“再世周公”的女儿当皇后，实在是天理不容。

强大的压力使本就糊涂的王政君更加糊涂，只好尊重民意，宣布王莽的女儿做刘箕子的妻子。王莽假意地再三地推辞，折腾了一阵之后，他再度想起他的“古礼”，建议仍需要十一位美女作为陪嫁的侍妾（媵），又假模假样地请太皇太后先行派遣钦差大臣去查看自己女儿的相貌是否够得上水准，再请太皇太后指定星象家占卜吉凶。毫无意外地，查看的结果是王莽的女儿妙不可言，占卜的结果更是上上大吉。

王莽耍了这么多花招，折腾得这么曲折，不过是表示他是迫不得已兼大公无私。

订婚时，王莽仍建议依“古礼”。古礼所需的聘金高得吓人，王莽为了表示谦让美德，表示他只接受很少的钱财，还从中抽出一大半分配给十一位侍女（媵）的娘家。这种漂亮的做法，引起一片喝彩。一些抱王莽大腿的官员向王政君提出抗议，认为皇后的聘礼跟侍妾的聘礼差不多，不但不公平，而且还有损皇后的尊严，要求增加。王政君真的下令再增加了一大笔钱。如此一来，王莽不但做足了面子，还得到一大笔钱。论虚伪和花花肠子，王莽堪称人杰。





订婚热闹了一阵之后，结婚更热闹。具体就不细说了。

公元 5 年二月，王莽嫁女，很快小皇帝大了，不太好控制，于是在次年农历十二月八日（腊八日），向小皇帝兼女婿进献了一杯放了毒药的椒酒。皇帝腹痛数日，撒手人间。可怜的小王皇后只当了一年皇后就成了寡妇，时年才十四岁。

刘箕子死后，再没有亲近的兄弟叔侄可以继承帝位，王莽已经可以自己登台了。不过，他仍小心翼翼地进行，在疏远的刘姓皇族中挑选了两岁的刘婴当皇帝，世称孺子婴，他自己效法周公辅政的故事，做起了“摄皇帝”。这个时候，王政君终于明白自己一手提拔栽培的侄儿王莽竟欲篡夺她儿孙的天下！可惜，她的权力早在王莽一次次递上的诏书中暗暗转移了，她已无力回天。

公元 8 年，王莽认为自己亮相的时机已经成熟，以各种祥瑞之兆作为天命，将五岁的小娃娃刘婴抱下皇位，自己称帝建朝，是为新朝。刘婴因为年纪小，侥幸保住了性命。面对发生的一切，昔日掌握实权的太皇太后只有愤慨、怒骂的能力了。

王莽称帝后，总觉得应该接管了汉氏玉玺才算是真正的取代了刘室天下。因此，他称帝不久，便遣安阳侯王舜去向王政君索要玉玺。王政君指着王舜的鼻子大骂一顿，接着又痛哭一场，最后还是无可奈何地将玉玺摔在地下而结束。玉玺被摔掉了一个角，王莽并不在乎，用黄金补补照样使用。

公元 8 年，西汉王朝结束，新朝建立。

王莽对于这位改变他一生命运的姑母还是真心感激的，新朝建立后，王莽依然奉王政君为太皇太后，只不过称号改成了“新室文母太皇太后”。王莽对王政君也算孝顺，他知道王政君怨恨自己，常常刻意讨好。可王政君不高兴，她原是汉室江山的主母如今变成客人令她不快。而给了她和她的家族尊贵荣耀的汉室天下毁在她的手中，更是令她追悔莫及。就在这个时候，王莽还在她伤口上撒盐，将汉元帝的庙拆了，改为“文母篹食堂”，因为王政君还在世，不便称庙，便称为长寿宫。王莽为了让她开心，在长寿宫置宴为她庆祝。王政君大受刺激，痛哭着道：“这是汉家的宗庙，有神灵存在，为何无故被毁！我原本是汉家妃妾，怎能辱没先帝之庙来作为我用食的地方？！”她又对左右侍从说：“此人侮慢神灵，怎能长久得到上天保佑！”于是酒会不欢而散。

自此之后，王政君住在昔日的宫中不再出来，她固执地命令自己宫中的人穿汉朝旧服色，按汉朝礼行事，整日沉浸在对汉室的怀念和悔恨之中。这段时间或许是王政君活得最有骨气，也最清醒的时候。然而，她不想颠覆西汉王朝，但儿子暴死，王莽夺权，身为大汉朝皇太后的她都有着不可推脱的责任。当她在地下与丈夫儿子团聚时，该如何面对呢？

王政君一直活到新朝建国第五年（公元 13 年）才寿终正寝，年 84 岁。王莽诏扬雄为她作诔，并且宣布为她服丧三年。不过，却没有满足她与丈夫汉元帝合葬的心愿，而是将在距元帝渭陵 100 多丈以外的地方另起新陵，两陵之间挖掘了一条沟壑，以示新室文母与汉家元帝的绝缘。

这个结局看似凄凉，又何尝不是上天又一次赋予她幸运，让她错误的一生有一个相对光彩的结局。

王政君的命运已经不能用运气来评价了，更像是早已定好轨迹的宿命。当刘奭随手一指的时候，任谁都想不到，刘邦身经百战建立起来的庞大的西汉王朝，竟这么阴差阳错地断送在王政君这个不出众的姑娘之手吧。

## 做得雌螳螂才敢玩暧昧——秦宣太后





“以前我侍奉先王时，他如果只用腿压在我身上，我就觉得吃不消，但他全身压在我身上时，我却一点也不嫌重，为什么呢？因为那种姿势对我有利。”

这是记载于《战国策·韩策》中的一段话，说话人不是青楼女子，而是战国时期大秦国的王太后；听众也不是嫖客，而是前来游说的外国使节。这话与床笫之事无关，而是阐发外交政策。这样一段文字被史学家们不齿，却无法将其从向来摆出一副严肃面孔的史书中删去，因为说这话的女人是缔造秦国统一大业基础的关键人物。

这个女人够牛。牛到许多历史学家们坚信兵马俑是她的陪葬。这个女人够酷。行事之不羁、手段之高明，可谓独步古今。她的一生充满戏剧性，比武则天、慈禧活得更精彩痛快。

这个女人就是秦惠文王的妃子、秦昭襄王的母亲、秦始皇的高祖母——秦宣太后芈八子。“太后”这个称谓也自她而出。

秦宣太后是楚国人，是秦惠王的低阶姬妾，在秦惠文王的时代被称为芈八子。“芈”是楚国王室的姓氏，“八子”是秦国后宫的姬妾等级。秦国后宫分八级：皇后、夫人、美人、良人、八子、七子、长使、少使。八子地位偏下，由此推测，这位芈八子很可能是陪嫁来的媵妾。秦秋战国时期，诸侯国王室之间的政治联姻非常普遍，用来联姻的女子都是王室女子。那个时候女子死亡率高，因此除了新娘，还会有一群陪嫁，这些陪嫁女子都是新娘的姐妹或者同宗、同室的女子。只要这群女人中有人生下儿子，那么她代表的族群在这场政治联姻中就有了继承人，地位就稳固了。

芈八子生了三位王子，可见很得惠文王的宠爱。

秦惠文王主政二十七年后死了，太子继位，是为秦武王。秦惠文后是一个厉害的主儿，转手就开始清理后宫，芈八子的大儿子嬴稷被送到燕国去当了人质。燕国和秦国不接壤，也不强大，对强秦谈不上什么威胁。秦国把一位王子派到那里去当人质，只有一个原因，那就是秦惠文王的王后很讨厌这个王子的母亲，用如此恶毒的方法报复这个女人。这也从侧面证实芈八子很得君王的宠爱。

按当时的情况，芈八子母子几人的生活一定相当不好，这辈子应该没什么指望了。可是天意弄人，一个偶然事件改变了芈八子母子的人生，她的前途突然间又变得一片光明。

这个事件发生在新继位的秦武王身上。秦武王名嬴荡，作为堂堂的一国之君，秦武王偏有个特殊的爱好：爱跟人比试力气。据说他力大无穷，善能举鼎，他选用人才也有这个标准，大力士任鄙、乌获、孟贲三人因此得宠。如果这位秦武王活得够长，秦国的走向很可能会向负面发展。而上天将天命赋予了秦国。

公元前 307 年，秦武王即位第三年，他带着一群人马来到周王室所在的洛阳，要看看神州九鼎。九鼎是周王室的象征，是神器。当时周王室虽然名义上还是天子，但各路诸侯早就不把他放在眼里了，不敢不让秦武王看。九鼎重达千斤，秦武王很喜欢，他非要跟几名力士比赛举鼎。武王举鼎除了爱好，应该也有在周王室和诸侯面前立威的意思。结果一个失手，大鼎落下压断了自己的腿，并导致严重的内伤。本来，当时已经请到了神医扁鹊为他疗伤，武王还有获救的机会。但是秦国太医令李醯生怕扁鹊抢了自己的地位，一面在秦武王面前中伤扁鹊，一面派人暗杀了扁鹊。一代神医身殒，秦武王也窝囊地死了。

秦武王在位不到四年，而且无子，王位只能由他的弟弟继承。秦惠文王有多少儿子，不得而知，但是从秦宣太后的生育数量推断，应该不会少。这是一个巨大的机会，秦惠文王的众多儿子迅速组队，拉开了夺位大内斗。当时有两拨人准备工作做得最好，一拨是秦武王的妻子和母亲，她们很快推举了公子壮为王。另一拨就是以芈八子为首的利益集团。芈八子同母异父的弟弟魏冉一直与燕赵两国保持着不错的关系。在芈八子的策划下，对外争取到赵国和燕国的支持，推举在燕国为质的嬴稷继位。在内部，魏冉成为了最可依靠的外戚势力。

自此，秦国开始了长达三年的王位争夺战，史称“季君之乱”。结果既意外也不意外，芈八子集团胜出，嬴稷被赵燕两国护送回秦国成为新一任秦王，是为秦昭襄王，芈八子则被尊为太后，史称宣太后。赵国不会知道，日后就是这位嬴稷发动了长平之战，废了强大的赵国。

昭王继位时年纪尚少，便由太后主政。秦宣太后成了真正掌握实权的统治者。

秦宣太后一方胜利后，第一件事就是清肃失败者。公子壮、惠文王后以及惠文王的其他非芈姓所生的儿子们全被杀得干干净净，武王后也被赶回了娘家魏国。她大胆使用外戚，她以同父异母的弟弟魏冉为将军，以秦惠文王的弟弟樗里疾为相，形成了芈氏一族独揽大权的政治格局，打破了秦国原来重用客卿的传统，迅速稳定了国家局势。

宣太后开创了三个“第一”：“太后之号，自秦昭王始也。”“母后临政，自秦宣太后始也。”魏冉的将军之职是秦国首开将军之职，也算是宣太后的一个创举。

秦国在秦宣太后之前，实力并不是最强的。而从秦宣太后开始，她的儿子秦昭襄王到重孙秦始皇，历代君王都非常杰出，为秦国最终统一中国做出了杰出的贡献。从某种意义上来说，强大、统一的秦帝国是由秦宣太后缔造的。

从为子夺位，以及执政后以雷霆手段迅速稳定政局，都可以看出，宣太后不是一个“弱质女流”。此后，她以太后身份统治秦国长达四十一年，“东益地，弱诸侯，尝称帝于天下，天下皆向西稽首”。那是何等的风采，切切实实地过了把超级大国的瘾。

不过，秦宣太后刚执政时，面对的是万分危险的局面。三年内斗严重消耗了秦国的国力，原来已经臣服于秦国的小国和部族，开始蠢蠢欲动，巴蜀叛乱，北方戎族义渠抢占地盘。其他六国都在观察秦国的动态，楚国甚至直接陈兵边境，扬言要收回被秦惠文王抢占的土地。总之，当时的秦国面临多线作战的严重威胁，处境很不好，根本看不出有统一六国的实力。宣太后还需要脚踏实地，一个一个地扫除障碍。

对此，宣太后分别作出不同的应对。

对于东方诸国，秦宣太后大胆采用了联姻计划。她命令儿子秦昭襄王娶楚国的公主为王后，同时将秦女嫁给了楚国。再加上赵、燕两国和自己关系不错，这就让秦国的局势顿时稳定了下来。

对付义渠，秦宣太后采取了色诱的方式。年轻力壮的义渠王是见于史册的第一个被宣太后俘虏的人物。

义渠国是位于秦国西北的游牧民族，是匈奴的一支。义渠的存在让秦国一直不敢放开手脚东进，因为秦国一旦与其他诸侯国开战，义渠就在背后趁火打劫。到了宣太后执政时，义渠的国力已经相当强盛，隐然成了秦国的心腹大患。

昭王即位后，义渠王亲自前来祝贺，以一探秦国的虚实。宣太后利用会见招待不断地对其进行大胆的挑逗，结果义渠王终于把持不住，坠入了情网。两人以夫妻的形式居住在秦国的甘泉宫中，还生了两个大胖小子。

这场婚姻不但让秦国东进没有了后顾之忧，还让秦军学到了戎族的战斗风格以及得到源源不断的西北良马。在以后的战争中，秦国的精工兵弩和骑兵队伍，起到了关键性的作用。同时，秦宣太后也在慢慢蚕食着义渠的内部。

义渠王以为霸占了太后就能霸占秦国，却不知道，中原的权力传承是父死子继，兄死弟及，而非草原上的强者为王。秦宣太后虽然最有权，但秦国是秦昭王的。他更没想到的是，草原部落头领接收失败者的遗孀是正常的事，而宣太后委身于他，却是一个要他命的计策。

宣太后和义渠王做了近三十年的情人，不可能对义渠王一点感情都没有，但她毕竟不是一个只为感情而活的女人。公元前 272 年的一天，蓄谋已久的宣太后邀义渠王在甘泉宫相见。这义渠王和秦宣太后做了几十年的情人，丝毫没有怀疑秦宣太后对自己的感情，可有些时候，感情是不可靠的。等待义渠王的是鬼头刀。紧接着，宣太后立即派兵突袭义渠，铲除了秦国后方的最后一个忧患，把对匈奴的防线挡到了长城一线。自此，秦国终于可以集中精力对付东方诸国了。两人所生的儿子的下落未见史册。

宣太后行事不羁，在另一件事中也展示得淋漓尽致。据《战国策》记载，在她执政后不久，楚国攻打韩国，韩国频频派使者向秦国求助，“冠盖相望”，就是前一批去秦国的使者还未回来，后一批使者就出发了，两批队伍在路上可以互相看到对方的车盖。宣太后都拒绝了。

最后韩国派了个能说会道，且著名的美男子尚靳为使者，或许也打着色诱年轻守寡的秦宣太后的主意。尚靳学问好，口才好，长得又好，沉重地讲了一些唇亡齿寒之类的话。宣太后觉得韩国这个使臣还有点学问，说话也有点道理，于是接见了尚靳。尚靳又大谈了一番“唇亡齿寒”的道理。宣太后没有直接回答，而是对他说了七十几个字。这段话就是本节最前面提到的那段，全文是这样的：“妾事先王也，先王以其髀加妾之身，妾困不疲也，尽置其身妾之上，而妾弗重也，何也？以其少有利焉。今佐韩，兵不众、粮不多，则不足以救韩。夫救韩之危，日费千金，独不可使妾少有利焉。”在这段话中，秦宣太后先用了一个惊世骇俗的比喻，然后话锋一转，说：现在你们韩国要我帮忙，如果兵少了，粮草不够，那是白折腾。但是若不想白折腾，我们秦国就要花费大把银子，但结果对我也没有利啊。

秦宣太后估计没受过太高深的教育，话有点糙，但理却一点也不糙，尚靳被驳得哑口无言，只得默默地回去复命。

这段文字被一些正人君子惦记了两千年，直到清朝还有学者王士桢痛心疾首，愤怒地写下：“此等淫亵话，出于妇人之口，入于使者之耳，载于国史之笔，皆大奇！”

当国内外局势稳定下来后，秦宣太后就开始了征伐六国的步伐。她使用的主要手段就是“打仗”，而且打了很多硬战，秦国一跃成为超级强国，奠定了秦国统一六国的坚实基础。

攻城略地是表面现象，秦宣太后更为厉害的是她选人才的眼光。比如她起用的军事人才都很能打，早期是她的舅舅向寿和弟弟魏冉、芈戎，最有名的是战神白起。虽然白起是魏冉发现的，如果没有宣太后的大胆起用，也只能是魏冉军中的马前卒。在她执政的四十一年间，这些战将带兵连续大败六国，其中白起更是让六国闻风丧胆。秦昭襄王时期，扭转乾坤的长平之战，就是由白起领兵的。

秦国有引入外国人才的传统，秦宣太后也继承了这个传统。她当时看中了齐宣王的庶弟孟尝君，想请他来当国相，就命自己的儿子泾阳君去齐国当人质，把孟尝君换回来。齐王压根不敢留这位爷，好吃好喝好玩地招待了一番后，让孟尝君和泾阳君一起上路回秦国。孟尝君挺有兴趣的，可是他的门客们觉得去秦国是凶多吉少，劝他不要去，孟尝君就没去成秦国。后来，秦昭襄王再次请他去当国相，他答应了。当时秦宣太后可能已经去世了，结果当孟尝君到达秦国后，事情发生了变故。有大臣对秦昭襄王说："孟尝君是有名的贤士，又是齐国王族人，如果当了秦国的国相，以后事必定是先齐而后秦，那样秦国就太危险了。"秦昭襄王一听有理，将孟尝君软禁起来，要杀了他。

好在泾阳君与孟尝君私交甚好，提前告诉了他真相。孟尝君吓得魂飞魄散，在泾阳君的指点下，以及有"鸡鸣狗盗"之能的门客的相助下，才逃出生天。孟尝君是有名的"战国四公子"之一，手下能人异士辈出，如果秦国重用他，得到的绝对是一只完美的智囊团队。可惜，秦昭襄王没有宣太后那样的眼光和见识，把事搞砸了。

秦宣太后的辉煌是从她帮助儿子登基开始的，而秦宣太后的退位是从魏人范雎来到秦国后开始的。范雎大家应该不陌生，秦国远交近攻的战略思想就是他提出来的。

宣太后七十岁了依旧精明能干，当时秦昭襄王已五十多岁了，仍旧没有权力。范雎觉得秦宣太后的弟弟和儿子们都太强势了，强势到秦昭襄王根本没有什么实权。于是，他对昭襄王进言道："太后执政四十一年，国人只知有太后，穰侯、华阳、高陵、泾阳君'四贵'，不知秦王。""秦国四贵的权势盛，国家就危险，大王的权力怎么能不倾覆，令怎么能从王出？有四贵，也就没有王了。"并且举了一堆权臣杀死君王的例子。最后说了一句关键性的话："我实在为王惶恐不安。再这样下去的话，拥有秦国的不会是王的子孙了。"

昭襄王也许不在乎自己一辈子没实权，因为他毕竟是秦王，秦国再强大，也是他的秦国，而且他母亲的能力有目共睹。可是如果他的子孙得不到王位，他就不能不在乎了。昭襄王早想立太子，但宣太后一直不同意。当时，秦国之内最显赫的"四贵"是宣太后的弟弟魏冉、弟弟芈戎，以及宣太后的两个幼子"泾阳君"公子芾和"高陵君"公子悝，都是有权力继位的人，这让昭襄王不免怀疑母亲心中是否真的不打算立自己的儿子当储君。昭襄王这样一想，悚然而惊，于是请范雎为谋士，于公元前 267 年，设计免除魏冉的兵权、相位，改用范雎为相，“四贵”被逐出关中。执政四十一年的秦宣太后也随之退出政治舞台。归政对秦宣太后来说也未必是不情愿的，她太累了。

秦昭襄王和范雎是怎么夺权的，史书上没有提，但是夺权的过程非常顺利，魏冉等人没有做任何反抗，应该都是宣太后的功劳。

宣太后还政以后，待遇依旧不变，昭襄王对她恭敬如故。她留给我们的最后印象，是《战国策》里记载的一段八卦。

宣太后一生有不少情人。据《类聚》载，她同母异父的哥哥魏冉就是其中的一个。异父同母的兄妹私通，在现代看来是乱伦，可是在春秋战国时代，这样的王族乱伦的事情举不胜举，在当时也只是停留在口诛笔伐的阶段而已。宣太后老年时依旧有许多情人，其中最喜爱的一个叫魏丑夫，对他简直爱不释手。秦昭王四十二年（公元前 265 年），宣太后离开政治舞台一年后，她病倒了。那时太后已经七十多岁了，自知去日无多，舍不得小情郎，就嘱咐身边的人说：“我死后要魏丑夫殉葬。”

魏丑夫吓坏了。他陪着老太太是想从她那儿得到点好处，现在倒好，要把小命搭上了，这可如何是好。他赶紧找来个好友庸芮为他求情。庸芮假装跟太后闲聊，问：“你说人死后有感觉吗？”太后应该是个无神论者，她回答：“当然没有啦。”庸芮便顺势规劝道：“如果人死了没有感觉，何必让魏丑夫一起陪葬呢。如果人死了还有感觉，那地下的先王这几十年岂不是一直在坟墓里气急败坏地等您。你还带个帅哥去见先王，这不是自找麻烦吗？”太后是个讲理的人，想想也是，魏丑夫总算从鬼门关爬回来了。

秦昭王四十二年十月，秦宣太后薨，葬于芷阳骊山。数千年后，大规模的兵马俑被发掘出来。有专家根据陪葬的物品特色以及历史环境推测，这支宠大的地下军队属于宣太后的陪葬俑。主流意见认为这不可能。为什么不可能呢？以她当时的能力和贡献，哪里造不出、配不上一座兵马俑的随葬坑？

螳螂在交配完成后，雌螳螂会吃掉雄螳螂。有人将螳螂界的这一现象引用到人类，来谴责那些把男性当玩偶并加以利用的女性们，比如秦宣太后之于义渠君。

## 多余的一首歌——戚夫人和吕后

在中国历史上，自恃美貌，横挑强敌，死得最惨的美女当属西汉刘邦的妃子戚夫人。

戚夫人是刘邦在逃亡路上遇到的。在和项羽的最初对阵中，刘邦都是输家。彭城一战，刘邦更是被打得丢盔卸甲，连父亲、老婆都成了项羽的俘虏。刘邦一路逃到山东定陶，在一户戚姓人家意外地遇到了美人戚懿，也就是戚夫人。

戚美人当时年不满二十，擅跳花样繁复、极富美感的“翘袖折腰”舞，还长于鼓瑟。刘邦也是个音乐爱好者，常常听着听着就跟着唱起来。刘邦对戚美人很宠爱，连行军打仗都带在身边。作为第一夫人的吕雉对此并无怨言。因为她从一开始就不是作为红颜知己跟着刘邦的，而在随后的楚汉之争中成功转型为刘邦的政治助手。在她看来，戚夫人不过是老公的红颜知己，两人职责分明，互不相干。然而，戚美人却逐渐不满意自己的定位了，她也想涉足政坛。

戚美人生有一子，刘邦取名为如意，听这个名字就知道他有多喜欢这个儿子。刘邦称帝后，立发妻吕雉为皇后，立吕雉所生之子刘盈为太子；封戚美人为夫人，刘如意为赵王。

刘邦老觉得刘盈这个儿子软弱仁慈，不像自己。对刘如意却喜欢得紧，常说：“这个孩子像我！”其实，那时候刘如意不过是几岁的小娃娃，能看出什么？这些话让戚夫人动了心思，她要夺权！

年轻貌美又受宠的戚姬理直气壮地认为，既然她是皇帝最爱的女人，那么她理所当然地就应该取代那个人老珠黄的吕雉而成为皇后，而她的儿子，自然也应该取代刘盈而成为太子。于是，她夜夜在刘邦的耳边吹风，要求废了刘盈改立如意为太子。起初，刘邦还有些犹豫不决，最后心里的天平开始倾向美丽的戚夫人，真的起了改立太子的心思。

戚夫人所用的手法是被许多女人，特别是美貌女子奉为圭臬的杀手锏“女人通过征服男人征服世界”，而且几乎成功了。可惜，她的对手不是普通的女人，她们之间的争斗也不仅仅是小三与正妻的争斗。

只能说，无知者无畏。

手握凶器杀心自起，戚姬有刘邦的纵容和支持，就会有人帮着她出主意。于是，戚夫人不但给刘邦吹枕头风，还公然向吕雉一对儿女下毒手，借此扳倒吕后。对于鲁元公主，先是诬灭她的丈夫赵王张敖谋反，将其削爵，封地被赵如意所得。此事虽没有明确证据指向戚夫人，但是，她的爱子最终受益，不得不让人怀疑与她有关。后来，戚夫人居然鼓动刘邦把已经嫁人并生子的鲁元公主送到匈奴去和亲。对于太子刘盈。戚夫人一边在刘邦面前诋毁，一边想办法要他的命。黥布谋反时，刘邦打算亲征，戚姬提议让刘盈代父出征。这一个明显的阴谋。黥布身经百战，而刘盈从来没上过战场，根本不是一个级数的对手。而且，刘盈一旦战败，要么死在战场，要么以戴罪之身回来等着被废。

吕雉对于床笫之争可以不在意，觊觎她的后位也能忍，但是伤害她的儿子，废立太子是大事，她不能不管了。

吕雉是谁？历史上排得上号的女强人、女政治家。她不是刘邦想甩就甩的黄脸婆，建立大汉政权的军功章上也有她的一部分。

她嫁给刘邦时，刘邦还叫刘三儿，还是沛县街头一个无所事事，混吃混喝，连亲爹都不待见的无赖混混。幸得吕雉的父亲慧眼独具，顶着老妻的压力将女儿嫁给他。

吕公有两个女儿，他既然抱着投资的心理嫁女儿，就一定会慎重考虑嫁哪个女儿。他选了大女儿吕雉，可见吕雉不是什么“幽娴静雅”的女子，必然有配得上刘邦的凌人气势和“帮夫才”。

果然，吕雉嫁给刘邦后，帮着他炮制了“刘邦是赤帝之子”，“刘邦头上整天顶着祥云”等谣言，将不入流的平民刘邦捧成了身负天命的“真命天子”。具体事件就是大家耳熟能详的“刘邦斩蛇起义”的故事。

楚汉相争期间，吕雉和她的一双儿女吃了不少苦，虽然没有跟随刘邦在前方冲锋作战，却也是四处奔走流亡，不得安宁，还被项羽掳去，做了两年零四个月的人质。还和刘邦的父亲刘老太公一起被项羽拉到两军阵前，威胁刘邦要煮着吃了。不想刘邦却笑着说“我爹就是你爹，别忘了分我一杯羹啊！”所幸项羽是个光明磊落的大丈夫，虽然气得不行但并没有杀了他们。

刘邦称帝后，异姓王成了心腹大患。在铲除的过程中，吕雉起了大作用，尤其是亲自设计杀韩信，夺兵权，除掉了刘邦最大的心腹之患。而吕雉的一系列出色表现也让她拥有了一批支持者，更何况她还有吕氏家族作后盾。

有这样经历和实力的吕雉，眼界早已不在与女人争宠这样的低境界上了。事实上，吕雉似乎从来就没有把视线放在争宠这件事上。

刘邦贪财、好酒色是人人皆知的，身边的女人有名有姓的就有好几个，如曹姬、薄姬、戚姬、赵姬，姓名不详的就不知道有多少了，其中曹姬的儿子刘肥在吕雉出嫁前就已有了。但吕雉对刘邦处处留情，冷落自己，从一开始似乎就不太在意。她从来没有发过醋劲，也没想过除掉刘邦身边那些女人。

吕雉不在意与刘邦的感情，或许是性格使然，也或许是因为她太了解刘邦的无情，不再奢望刘邦的感情。刘邦和吕雉的夫妻感情如何，在史书中找不到明确的记载，只知道项羽俘虏了太公、吕雉和她的儿女之后，想利用他们威胁刘邦，可是项伯劝项羽说：“这是没有用的，做大事的人从不顾家，你杀掉他们，只是加深他对你的敌意而已。”可见连敌人都知道他是六亲不认，随时可以牺牲父母妻子的人。

还没等吕雉有什么举动，大臣们先不干了。有一天，刘邦把废太子之事提出来让大家讨论，御史周昌立刻站出来大声反对。无奈这老兄是个结巴，只能奋力喊出两个字：“不、不……不可！”还是断了好几次的。刘邦问：“你只说‘不可’两字，究竟是何道理？”周昌越急越说不出话，面上忽青忽紫，好一会儿才又蹦出几个字：“期、期知不可行。陛下欲废太子，臣期……期、期不奉诏！”刘邦忍不住大笑起来，满朝大臣听他“期、期”的声音，也大笑不止。这场开始剑拔弩张的改立太子风波在一片笑声中平息了，最终除了只制造了一个成语“期期艾艾”，什么也没有改变。

事后，吕雉不惜以太后之尊，当众向周昌下跪叩谢。当鲁元公主被害时，吕雉也曾屈辱地整夜跪在刘邦面前，哀哀地哭诉往事，恳请刘邦能顾念着十几年来的夫妻之情、骨肉之情，放过鲁元公主。

大臣的支持虽然暂时解了危局，但吕雉知道刘邦以后还会提出改立太子，于是向丞相张良求教对策。张良让吕雉请出“商山四皓”，以显示太子在朝野中的声望如日中天。所谓“商山四皓”，就是隐于商山之中的四位白发高人。刘邦曾多次力请他们出山，都没成功。如果太子能够请出这四位高人，对刘邦的压力一定不小。





刘邦请不来的人，吕雉请来了，并且在一次宴请中以太子随从的身份出现在刘邦面前。当刘邦看到刘盈身后四个白发苍苍的老人时，他惊觉吕后和太子羽翼已丰，废不掉了。此时离他第一次在朝堂上提出废掉太子已好多年了。那时候，吕雉只能被动迎战，而此时，在刘邦不知道的时候，张良、萧何、樊哙、张平等等当年与自己并肩作战的朝中重臣已站在吕雉的阵营。

戚夫人听到这个消息后，知道大势已去，吓坏了，对着刘邦大哭道：“你死了之后，我们母子一定逃不出吕后的毒手，你可得为我们做主啊！”刘邦嘴里应着：“我会想办法的，决不使你们母子吃亏。”但已无计可施。

现在，刘邦已无力随心所欲地发挥帝王之威了，他想做好的只是如何在已经变得强大的妻子面前，保全他所爱的女人和孩子。

大臣赵尧看出了刘邦的心事，他向刘邦献上一计：让赵王如意去自己的封地赵国，再为赵王配备一名刚性的大臣保护他。赵尧推荐了那位在朝堂上坚决反对废太子的结巴周昌。刘邦觉得吕后等人对周昌确实有些敬畏，让他保护赵王应可无虞，于是任周昌为赵相。几天后，周昌和 10 岁的赵王如意离开长安去赵国上任。前来送行的戚夫人哭成了泪人，强支病体前来送行的刘邦也是老泪纵横。

送走了如意，戚夫人痛哭不止。刘邦安慰道：“朕这是为你好啊。儿子在外有自己的军队，谁能动他！只要他活着，谁又敢动你！”见爱姬仍哭个不停，刘邦就接着道：“你不必悲伤，须知人生有命。来，你为我跳一段楚舞，我为你唱一曲吧。”

于是，在戚夫人飘扬翠袖的陪伴下，刘邦借酒敲筑唱起了他的第二首名作（第一首名作是《大风歌》）：

鸿鹄高飞，一举千里。羽翮已就，横绝四海。
横绝四海，当可奈何！虽有矰缴，向安所施！

歌的大意就是，鸿鹄的羽翼已经长成了，可以一飞千里，虽有网罗，也无能为力啊！

他接连唱了四次，音调凄怆。戚夫人听着更是悲从中来，不觉泣下如雨。这歌词明显就是安慰戚夫人的，但透着一股深深的无力感。一代开国之君，尝到了英雄末路的悲哀。

靠山山倒，靠水水流。公元前 195 年，戚夫人的大靠山刘邦驾崩。吕雉掌权后，没有为难刘邦后宫的那些女人，让她们随各自的儿子回封地做王太后去了，独独对戚夫人展开了政治报复。她令人将戚夫人剃光秀发，给她穿上用红土染就的囚衣，戴上冰冷的铁枷，关在“永春巷”的特别监狱里去捣米。客观地说，戚夫人作为挑起政治斗争的始作俑者，这是应付的代价。如果戚夫人赢了，吕雉估计也好过不到哪儿去。

形势逼人强，到了这个关头，如果戚夫人懂得隐忍，她很可能就在这样的劳动改造中了却余生，惨是惨点，但至少生命无虞。再者说，她的儿子还在，只要命在，就有翻身的机会。可能是被刘邦宠坏了，她跟在刘邦身边那么多年，竟然没有学到一点政治智慧——她愚蠢地唱了一首要了自己和儿子命的歌：

子为王，母为虏，终日舂薄暮，常与死为伍！相去三千里，当谁使告汝？

这首歌明显是盼着儿子刘如意来给她报仇的意思。吕雉本来应该没想拿十几岁的刘如意怎么样，但听到戚夫人这首歌后就不得不小心了。她连续三次召刘如意进京，周昌知道吕雉不怀好意，每次都以赵王有病相推辞，不让赵王进京。吕雉感念周昌当年的恩情，不能拿周昌怎么办。最后，她使出调虎离山之计，先召周昌入朝。周昌前脚刚走，吕雉后脚就派人把刘如意带进了京城。

吕雉的儿子，也就是当朝皇帝刘盈性格敦厚，他知道自己的亲娘要杀如意，就拼命保护幼弟，与弟弟同吃同睡，时刻带在身边。吕雉一时之间找不到下手的机会。但是，兄弟俩毕竟还是孩子，时间一长就放松了警惕。一天，刘盈一早想去打猎，而刘如意还呼呼睡得正酣。刘盈认为这一会儿工夫不会有危险，就自己一个人去了。当刘盈打猎回来时，幼弟已被毒死，七窍流血，躺在床上。

吕稚想必是太厌恶戚夫人了，在毒杀了刘如意后，回头就下令将戚夫人制成“人彘”（彘，猪），扔到厕所里了。“人彘”是吕后的发明，就是将人砍断手脚，挖出她的眼睛，用烟熏聋耳朵，用哑药毒哑嗓子。吕雉处置了戚夫人后，叫刘盈前去参观她的杰作。刘盈询问宦官那个蠕蠕而动的球形怪物为何物？宦官告诉他，那是戚夫人。刘盈一听，惊倒在地，放声大哭，说：“太残忍啦！哪里是人做的事，太后如此，我还凭什么治理天下！”

吕雉杀刘如意，让刘盈看戚夫人的目的应该是为了教育刘盈，千万不要忘记政治斗争。而刘盈却没有他爹娘的政治觉悟，过度的伤心和惊吓让刘盈一病不起。他无法原谅母亲，此后不理朝政，七年以后就死了。

回头再说戚夫人，在求生不得，求死不能的痛苦中挣扎了三天后才得以解脱。戚夫人以悲惨的形式香消玉殒，而吕雉还有很长的时间展示自己的政治才能。汉惠帝刘盈在位七年，吕雉是真正的执政者。他死了之后，吕雉又继续执政了八年。算起来，吕雉执政十五年，比她的丈夫刘邦称帝的时间（十二年）还长。

历史上对吕雉的功绩评价很高，史载“高后女主称制，政不出房户，天下晏然。刑罚罕用，罪人是稀。民务稼穑，衣食滋殖”。她虽然没有正式称帝，却被历代史家列入为帝王本纪中，历史上有此殊荣的女性，只有吕雉与武则天。

后人常常将戚夫人之死归咎于吕雉的残忍。其实，戚夫人之死最该负责任的是她本人。戚夫人不懂得政治斗争的规则，仅仅凭刘邦的宠幸就屡屡挑衅吕雉，从一开始就陷入不对等的局面。在失势后仍旧不知避让，最终咎由自取。而在当时那种她不杀别人，别人就杀她的政治环境下，吕后做了符合她性格的事。

## 运气是一种很玄的东西——窦漪房

窦漪房是西汉文帝的皇后，正史中并没有记载她的名字，只在唐代司马贞的《史记索隐》里提到，西晋皇甫谧曾说窦氏的名字为“漪房”。考虑到这只是孤证，且此书年代距西汉有数百年之久，所以这位窦皇后是否拥有这美丽的名字存疑，本书姑且以此作为她的名字。

窦漪房是真正的草根出身，家徒四壁，父母双亡，一兄一弟流落天涯，自己不得已入宫当了一名宫女。

汉高祖刘邦驾崩后，太后吕雉执政，把一部分后宫妃子放出来随其子到封地去，同时将宫中的宫女分赐给诸王，每个分了五个。窦漪房就是被分配出去的宫女之一。

窦漪房是清河郡人（今河北南部清河县），属于赵国。她很想回家乡去，就托人请求主管此事的宦官，将她分到赵国去。可能没送礼或送礼太少，而赵国又是个大热门，最终她没去成赵国，而是被分到了代国。赵国距首都长安更近且更强大，当时被封为赵王的是刘邦爱子刘如意。而代国就有点偏远地区的意思，代王刘恒是不得宠的妃子薄夫人所生。相比较一下，就知道代国比赵国要差得多了。

窦漪房哭哭啼啼的不愿意去代国，但是，这些都是徒劳的，最终她和另外四个宫女踏上了迢迢行程。当时，她可能觉得自己运气太坏了，此去代国，很可能再也回不了首都长安城，也再也没机会寻找自己的亲人了。

窦漪房到了代国后被指派去照顾当时才八岁的代王刘恒。她像个姐姐，把刘恒照顾得很是周到，日久生情，两人之间渐渐生出超越主仆的似亲人似情人那样的感情。刘恒长大娶妻之后，窦漪房被纳为小妾，生了一个女儿刘嫖，两个儿子刘启、刘武。她是一起去代国的五位宫女中唯一一个受到代王刘恒宠爱的。

刘恒很有能力，勤政爱民，把代国治理的井井有条，很得属臣和民间的爱戴。一家人在代国生活的有滋有味。对窦漪房来说，因为代国偏远，刘恒不受宠，后宫的女人不会太出色，所以她也没有什么竞争压力。

就在代王一家在代国平静地过着幸福的小日子时，长安那里的政局正在发生着“地震”。

当时长安的情况是，太后吕雉已死，朝中重臣趁势而起，将吕家势力逐出朝堂，废了吕后所立的少帝。

选谁当新的皇帝呢？有人主张迎立刘邦的孙儿齐王刘襄，立刻遭到反对。吕后在世时重用她的娘家人，几乎把持了整个朝堂。现在刘襄的舅舅强势，还是吕家人，将来到了中央政府，谁能控制他？难道铲除了一个吕姓戚族，再迎来另一个吕姓戚族吗？

没人愿意再面对一个强权的太后和外戚了。大家讨论来讨论去，一致认为代王刘恒是最佳人选，他是刘邦儿子，性情比较温和，最主要的是，刘恒的母族薄弱，娘家人无法作怪。

就这样，原本被严重边缘化的刘恒成了政治博弈的最大受益者。也正因为此，当京城来的使者请刘恒回去当皇帝时，他最大的感受是惊疑而不是喜。代国离长安又太远，当时政局瞬息万变，他们还没有得到长安局势的准确消息。谁知道这个消息是真是假？要知道当年赵王刘如意就是被吕后的一道旨意骗到长安杀死的，而吕后执政时期，刘姓诸王一直过着风雨飘摇、战战兢兢的日子。

时年二十二岁的刘恒和他的属臣商量了半天，最后决定赌一把。他们小心翼翼地向长安出发，一路上派出好几拨人先行进城探路。直到最后，刘恒在陈平等众大臣的拥戴下进了长安，坐上了皇帝宝座，他的心才放下来。

刘恒即位，他的母亲薄氏一跃从寒酸的代王太后成为皇太后，是个大赢家。同时，还有一个鲤鱼跳龙门的，就是窦漪房。

刘恒还是代王时是有代王后的，还给刘恒生了四个儿子。代王后姓字名谁，史书没有记载，只记载她和四个儿子在刘恒被拥立为皇帝之后，相继病死了。如此不可思议的巧合不能不让人怀疑他们的死是一场阴谋。有人推测，这位代王后是吕家人，而干掉母子五人的是刘恒和他的母亲薄太后。这与当时的政治时势有关，也与薄太后对吕后的恨、忌心态有关。

不论真相如何，我们知道的是，刘恒即位时，立刻宣布长子刘启为太子，其生母窦氏为皇后。

窦漪房成为皇后，是刘恒母子的一个权宜之计。窦氏出身草根、温驯老实，不但让权臣们放心，自己也好掌控，以后可以毫无顾忌地换掉。

窦漪房见识过吕后的手段，也看到了代王后及四个孩子一夕而死。她不笨，知道自己处境，纵然天降好运，依然过得小心谨慎。

薄太后很喜欢这种老实温驯而且省心的儿媳妇，于是，不吝在各种场合表示对这个儿媳的满意，还满足她思亲之愿，传旨天下为她找回了失散多年的两个兄弟，亲自下令追封窦皇后的父母，并在窦氏家乡清河郡为他们安置规格很高的陵园。其实，就算薄太后不出面，皇后也有资格得到这些待遇。

除了要应付心机深沉的婆婆，窦皇后还要应对来自刘恒宠姬们的挑衅。

刘恒成为一国之天子后，自然有年轻美貌的妃子充盈后宫。皇帝多宠，其中慎夫人是最喜爱的嫔妃。慎夫人恃宠而骄，行事极其张扬。汉文帝和薄太后崇尚黄之术，自命简朴。窦皇后很老实地遵守规定，但慎夫人却衣着华丽，行事招摇。她甚至公然挑衅皇后权威，在公开场合与皇后同席并座，与刘恒同辇而行，对此，刘恒放任不管。

有一次外出行猎游玩的酒宴上，慎夫人又与皇后并列而坐，大臣袁盎认为这很失礼，就命令人将慎夫人的席位挪到皇后下面去。慎夫人大发脾气不肯就座。汉文帝因此问责袁盎，袁盎说，您如此宠爱慎夫人，不怕将来慎夫人落得戚夫人的下场吗？汉文帝想到美丽的慎夫人有可能变成戚夫人那样的“人彘”，也是吓了一跳，忙以厚礼谢袁盎。

对如此“失仪”的事情，大臣都看不下去了，窦皇后却没有表示，是因为她忍习惯了。慎夫人敢对她无礼，亦是因为习惯了皇后的隐忍。

皇后如此软弱无能，自然有人将主意打到皇后的宝座上，可是，也正是她的软弱、忍让令薄太后和刘恒以及大臣们心安，他们觉得还是让这个母族薄弱，自己同样薄弱的皇后留着比较好。就这样，窦皇后过着有惊无险的皇后生涯。长时间的委屈和压抑对窦皇后的身体造成很大的危害，她一直多病，晚年失明。好在，她有孝顺的儿女。

公元前 157 年，汉文帝刘恒驾崩。刘启即位，是为汉景帝。这是一位优秀的皇帝，与他的父亲一起开创了“文景之治”的盛世。

窦漪房虽然贵为皇后，但对她来说，荣华富贵并不重要，亲情才是她最在意的。她努力寻回了失散的兄弟，她对自己儿女投以全部的母爱。她的两儿一女与她一起在深宫中经历危险和苦难，也同样对她感情深厚。

窦太后不懂政治，但喜欢耍大家长的威风，常常给当皇帝的儿子出些难题。比如，她逼着汉景帝刘启把位子传给最喜欢的小儿子刘武。这个母亲不管提出多么无理的要求，做过多么过分的事，汉景帝终其一生都对她十分包容。

刘彻即位后，对这位奶奶也非常孝顺，就算这位老太太被对立的大臣们拿来当压制他的板子，刘彻依然孝顺如故。他知道这位老太太不懂政治，只不过是个偶尔耍耍老祖宗威风的老人家。

亲情在帝王之家是最稀缺的，而窦漪房得到了，这是多么难得又幸运的事。说起来，皇后之位莫名落在她的头上是幸运，有孝顺能干的儿子、孙子，才是最大的幸运。

汉武帝建元六年，窦太后病逝于长乐宫，享年七十多岁，完成了从一个草根女，到大汉皇后、皇太后、太皇太后的曲折生涯。她的一生有波折，但总体来说，是充满运气的一生。

运气是个很玄的东西，所以有句话说，三分人事，七分天定。但是，如果经营不好这三分人事也是不行的。

## 心机女的典范——王娡

王娡也是名门之后，其母叫臧儿，是原燕王臧荼的孙女。燕王臧荼是秦末汉初、群雄并起时项羽册封的诸侯王，西汉王朝建立之初起兵叛变，被汉高祖刘邦击败杀死。

臧荼先生一死，家人也沦为小民。他的一位孙女臧儿凤凰变成乌鸦，嫁给了槐里（长安附近一个城镇）的王仲。臧儿生下一男二女，男名王信，女名王姁（xǔ）、王儿姁（又名王皃（mào）姁，总之都是很怪的名字。王姁就是王娡。后来王仲死掉，臧儿再嫁给长陵（也在长安附近）的一位田先生，又生了两个男孩，长曰田蚡、幼曰田胜。

王娡长大后，嫁给了有些家产的金王孙，而且生了一个女儿。事情发展到此，一切平常。可是一个叫姚翁的相士使事情发生突变。姚翁一看到王娡立刻惊叹："你家这位姑娘贵不可言，将来定生天子，身为皇后。"又看其他弟妹，一个个也是前途似锦，但终比不上这个大姐。

姚翁在当时极负盛名，臧儿听了他的断言高兴坏了。偏偏事有巧合，正好刘启被立为皇太子，大肆挑选良家美女充盈太子宫。臧儿一想，正是天赐良机，如果能把女儿送到太子宫，被太子看中，生了儿子，将来就有可能如姚翁所言，有享不尽的荣华富贵。王娡也对这个美丽的愿景充满向往，听从母亲的吩咐，决定与丈夫离婚，进宫去寻找幸福。

臧儿向金王孙提出离婚，金王孙又气又悲，开始坚决不离，后来终于还是妥协了。

王娡很会哄人，又有经验，进宫后很快就得到太子刘启的宠爱，她还推荐自己的妹妹也进了宫。在刘启印象中，王娡就是一个温柔敦厚，十分贤淑的女子。

很多人奇怪，王娡都是二婚女了，怎么还能嫁给皇帝，还当上了国母呢？这与汉代女子的处境有关。汉代女子的地位很高，两汉时期，皇帝执政，太后干政非常正常，东汉时期则达到母后掌权的高峰期。女性地位高在其他一些方面也有所体现，汉代对于妇女再嫁非常宽容，出现数位再嫁之身的皇太后，如汉文帝之母薄姬以及这位王姬。女子再嫁三嫁，亦是不绝于书，嫁人次数最高者大约是宰相陈平的妻子，嫁给陈平已经是她的第五次婚姻。贞妇制度大约是从宋朝慢慢建立起来，并且越来越严苛。唐代的武则天，杨贵妃都是再嫁之身。

王娡生了两个女儿（平阳公主和南宫公主）和一个儿子刘彻。史书上说，刘彻出生前，刘启曾做了一梦，梦见他的祖父刘邦告诉他，这个儿子应名“刘彘”，彘者，猪也。刘启谨遵祖训，就给儿子取了这个名字。可是过了些时，觉得堂堂一个皇子叫这个名字太难听了，遂改名为刘彻。

——刘彘即刘彻，就是中国历史上有名的汉武帝。

汉景帝刘启即位后，立小薄氏为皇后。小薄皇后是刘启的祖母家族，并不得太后窦氏的喜爱。在窦太后和刘启的默许下，小薄皇后很快被废。

当时刘启后宫坐第一把金交椅的是栗姬。先皇后既已罢黜，在栗姬看来，前途上重要障碍已经扫除，自己的亲生儿子又被立为太子，皇后的宫门为她大开。

然而，煮熟的鸭子却硬生生地飞了。主因在于栗姬的特殊个性，次因则是王娡悄悄介入了。

话说，刘启的姐姐刘嫖工于心计，常常向汉景帝献美女，讨他欢心，这让栗姬很不高兴。刘嫖很会投机，也比栗姬聪明多了。她看栗姬的儿子刘荣已立为皇太子，栗姬迟早会坐上皇后的宝座上，冤家宜解不宜结。她打算把女儿陈娇许配给刘荣，不但可化解与栗姬间的矛盾，将来还能搏个皇帝丈母娘的身份。

于是刘嫖请人向栗姬提亲。刘嫖以为以她的地位，应该一提就成。栗姬如果聪明，应该顺势下坡，借这个千载良机，为自己拉一个强援。可惜，栗姬有美貌，却没有一颗玲珑剔透的心。她认为复仇的机会来了，一口回绝了，惹得姑奶奶恼羞成怒，当即对栗姬示威说“你以为当太子的一定能成为皇帝吗？”言下之意很明白，如果我使点坏，你儿子就得下台。

为了理解这句话的分量，我们需要了解一下这位大汉朝的姑奶奶刘嫖。刘嫖是文帝刘恒和窦氏生的第一个孩子，也是景帝刘启的同胞姐姐。刘嫖小时候没少照顾两个弟弟刘启和刘武，所以刘启当了皇帝后，对这位姐姐很敬重，她可以随意出入宫门。窦太后的宠爱，景帝的纵容，使这位长公主在汉宫中成为一个不可小视的人物。

栗姬的第一个敌人薄皇后刚倒下去，又制造了另一个更强大的敌人——刘嫖。她这一拒绝，等于按下自己死亡的电钮。

刘嫖不但没有使女儿当上太子妃，反而灰头土脸，当然既羞又愤。最重要的是，她警觉到栗姬的仇恨已不能化解，而她马上就要当上皇后，一旦老弟刘启死掉，她就是皇太后。到那时她大权在握，刘嫖这个姑奶奶可有罪受的。刘嫖起了除掉栗姬的杀心。

计谋既定，刘嫖开始在刘启的其他姬妾中寻找联盟。

王娡一直在一旁冷眼观察，对这其中利害关系门清儿。原本她能得刘启的宠爱，并且有儿有女，也已经心满意足了。此时看到了可以再进一步的机会，她当即决定搏一搏。她主动与刘嫖搭线。两个工于心计的女人几乎一拍即合，立刻成了知心朋友。

有一天，刘嫖提起结亲被拒的往事，恨得咬碎银牙。王娡当然不可能在明面上得罪栗姬，她并不跟着咒骂，而是一味叹气，说自己命薄，没有娶个公主当儿媳妇的福气。刘嫖灵机一动，觉得把女儿许配给刘彻也不错呀。这话正中王娡下怀，可是她还是装着愁眉不展，自恨刘彻不过是个亲王，将来不能当皇帝，配不上刘家小公主。刘嫖冷笑道：“天下事废废立立，那姓栗的自以为她儿子已经是皇太子，她马上就是皇后，将来就是皇太后，十拿九稳，啥都没看到眼里。哼，她忘了有老娘在，她的如意算盘恐怕打得太早。”王娡再烧一把火：“皇太子是国家根本，怎么能随便更改？公主，你可不能那么办啊。”刘嫖恨恨道：“是姓栗的不识抬举，怎能怪我。”

从这一天开始，刘、王二人的关系在盟友、闺密之外又加上一条——亲家。她们开始谋划这桩联姻。

于是，在一个风和日丽的日子里，这两个心机女导演了一场好戏。这一天，刘嫖带着女儿陈娇进宫，来见汉景帝。刘嫖把侄儿刘彻抱在腿上玩，逗着问他："你想不想娶媳妇啊？"才七岁的刘彻傻乎乎地答："想。"刘嫖指着左右服侍她的宫女让侄儿挑，刘彻都没有兴趣。这时候陈娇出来了，刘嫖就指着女儿问："阿娇好不好？"刘彻憨憨地笑了，道："好！我要讨了阿娇当老婆，一定盖一间金屋让她住！"这就是著名的"金屋藏娇"典故的来历。起初，汉景帝因为阿娇年龄比刘彻大，不太同意这门婚事，见了刘彻的表现后，哈哈大笑，同意了这门婚事。

儿女亲家即定，两人将矛头直指栗姬母子。当然，王娡没有出面，冲在前面的是刘嫖。

栗姬也感受到了来自刘、王二人的威胁，她天天跟刘启吹枕头风，希望早日当上皇后，届时就有力量对抗了。刘嫖当然不允许她的愿望实现，她一面在景帝面前盛赞王娡的美德和刘彻的贤能，另一方面极力诋毁栗姬的狭隘和刘荣的无能。刘嫖还危言耸听地警告老弟："她这么阴狠恶毒，一旦你魂归天国，她以皇太后之尊，大权不受限制，恐怕'人彘'的惨祸将再见于今世。"

刘启对刘嫖的挑拨之言没太当回事，可是"人彘"二字却使他毛骨悚然。不过，他还是不太相信栗姬能做出那么残忍的事。他决定亲自试探。

有一天，刘启假装漫不经心地对栗姬说："我死了之后，你要好好照顾那些曾伺候过我的姬妾，还有她们所生的孩子。"栗姬当时脸就沉了下来，紧闭嘴唇，一言不发。刘启看到眼里，觉得姐姐说得不错，不过一阵失望，起身就走了。栗姬被宠惯了，见他这个样子，在后面又哭又骂，都传到走开没多远的汉景帝的耳朵里。说起来，刘嫖也没有诬陷她，如果她真的当权，"人彘"的场面真有可能发生。

在刘嫖的一捧一压之下，汉景帝开始动了废太子之心。关键时刻，刘嫖跟进一把，收买大臣上书要求立栗姬为皇后。景帝以为这是栗姬指使的，大光其火，立刻改立刘彻为太子，王娡为皇后，原太子刘荣被贬为临江王。这一切都是王娡主使的，刘嫖只是一杆枪。

刘荣跟他的母亲一样没脑子，被废黜后，没有面壁思过，也没有图谋东山再起，却鬼差神使地占用宗庙外墙盖宫殿。此举按照大汉律当斩，结果刘荣在狱中自杀，栗姬再也没有出头之日了。而王娡的幸福生活开始了。

性格决定命运，栗姬美貌有余，智商不足。在王娡和刘嫖这两个势利女人的夹击之下，不得不死在她们之手。而王娡在影视剧中似乎从来不是第一主角，但是，在现实生活中，这种人前看着人畜无害，人后下狠手的人是最可怕的。

## 不争或许是平庸者最好的武器——薄姬和李陵容

### 薄姬不薄

薄姬是西汉高祖刘邦众多后妃中的一个，正如她的姓一样，刘邦与她的夫妻情缘薄之又薄。

薄姬的童年也不算幸福。她是苏州人，生于秦朝末年，是父亲与前战国时期魏国的宗室之女的私生子，两人还没来得及结为夫妇，薄爸爸就死了。当时天下大乱，从前战国时期的诸侯遗族纷纷割据自立，魏国宗室的魏豹也自立为王，薄姬的母亲心怀故国，将亭亭玉立的女儿送进了魏豹的王宫，薄姬便成了魏豹的姬妾。

薄姬的母亲想知道女儿能否在魏宫中出人头地，于是请当时著名的相士许负来为她看相。谁知许负一见薄姬，大惊道："何止是在小小王宫中出人头啊，她日后还要生下天子，成为世间第一贵妇人！"这话让魏豹听到了，大喜过望，心想薄姬是我的小妾，她的儿子就是我的儿子，儿子能做天子，我也差不到哪去，就算不能当天子也应该放手一搏，为儿子打下前程吧？想到这里，于是，魏豹一不做二不休，立即背弃自己和汉王刘邦所订的攻楚盟约，转而坐山观虎斗，想收渔人之利吞并天下。

魏豹的想法倒是不错，可惜薄姬虽是"天子之母"，自己却没有"天子之父"的份儿。汉高祖二年，刘邦灭了魏豹，薄姬作为罪妇成了汉宫中役使的婢女，眼看许负的预言就要落空。

可是，世间总是意外多。

刘邦偶然想到了魏宫的宫人，于是便到囚禁她们的织室去瞧瞧。这一瞧之下，发现魏豹的宫人中居然不乏美色婵娟，于是色心大动，挑选了一批姿色出众的女奴充入自己的后宫，薄姬就在其中。一时间，薄姬以为自己将要时来运转了，不禁又想起了当年许负“生天子”的预言，心中无比雀跃。谁知道，老天爷再一次把她丢进了深渊。刘邦内有悍妻吕雉，外惑诸夫人，何况薄姬的姿色在魏宫女眷中并不出众，因此进入刘邦后宫后一年多时间，薄姬连刘邦的面都见不到，更别说生天子了。

就在这个时候，老天再一次展现了奇迹。

当初在魏宫中，薄姬有两个最要好的女友，一个是管姬，一个是赵姬，三人曾立下了盟誓：“假如三人中有谁先得富贵的话，一定不要忘记另两人，要共享富贵和机遇。”后来，管姬与赵姬都得到刘邦的宠幸。有一次，刘邦御驾河南成皋灵台，管姬与赵姬两美人入侍，她们想起了少年时与薄姬相约之事，不禁相视而笑。刘邦问她俩笑什么，两人以事实相告，刘邦竟对薄姬产生怜爱之情，当晚便召幸薄姬，并将她册封为姬。

见到刘邦那天，薄姬说自己头一天晚上做了一个怪梦，梦到有一条龙盘踞在她的身上。梦醒后正在诧异之中，就得到了侍寝的机会。刘邦一听，十分高兴，认为此事乃是天缘。就这么一次偶然的机会，薄姬居然就怀上了身孕，当年便生下了一个儿子，取名刘恒。但是，刘邦并没有喜欢上薄姬，她被召见侍寝过一次，就被刘邦忘到九霄云外。孤寂的薄姬只好默默无闻地在掖庭抚养着刘恒。

这样的处境，当然是苦恼的，但是世事就是那么难以预料。

刘恒八岁那年，刘邦去世。大权独握的太后吕雉对刘邦宠幸的戚懿进行了残忍的报复，对其他嫔妃和王子们也是严加防范，唯独对一直被冷落的薄姬格外开恩，让她离开刀光剑影的长安皇宫，与在代国的儿子刘恒相聚，做起了代王太后。当时刘恒年幼，薄姬实际上就成了代国的主宰。从此，薄姬的人生翻过了命薄如纸的过去的一页，风光和荣耀开始围绕在她身边。

正当薄姬在代国享受人生的时候，其他的刘氏诸王母子，却在水深火热中煎熬。吕雉是一个出色的政治家，也是一个不折不扣的悍妇。她处置戚夫人和刘如意母子的狠辣手段，使其他诸王和他们的母亲都胆战心惊。

不过吕雉并没有自己当皇帝的打算，她只是想发泄怨毒、大权独揽，并让亲生儿女和吕家荣华富贵而已。当她的儿子惠帝刘盈被“人彘”戚姬惊吓成病，至去世后，继位的少帝只有几岁，掌政的吕雉忧虑远大于悲伤，她担心满朝文武会对自己不利。为了保全文武的安全，张良的儿子张辟疆和丞相曹参给她出了个主意，建议她拜诸吕为将，由吕氏掌握兵权。吕雉立即全盘接受。同时，她还将吕家的适龄姑娘们尽可能地嫁给了刘家的庶子庶孙为王后，让她们充当耳报神。这些吕氏都是正宗的扫帚星，把她们的丈夫都害苦了。刘邦共有八个儿子，除了刘肥早死外，有三个王子无辜惨死。这加深了刘家兄弟们与吕氏的仇恨，同时满朝文武虽不敢言，但已是愤愤不平。

随着时间的推移，已经十岁的少帝刘恭听说了自己的生母是被吕雉杀死的，怀着赤子之心满怀愤恨地说：“我长大了一定要为母亲报仇！”吕雉得知这个消息，吃惊之下立即斩草除根。少帝被害后，吕雉立惠帝的另一个儿子刘弘为帝，并且将吕家的一个姑娘立为皇后，自己仍是紧握大权。

然而，由于在宫闱家庭关系上，吕雉用了太多不必要的狠辣手段，结果，她一死，吕氏家族很快就覆灭了。为了消除隐患，以周勃为首的大臣们想出了一个极其阴毒的狠招：硬说小皇帝刘弘不是刘盈的亲生儿子，将他赶下皇座，不久就将刘弘和小吕皇后这对娃娃夫妻害死。至此，与吕氏家族有关联的最后一丝血脉被斩断。

小皇帝死了，另立一位皇帝就成了当务之急。

此时在吕雉孜孜不倦的“除苗”工作下，刘邦的儿子们，只剩了代王刘恒和淮南王刘长了。刘长的娘家很有些势力，吕氏外戚专权的阴影还没散去，大臣们可不想再来一个外戚干政，而代王刘恒之母薄氏家族向来克己谨慎，于是，权衡之下，大臣们选择了刘恒，是为汉文帝。母以子为贵，薄姬成为皇太后，此时的她不过四十五岁左右。

## 天上掉馅饼——李陵容

如果说薄姬当上太后是幸运，李陵容成为太后就是奇迹。她的发迹只因为她拥有强健的身体。

李陵容是东晋简文帝的妃子，当初，司马昱还是会稽王的时候，她只不过是一个做粗活的宫女。当时，司马昱曾有过三个儿子，可是个个都过早夭折。之后，姬妾们就再也没有生育过。三十多岁的司马昱担心后继无人，又招纳了不少女子入宫。但是，折腾了几年还是没有儿子。

不孝有三，无后为大。司马昱想儿子都快想疯了。此时，有人向司马昱推荐了一位相士，据说这个相士道行极高，只要女人从他眼前一过，他就能看清女人能生出什么性别的孩子。司马昱毫不犹豫地将为自己的儿子找娘的任务交给了这位相士。

相士看遍了司马昱所有的老婆，没有一个能给王爷生儿子。司马昱不死心，令相士继续寻找。相士将搜索范围扩大到王府里所有的女人，终于发现了李陵容。

这个李陵容从小就被卖入王府从事纺织工作，至于出身来历没人知道。她身上有几个当时的中原人没有的特征：人高马大，皮肤黝黑，头发卷曲，宫中人称她为“昆仑奴。”据史书记载，昆仑奴来自林邑以南。史书所说的林邑以南，有现在的印度，中东，及更南的黑非洲。根据李陵容的特征，可能有非洲人的血统。当然，这只是猜测，在今天看来，李陵容的样貌别有一番风味，但在当时却被认为是丑陋的。对于相士给自个儿找一个昆仑奴老婆，司马昱很不舒服，但为了传宗接代的大业，他还是硬着头皮，“召之侍寝”。

不久，李陵容果然怀孕在身。李陵容为此还向别的女人说，她曾梦见“两龙枕膝，日月入怀，意以为吉祥”。司马昱一听也觉得奇怪。几年后，李陵容先后生下两个儿子和一个女儿。李陵容的身份一下子变得尊贵起来。

公元 371 年（咸安元年），五十一岁的司马昱称帝后，封李陵容为淑妃。由于司马昱没有立皇后，因此李陵容实际上就是后宫之主。两年后，司马昱去世。十岁的司马曜继位为孝武帝，作为母亲的李陵容身份也是一路高升，直到封为皇太妃，仪仗服饰与太后无异。二十年后，李陵容的次子司马道子上书，劝哥哥封母亲为皇太后。司马曜听了弟弟建议，不久尊母亲为“皇太后”。司马曜死后，他的儿子司马德宗继位，又尊奶奶为太皇太后。

就这样，长相一般，出身低下的李陵容仅凭偶然机遇，不仅摇身一变成了后妃，而且还因为生儿子的原因，使得她在复杂多变的后宫始终没有被夫君抛弃。特别是她的儿子、孙子们，一个个幸运地继承了帝位，她的后半生越过越好。这种情况，在后妃中也不多见。

当皇帝的后宫之中、朝堂之上，一群狠人你争我抢、尔虞我诈时，薄姬和李陵容这种资质平平的女子退在一旁，结果所有的争斗成全了这两个老实人。

有这样一个笑话：一个人去参加一项智力比赛，规则是答对加分，答错减分。此人一道题都不会做，就一直沉默。最后，他成了第一名。

薄姬和李陵容就像那个什么都不会，只能沉默的人。她们的经历给了我们这样一个启示：幸福固然需要拼尽全力打拼，但是对于资质平平的人来说，如果自知技不如人时，不如踏踏实实地守好本分，静观其变，机会反而更可能降临。

# 小聪明害死人——赵飞燕赵合德姐妹

只知道“四大美女”的人会以为赵飞燕姐妹是神话中仙女似的人物，假如你读了历史，就会发现，她们是两个手段狠毒，又只有点小聪明的女人。在西汉王朝的宫廷，赵飞燕和赵合德这对双胞胎姐妹花，虽然没有掀起政治风暴，却也搅得后宫血雨腥风。

赵氏姐妹的母亲是江都（今江苏省高邮县）亲王刘建的孙女，是个郡主，后嫁给江都中尉赵曼。可见，赵氏姐妹有皇家的血统。赵曼有一位音乐家朋友冯万金，史书上记载，赵曼在进餐时如果没有冯万金在座，就吃不好。这种情况下，冯万金和赵曼的妻子自然也关系密切，后来发展出男女私情，结果是赵曼的妻子怀了身孕。当时没有亲子鉴定技术，这个孩子本可以往赵曼身上赖，偏偏赵曼很久没有跟妻子同过房，而赵曼又性情凶暴，一旦事情败露，赵妻必定凶多吉少。情急之下，赵妻假装有病回娘家调理，在娘家生下一对双胞胎女孩，姐姐命名赵宜主，妹妹命名赵合德。事实上，她们应该姓冯。

两姐妹出生后，赵妻悄悄派人把她们丢到荒郊野外，任其自生自灭。然而，毕竟母女连心，过了三天，赵妻亲往视探，发现两个女儿仍然活着，只是奄奄将毙，于心不忍，就又把她们抱回来，送到情夫冯万金家。姐妹快成年时，冯万金寿终正寝，冯家家道中落，这对姐妹辗转流落到首都长安，在一条巷子里租屋住下。

大概是命运之神的安排，两人的邻居是阳河公主公主府的总管赵临，他见两个女孩孤苦伶仃，将她俩收为义女。不久赵临就把两个义女介绍到阳河公主府中作歌女。两人在这里苦心修炼，终于歌舞出神入化，修炼成两个妖孽级美女。姐姐赵宜主不但花容月貌，而且身材纤巧，步履轻盈，小鸟依人，人们称她“飞燕”，她也顺水推舟改名飞燕。妹妹比姐姐更为娇媚，她的肌肤雪白细腻，光滑如缎，当她沐浴后从浴盆里站起来时，身上连一滴水都不沾。而且从以后的事情来看，她比姐姐更聪明。

公元前 18 年，38 岁的皇帝刘骜去阳阿公主家，公主设宴招待，以歌舞伎助兴。刘骜在众多美女中一眼就看到了赵飞燕，宴会之后，将其带回宫中。这与当年刘彻在她姐姐平阳公主家和卫子夫相遇如出一辙。

赵飞燕进宫后谨言慎行，一方面对许皇后很恭谨，执婢子礼，逐渐消除了皇后的戒心，同时又刻意低声下气地与后宫佳丽结好，连班婕妤这样的智慧才女都认为她是个很恭谨的女子。不久，女官樊嫕向刘骜推荐赵合德。刘骜一听说赵合德比赵飞燕还美，急忙派只有皇后才有资格坐的百宝凤舆前去迎接。如果放在一般女子身上，一定喜不自胜，迫不及待地就坐上去了。可是赵合德却拒绝了，她告诉来人，必须有姐姐的命令，她才进宫。刘骜得到报告，一方面欣赏她的庄重，同时更想尽快见到美女了。他开始在赵飞燕身上下功夫。樊嫕也去劝赵飞燕，她说：皇帝后宫佳丽万千，万一有别的女人得到恩宠，你就势必会被冷落，亲妹妹受宠总比外人好。如今成帝还没有儿子，你们姐妹二人谁生下一个，就是皇太子，就可以高枕无忧了。

赵飞燕是个聪明人，立刻派人去迎接赵合德。刘骜后宫虽然佳丽无数，但从来没有见过赵合德这样的美艳娇娃，初见赵合德时竟然张口结舌。不但皇帝如此，就是左右伺候的那些宦官宫女，也一个个看得呆了。只有一位“披香博士”（宫廷教习）淖方成悄悄说了一句：“这是祸水，要灭火了。”

赵合德虽然比不上姐姐的才情，但是她的丰满的身体和闭月羞花的容貌对汉成帝形成了更加巨大的诱惑。汉成帝把赵合德叫作“温柔乡”，说：“我当终老是乡，不愿效武帝之求白云乡了。”

赵飞燕和赵合德姐妹同时被封为嫔妃第二等的“婕妤”，自此皇宫里千万粉黛都成粪土。赵氏姐妹了解她们自身强大的优势，以及正身处嫉妒之中的严峻态势，于是，为了巩固自己的地位和扫荡潜在的敌人，她们入宫几个月之后就开始对许皇后发动疯狂攻击，并且大获全胜。许皇后罢黜，并于稍后被毒死。

许皇后既倒，刘骜立刻想擢升赵飞燕当皇后。可是皇太后王政君却嫌赵飞燕出身微贱，不肯答应。刘骜费了很大的劲才说服太后，还要应付大臣。公元前16年，赵家姐妹入宫不过两年，刘骜封她们的养父赵临为成阳侯，这显然是为赵飞燕当皇后铺路。西汉王朝开山老祖刘邦曾有过严令，只有对国家有绝大功勋的人才能晋封侯爵。因此，默默无闻的赵临平地一声雷升为侯爷，让西汉政府的大小官员很不满，不过大家也只是背地里骂骂大街，发发牢骚，甚至还有溜顺拍马之辈盛赞封得好。谏大夫刘辅坚持唱反调，向刘骜上了一道奏章规劝，结果被送到劳动营做苦工（鬼薪）。此后，再也无人敢劝阻了。刘骜正式宣布册立20岁的赵飞燕为皇后，擢升赵合德为姬妾第一级的“昭仪”。

刘骜册封赵飞燕为皇后后，特地在皇宫太掖池建造一艘华丽的御船，带着她泛湖赏景。有一天，赵飞燕正在边歌边舞，忽然卷起一阵大风，赵飞燕被花裙带动，几乎像小鸟一样地乘风而去。刘骜大惊失色，幸而在场的冯无方扑上去，两手正好握住赵飞燕的一双玉足。赵飞燕在那强有力的紧握中，继续她的舞姿。刘骜更色授魂与，神魂颠倒。不久，宫中就遍传消息说，赵飞燕不但身轻似燕，而且还可以在掌上起舞。

比较起来，汉成帝对妹妹赵合德更加迷恋一些。

按说，汉成帝对赵合德的胴体早已看过几百遍几千遍了，可是，他不但没有看腻，反而越看越爱。一天晚上，她正在沐浴，刘骜悄悄溜过去，从门缝往里偷瞧，被侍女发觉，告诉赵合德，赵合德急忙躲到烛影后面阴暗地方。刘骜仅只一瞥，已使他神魂回荡。过了几天，赵合德再沐浴时，刘骜买通侍女，教她们不要通报，自己蹑手蹑脚前往，偷瞧了个够。并且情不自禁地叹息：“可惜不能有两个皇后，如果有的话，我非封赵合德也当皇后不可。”

赵飞燕得到消息也如法炮制，在沐浴的时候，也请汉成帝在旁参观，他却觉得索然无味。赵飞燕泣曰：“爱在一身，无可奈何。”

赵飞燕姐妹虽然靠着美色，荣冠三宫大院，但她们却一直无法怀孕。如果她们没有儿子，皇后宝座就像建在沙滩上，随时有垮台的可能，可以想象她们内心的焦急和痛苦。

赵飞燕姐妹不能怀孕的原因，说来话长。江都亲王刘非先生的一位宠姬叫李阳华，她的姑姑嫁给冯大力，而冯大力正是赵飞燕姐妹的嫡亲祖父。刘非去世后，李阳华因没有儿子被遣出王宫，走投无路之下只好投靠冯大力的妻子。当时赵家姐妹还在冯府，对李阳华非常亲近。李阳华对美容术颇有心得，她有一种“息肌丸”，塞到肚脐眼里，融化到体内后能使人更加艳丽。她将这个技术传授给了赵飞燕赵合德姐妹。此药含有麝香成分，而麝香对生殖机能有强烈的损害作用。后来，等赵飞燕赵合德姐妹发现问题，想补救时，却已晚了。

赵合德对于没有孩子似乎不太在意，而赵飞燕当了皇后却开始将生个儿子当作头等大事来抓。

这个时候，她的目标就是生孩子——不管是谁的孩子。起先，她觉得自己不孕是皇帝有问题。当时皇帝刘骜常在赵合德那里，于是，她广为物色健壮的男子，秘密载进她的寝宫。最初，她还小心谨慎，后来胆子越来越大，终于有一天被刘骜撞到了。刘骜当时虽然没有看到人，因为赵飞燕早一步得到报告把人藏了起来，但刘骜还是听到了衣橱里的咳嗽声。可想而知他当时有多生气，但是他也怕真得查出人来，自己脸上不好看，于是愤怒地转身走了。再说他太爱赵合德了，只好对她姐姐勉强忍耐。

但身为皇上，皇后却给自己戴了绿帽子，这件事无论如何也不可能痛快。有一天，刘骜正跟赵合德饮酒欢聚，想起来赵飞燕衣橱里那声咳嗽，忽然气冲牛斗，虎视眈眈地盯着赵合德。赵合德知道一定有大事发生了，如果不能当场挽回危局，后果不堪设想。她果断地跪下来，委屈万状地哭诉说：“我们姐妹出身寒微，人单势孤，今却万分荣幸地得到您的宠爱，提拔我们姐妹在万人之上。有时候，也难免仗恃您的宠爱，得罪了人，人家已把我们姐妹恨入骨髓，又加上我们少不懂事，不知道宫廷中的规矩，使您生气。让我们死吧，只要您不再烦恼，我们死也心甘情愿。”刘骜一瞧赵合德梨花带雨、楚楚动人的小脸，气也没了，反而柔言安慰她：“这件事跟你无关，我恨的是你姐姐，我打算将她千刀万剐，心里才舒服。”

赵合德大惊道：“这是为什么？”刘骜就把那天的情景重述一遍。赵合德知道出大事了，于是一边大放悲声，一边说：“我因姐姐的缘故，才有机会伺候陛下您，您如果杀了姐姐，我岂能独活？何况忽然间把皇后宰了，天下人会怎么说您？我愿意身挡这场灾难，您把我杀了吧。”边说边哭，眼看就要哭晕过去了。刘骜急忙安慰说：“我正是因为你的缘故，当时才没有搜查衣橱，刚才不过忽然想起来，顺口说说罢啦，你别当真呀。”百般哀求，才使赵合德转悲为喜。事后，刘骜秘密追查，将衣柜里那位咳嗽的小子杀了。

姐妹俩也不总是这么齐心协力，也有闹矛盾的时候。

赵飞燕有一个情人叫燕赤凤，长得一表人才，赵飞燕和赵合德都看上了他。最初姐妹俩尚且互相隐瞒，可是不久还是逐渐透露风声。有一天，燕赤凤刚刚离开赵合德的寝宫，赵飞燕就闯了进来。那天正是农历十月五日，依宫廷惯例，当天要祭奠皇帝祖先。宫女和女官们在祭礼上载歌载舞，其中有“赤凤来”一曲。赵飞燕酸溜溜地问道：“赤凤刚才为谁来？”赵合德道：“赤凤当然为姐姐来，他肯为别人来吗？”一句话把赵飞燕顶得恼羞成怒，抓起酒杯摔向赵合德，赵合德一闪躲了过去。赵飞燕狠狠地说：“老鼠想咬人呀。”赵合德也生了气，反唇相讥道：“老鼠不想咬人，只不过想在衣服上咬个洞，看看里面是啥货色。”

赵合德对姐姐一向百依百从，忽然凶猛地反击，赵飞燕当即嘴唇发青，呆在那里，说不出一句话。在一旁服侍的樊嫕大吃一惊，知道再闹下去，一定两败俱伤，她赶忙打圆场，史书上说她“脱旧簪，叩头出血”，强拉着赵合德向姐姐道歉。赵合德是一个极端聪明的人，她刹那间恢复冷静，知道姐妹的命运是不可分的，她向姐姐哭着说：“姐姐，我们贫苦时，共盖一条棉被，天冷夜长，冻得不能入睡，你教我抱着你的背取暖，难道忘记这些往事？如今幸而荣华富贵，高人一等，却家门孤单，没有外援，全靠姐妹互相照顾，我们怎么能再自相残杀呢？”赵飞燕也感到自己过分，抱着妹妹垂泪，亲手摘下头下的玉钗给妹妹梳理秀发。

从上面一连串的事件上，可以看出赵合德有比姐姐更高的心机。

赵飞燕对生孩子已经到了走火入魔的地步。她对刘骜已经死了心，只在别的男人身上打主意。她不但养了许多男人，还把朝中孩子最多的年轻父亲们列了一个名单，逐一地让他们贡献体力。为了藏匿这些危险男人，她特别腾出一间房子，里面布置神龛神像，对外宣称那是她参拜天地、进德修业的圣地，任何人都不准进去，包括皇帝在内。刘骜本来就偏爱赵合德，赵飞燕又不希望自己常常接近她，结果刘骜几乎被赵合德包了，这正中赵飞燕之意，也正中赵合德的下怀。

赵合德知道姐姐玩的花招太多，偷情通奸的事，很难天衣无缝，何况赵家姐妹平地青云，有多少人都睁开大眼寻找她们的过错。而身为皇后的赵飞燕大张艳帜的干法，随时都可能将她们姐妹推入万劫不复的深渊。赵飞燕当时已被淫欲和生孩子的渴望搞得神志不清，但赵合德却清楚地察觉到四伏的危机，她除了广为收买宫里的人外，更加强对皇帝的控制。有一天，刘骜表示他听到一些关于赵飞燕窝藏野男人的传闻，说着说着，不觉脸色铁青。但赵合德却不动声色，淡淡地道："我姐姐性情太过刚直，刚直一定招来怨恨，宫廷之中，到处都是仇敌，那些因得不到你宠幸的人，迁怒到姐姐身上，就千方百计诬陷谗构。我们姐妹的性命都握在你手，只要你听她们一句话，赵家就灭门绝种了。"说到这里。想一想她们的命运也真是这样，忍不住悲痛失声。刘骜一见她这样，发誓绝不受任何人的挑拨，绝不上任何人的当。为了表示对赵家姐妹的信任，凡是向他打小报告透露皇后奸情的人，都被他处决。这种自绝耳目的"高招"让他的绿帽子变成铁做的，赵飞燕也安如泰山。

赵家姐妹虽然竭尽所能，仍然不能怀孕。这时候却有另一个女人怀了皇帝的儿子。这个人是皇宫女教习曹宫。赵飞燕立刻就发觉了异样，向曹宫询问，曹宫不敢承认，赵飞燕以为自己看错了，就此作罢。当年十月，曹宫生下一个男孩。对年已四十一岁的刘骜来说，孩子的降生，是一件喜事，皇位终于有了继承人。

赵家姐妹得到消息后暴跳如雷。在曹宫生产后不久，众宫女的祝贺声还没有结束，中黄门田客就拿着一个手续完备的皇帝诏书来见掖廷狱丞籍武，诏书上命令立即逮捕曹宫母子以及在旁伺候的六名宫女。曹宫母子入狱的第三天，田客再拿着皇帝诏书前来，问孩子死了没有？籍武称："仍然健在。"田客回去向刘骜禀报，一会工夫，他又匆忙回来，对籍武说："你为什么不早一点把孩子杀掉，皇帝和赵昭仪（赵合德）火冒三丈，你完了！"籍武悲愤地说："孩子是皇帝的骨肉，杀不杀他我都会被处决。反正结局已定，就请你去再见皇帝，代我奏明：陛下到如今还没有后裔，不管是谁生的，儿子就是儿子，岂有贵贱之别？怎能忍心把唯一的骨肉处死？

请他三思。”田客再回去报告。不久田客再次拿着皇帝诏书回转，命籍武连夜把孩子交给中黄门王舜。籍武问皇帝听了他的意见，怎么反应？田客说：“瞠也。”也就是说，皇帝本不愿对自己的亲生儿子下毒手，却被一个女人逼得两眼发直，只好下毒手。籍武没有办法，只好把孩子交给王舜。十几天后，孩子和他的母亲曹宫都被杀。更惨的还是服侍曹宫生产的六位宫女，赵合德对她们说：“我知道你们没有罪，但你们非死不可。”于是她们只好上吊自杀。

赵家姐妹谋杀了曹宫母子之后不久，又掀起第二场血腥，女主角是许美人。

许美人是刘骜祖母许平君娘家侄孙女，出身高贵，娘家很多人身居高位，这使赵家姐妹在心理上产生自卑和恐惧感。许美人长得很漂亮，刘骜虽在赵家姐妹严密管制之下，仍然抽空宠幸了她。在曹宫生子后一年，许美人又生下一个白胖儿子。

许美人分娩时，刘骜惧怕赵家姐妹，尤其是赵合德，没有公开消息，只暗中派中黄门靳严陪同御医前去探望，又送给许美人三粒保养身体的名贵丸药。刘骜起初可能打算一直隐瞒下去。但不知道什么原因，或许他了解赵家姐妹暗探密布，恐怕隐瞒不住，也可能希望赵氏姐妹能够性情大变，接受这件既成事实，总之刘骜有一天趁赵合德心情不错时招认了这件事。这可不得了了。赵合德立刻柳眉倒竖，杏眼圆睁，质问刘骜：“你不在我这里时，总一口咬定住我姐姐那里，那么许美人的儿子是怎么生出来的？”忽然间她想到事态严重，哭号道：“难道你存心要姓许的再当皇后呀？”边说边用头撞墙，当然不是真撞，只是在宫女们的环抱之中做做样子而已。吓得刘骜赶忙百般安抚。赵合德对这个结果并不满意，因为刘骜没有提出如何处置孩子。于是，赵合德又使出一招：绝食。这一招对于其他皇帝可能没用，但对刘骜非常有用。他立刻慌了手脚，并表示也要陪着赵合德绝食。赵合德是聪明人，知道皇太后要是知道皇上不吃饭，自己可要全盘输掉。于是反过来劝他，说：“我不吃是因为我既伤心又害怕，你一再保证说决不辜负我。而今，许美人有了孩子，不就是辜负我吗？”刘骜赶忙发誓说：“永不使许家女儿当皇后，而且天下任何人家的女儿，都不能超过赵家女儿。”

这场轩然大波过后的一天，刘骜派人拿着他的诏书，让许美人把儿子送到他那里去。许美人没有理由也没有权力不信任自己的丈夫、孩子的爹。于是，她立即把孩子装到一个小箱里交了出去。就这样，又一个可怜的小生命消失了。

当时只有皇太后王政君有能力制止赵氏姐妹的恶行，可是，没有人敢冒这种风险向她通报。于是，赵家姐妹就把刘骜吃定了。

俗话说"虎毒不食子"，而刘骜却一连杀掉自己的两个亲生骨肉，连畜生都不如。尤其严重的是，刘骜并没有其他儿子。皇帝没有子嗣，可能带来不可测的政治危机。刘骜一意孤行，可见他确实被赵合德迷惑到心智不健全的程度。而赵合德的恶毒真让人胆寒，赵飞燕真该庆幸自己是她的同胞姐姐。

前面说过，赵飞燕对生儿子已经到了走火入魔的地步，而且最终她也知道自己没有办法生出儿子了，于是她决定兵行险招。她在自己生日那一天，用眼泪留住了皇帝刘骜。而赵飞燕利用这次留宿的记录，发动了一场空前的骗局。三个月后，她宣称怀孕了，而且写了一封正式备忘录交给皇帝。刘骜龙心大悦，问题是，赵飞燕并没有怀孕。她决心从民间抱个小孩子冒充。这是一件掉脑袋的事情，但赵飞燕宁冒这种覆家杀身的危险也要造假，说明她已经昏了头了。

十月期满，赵飞燕让自己的亲信去民间买婴儿，结果，第一个婴儿被运送的箱子闷死了，第二个婴儿在进宫时几次三番地哭闹，没运进来。倍受打击的赵飞燕只好向刘骜写出第二份备忘录，告诉他自己流产了。刘骜垂头丧气，怨天尤人，赵合德却知道姐姐要的什么把戏。她警告赵飞燕说："孩子不生，难道真是流产？三尺童子，都骗不住，何况他是一个皇帝？一旦拆穿，恐无葬身之地。"赵飞燕这才冷静下来，惭愧与恐惧交加，从此死了这条心。

刘骜已注定断子绝孙，赵家姐妹也不得不接受这个事实。他们只好转而去寻找一个可以控制的皇位继承者。刘骜有两位弟弟：一位是先皇帝的宠妃傅昭仪的儿子刘康，早死，留下一子刘欣。另一位是刘兴，她母亲就是那位"当熊而立"的冯媛。赵家姐妹接受了傅氏的甜言蜜语和金银财宝，倾力相助于她，让刘骜择定了侄儿刘欣作为皇储。

再说刘骜，日日沉溺于赵合德的美色，纵欲过度，身体越来越差，到了后来，连走路都有点迟钝。有方士献上大丹，“帝日服一粒，颇能幸昭仪（赵合德）”。这是一种什么丹呢？史书载：“其丹养于火，百日乃成。先以大瓮贮水满，即置丹于水中，水即沸腾，乃易去，复以新水，如是十日不沸，方行服用。”一种能让水都沸腾的药物，皇帝竟敢吞下肚子，真应了“牡丹花下死，做鬼也风流”的话。有一天，刘骜异想天开，一连吃了数粒丹药，结果当晚暴毙在赵合德的床上，死时四十六岁。

刘骜暴毙，宣告了赵家姐妹势力的瓦解，朝廷内外对她们的反攻迅速爆发。最初大家仅造谣说可能是赵合德把皇帝谋杀的，后来则言之确凿，一口咬定是她谋杀。皇太后王政君既悲且怒，下命严审赵合德。赵合德能想象到受审时的可怕场面，于是哭着说：“我一向把刘骜看成孩子一样，玩弄在股掌之上，宠爱和荣耀，冠于天下。怎能够在公堂之上，跟皇宫总管之类的小官争辩床上男女间的事呢？”痛哭一阵后，自杀而死。

赵合德死后，只剩下赵飞燕。她虽然没有直接涉及到刘骜之死的官司，但宫廷中的权力，已开始变化。刘欣继承帝位后，赵飞燕虽然也被称为皇太后，可是真正掌权的是皇帝的亲祖母和亲生母亲。赵飞燕毫无依恃，只能倚靠刘欣祖孙们对她的感恩——刘欣当上皇帝，赵家姐妹尽了全力。事实上，刘欣对这份恩情，马上就加以回报了。

赵合德虽死，但太皇太后王政君彻查赵合德的命令仍然有效。半年后结论出来了：赵合德倾乱宫廷，灭绝皇嗣，赵氏家属，应依法全族斩首。

刘欣一家还算有良心，虽然救不了妹妹赵合德，但一定要救姐姐赵飞燕。但这个罪名实在太严重，又无法大事化小，小事化无。于是，刘欣宣称，赵飞燕服侍刘骜没有功劳，也有苦劳，而且事情都是赵合德一个人干的，她已经自杀，等于伏诛，赵飞燕并不知情，不必再牵连她。而只下令把赵氏家属发配充军。

由于刘欣对赵家的处罚太轻，全国哗然，但都被刘欣压了下来。不巧的是，刘欣是个短命鬼，只当了六年皇帝就死了，之前，他的祖母傅氏也死了，赵飞燕第二度失去了靠山。但太皇太后王政君还活着，她在侄子王莽的劝说下，颁布诏书，将赵飞燕赶到北宫，一个月后将她贬为一介平民，赶去给刘骜守坟。赵飞燕知道她已走到绝境，在一场彻夜痛哭之后，自杀身亡。她比妹妹赵合德多活了六年，死时大概 37 岁。

赵合德姐妹能把皇帝抓得紧紧地，连杀皇子也能安然无恙，是聪明的。然而，不过是小聪明而已。赵氏姐妹如果聪明的话，就不应该杀那么多可怜的母子。按照宗法制度，曹宫的儿子也好，许美人的儿子也好，他们将来继承了皇位，赵飞燕都是皇太后，赵氏姐妹照样可以八面威风。可惜，她们只有小聪明，只知道变身疯狂的杀手，最终将自己送上绝路。

## 山高已为峰——武则天

唐朝的鼎盛始于唐太宗李世民，止于唐玄宗李隆基，其间有无法回避的武则天。这位中国历史上唯一一位被认可的女皇，死后给自己墓前留下了一块无字碑，不为自己评说一字。然而，剽悍的人生不需要解释，自有后人为她解读。时至今日，她的传奇人生就像一本总也翻不完的书，让无数人津津乐道。

武则天的“则天”二字，是她的儿子李显在她死后，为她上的尊号“则天大圣皇帝”中的两字。我们熟悉的另一个名字“媚娘”是唐太宗赐的。她原来的名字叫什么，众说纷纭。《旧唐书》中说“武氏讳曌（音照）”，事实上，“曌”是她称帝后自己改的。《新唐书》中写道：“武氏讳珝。”

武则天出生于唐高祖武德七年（624 年），并州文水人（今山西文水）。她的父亲是荆州都督武士彟，母亲杨氏出身于隋朝宗室，是武士彟的续弦夫人。野史中说，武则天打小就是个假小子，武士彟原本是一个并州文水一个木材商人，后跟随李渊起兵后才入仕，对传统的女德、女相等并不特别在意，索性将她当成男孩抚养，就连衣着打扮，也全是男儿装束。

后来大相士袁天纲看到武则天后，说：“可惜这孩子不是女孩，否则，将来贵不可言。”武士彟问：“将来能做皇后吗？”袁天纲说：“岂止是皇后！”武士彟琢磨了一下，没明白什么意思，但知道总归不是坏事，从此恢复了武则天的女儿打扮。

武则天的童年并非无忧无虑，武士彟前妻所生的儿子们对她和母亲以及姐姐难免使绊子。她十一岁的时候，父亲去世了，母女三人的生活就更不过好了，她十分渴望能改变现有的环境。

十四岁那年，武则天因家世和美貌被选入唐太宗的后宫。一入侯门深似海。选秀入宫固然是鲤鱼跳龙门的好机会，然而更可能因为不得宠而孤独地老死宫中，还可能有性命危险。所以一般女子听说自己被选入宫，面对前途未卜的未来，往往会恐惧。武则天则不同。当母亲抱着她痛哭时，尚未成年的武则天却安慰母亲说："我现在是要去见皇帝，这不是一件好事吗？您不要难过，我一定会衣锦还乡，给您带来富贵的。"

武则天挟家世美貌入宫，那时候，她的目标是当个宠妃。她很快就获得了太宗亲自赐名为"媚娘"，这是一种殊荣，为她的后宫生活开了个好头。然而，唐太宗再也没有理会过她，她在唐太宗身边十二年，始终是一个低品级的才人，不但没能成为太宗的妃子，而且也没有和太宗生下一男半女。

唐太宗为什么不喜欢武则天？历来推测者众多。有人说唐太宗慧眼独具，一眼就看出武则天阴险狡诈，野心勃勃。事实上，这怎么可能。武则天入宫时不过是一个尚未成年的小女孩，再有心机又如何入得了李世民的眼。比较可靠的观点是，唐太宗不喜欢武则天这样的性格，后世人将武则天的不顺利跟"狮子骢"事件联系在一起，分析出一些端倪来。

太宗有一匹宝马，名曰狮子骢，神骏无比，却剽悍难驯。有一天，太宗在众嫔妃的簇拥下欣赏此马，信口询问驯马之法，众嫔妃沉默不语，唯有武则天越众而出，大声言道："妾能制之，然须三物，一铁鞭，二铁楇，三匕首。铁鞭击之不服，则以铁楇楇其首，又不服，则以匕首断其喉。"众人愕然，太宗听后愣了一下，然后一笑，"嘉其志"。

当时不过十几岁的武则天以为这"嘉其志"是表扬，但此后太宗对她再不过问。她哪里明白，太宗出身行武，虽然欣赏好斗、充满活力的性格，但不喜欢拥有这种性格的女子。他喜欢的女人是长孙皇后那样含而不露、贤淑温顺的聪慧女子。唐太宗李世民的一生有很多女人，但长孙皇后是他最欣赏和看重的。在新入宫的女子中，徐惠为人处事和气质都酷似早已去世的长孙皇后，唐太宗晚年对她最是宠爱，而她最终也以死作为报答。

武则天在入宫时背后也有一定的势力支持，她的母亲一族就有不可小觑的实力。但是，当她数年不得宠时，她几乎成了一步废棋、弃子。她在太宗后宫中的生活怎样，史书中没有详细的记载。但是可以设想，一个曾经被皇帝召幸过的女人，尽管不得宠，也必然会受到后宫尔虞我诈的斗争的牵连。在强敌如林的后宫，一个不受宠又没有家族支持的女子，活得有多艰难。

但是，从十四岁入宫到太宗去世，这之间有十二年的时间，足够发生很多事情。武则天在这段时间里出人意料地遇到了新的爱情。

太宗晚年经常生病，太子李治非常孝顺，几乎每天都要亲自去送汤药。武则天再不受宠也有在旁侍候的时候。有一天，两人遇到了。武则天比李治年长四岁，有成熟女子的魅力，让当时年轻而且性格有点懦弱的李治一见倾心。此后，太子借着送药的机会与武则天不断接触，从开始说话最终发展到床第之欢。真所谓各花入各眼，果敢、强悍的武则天不符合当爹的审美情趣，却迷住了儿子李治的心。

李治与武则天私密交往，也有另一层打算。李治是长孙皇后生的第三个嫡子，起初并非作为太子培养的，再加上前头已经有了两个过于刚强的哥哥，衬得他的性格有一些优柔寡断。后来，他的两个哥哥太子承乾和魏王李泰为夺位两败俱伤，让他渔人得利做了太子。李世民对李治的性格不是特别满意，对于李治来说，和父亲的近身侍妾建立一层亲密关系，也等于有了一个帮他通风报信的人，好让他提前想对策应对因年老而喜怒无常的父亲。

被冷落了十二年的武则天，早已想通了自己的处境。她正视自己在唐太宗那里的失败，转而培养与太子的感情。她知道太宗这位老皇帝总有去世的天，如果自己获得了太子的感情，就相当于买了一份保险，早晚会有飞黄腾达的那一天。

武则天与李治秘密地保持着这份随时让她丢脑袋的“禁忌之爱”，内心一定是倍感煎熬的。然而将来，她会感谢它，因为正是这份难得的爱，让李治对她难以忘怀，并且助她登上权力之巅。

两人偷偷相恋了一段时间后，唐太宗李世民驾崩了。依照唐朝后宫之例，武则天被送到感业寺削发为尼。武则天原本以为新皇帝会很快接她回宫，怎料一去两年却迟迟没有音信。她的心中充满了哀怨，人在一天天的等待中越来越绝望。她决定要自救，就写了那首著名的《如意娘》：

看朱成碧思纷纷，憔悴支离为忆君。不信比来常下泪，开箱验取石榴裙。

宫中生活了十二年，自然会有一些人脉。有人帮助她把情书传到天子手上。高宗看过十分难过。之后不久正是太宗周年忌日，李治到感业寺为太宗进香。武则天紧紧把握住这次机会，她让高宗忆起了先前的恋情，动了让她回宫的念头。两人正在为怎么让武则天悄无声息地入宫烦恼时，有人适时地送上了枕头。此人正是王皇后。

在感业寺中，有许多人都看到李治和武则天激情对泣的场面。于是，宫中流传起一个小道消息，说李治和感业寺的一个尼姑有染。王皇后初听到这个消息时勃然大怒，可是转念一想，如果把这个尼姑引进宫来，让她吸引住李治，用来打击对手萧淑妃也不错啊。

萧淑妃是李治当时特别宠爱的妃子，生有一儿二女，而且家族背景雄厚，是王皇后最大的情敌。而武则天在王皇后来看，出身不高，又有服侍过先皇的“污点”，绝对不会对自己有威胁。于是，她悄悄派人让武则天把头发留起来，主动向高宗请求将武则天纳入宫中。她的提议正中唐高宗下怀，于是武则天再度回到宫中，身份是王皇后的宫女。那一年，武则天二十八岁，命运又回到了起点。

再相见，人依旧，心意却已变。两年的尼姑生活，使武则天不再只追求当个宠妃，她要把权力牢牢抓在自己的手中，不想再被别人左右。武则天体内的斗狠潜质被激发出来了，她一步步向着政治野心家的路上迈进。

在居于最高位的王皇后和工于心计的武则天的联手打击下，萧淑妃毫无悬念地输了。武则天回宫后不久生下了长子李弘，母凭子贵，她被册封为昭仪，地位仅次于皇后与淑妃。此时王皇后还在为打击了萧淑妃而窃喜，殊不知她是在驱虎吞狼，为自己引来了一个更大的敌手。

武则天明面上对王皇后依然恭敬有加，暗地里却向王皇后动手了。大约在永徽五年，武则天生下一个女儿。王皇后自己没有孩子，对武则天的女儿很喜欢，时常来看望。有一天，王皇后来到武则天的宫中，武则天假意有事避开了，王皇后逗了一会儿小姑娘就走了。武则天立即出来，将小公主弄死，嫁祸给王皇后。

武则天这一手法十分毒辣，谁都不会相信一个母亲会如此不顾亲情，用自己亲生骨肉的生命来换取皇后的地位。所以，谋害皇帝女儿的罪名轻而易举地就扣到了王皇后的头上。王皇后随即被废，武则天于永徽六年被册封为皇后。此时，武则天回宫仅仅三年时间。

这是武则天第一次使用“壮士断臂”的方式为自己谋利，在她日后的政治生涯中也多次用到，而且每次都十分奏效。

武则天的目标不只是当皇后，而是想像吕后那样独揽大权。高宗李治的性格中有优柔寡断的一面，决断时往往难以果断，武则天恰好是一个行事果断的人，因此，她当上皇后后，开始参与朝政，成了高宗的政治拍档。当然，起初，她仅仅是高宗李治的宠妃而已，许多事还轮不到她出手，她只能当个重要的推手。

当时，朝廷中的权力斗争发生在李治和长孙无忌这对甥舅之间。长孙无忌是高宗李治的舅父，他倾尽全力拥戴李治即位，随后把持朝政。他拥立李治是觉得他优柔寡断，好掌握，却没有想到，这个外甥并非如他想象的那么无能。李治对长孙无忌把持朝政一直大为不满，他需要一个果断的人为他创造一个下决断的契机。武则天给他创造了这个契机。

早在册立为皇后之时，武则天就遭到长孙无忌、褚遂良等出身高贵的守旧老臣们的反对，其中长孙无忌事先收了武则天的赏赐却不肯支持她，让武则天怀恨在心。长孙无忌集团如果掌权，随时随地都能颠覆她，因此他是武则天首先要清除的对象。于是，武则天在关键时刻用力地推了高宗一下，把他的长期所想变成现实。显庆四年（公元 659 年），武则天授意许敬宗编造朋党案，致使长孙无忌自杀。长孙无忌集团成员或杀或流或贬，被彻底摧毁。与此同时，武则天趁机扶持自己的亲信，起用了一批有功于朝廷却出身寒微之臣，其中李义府、许敬宗被擢升为宰相。

显庆五年（公元 660 年）冬，高宗李治的风眩病发作，头晕耳鸣、目不视物，甚至头痛如裂，根本无法理政。当时皇太子李弘才八岁，不可能理政，高宗又不能完全相信臣子，相比较而言，把国家政务交给太子的亲妈、自己的妻子更安全一些。自此，武则天正式掌握朝政大权。

说起来，高宗李治的政治生涯也是悲剧。后人往往将他和懦弱无能画上等号，其实，他并不缺少身为皇上的政治能力、政治敏感，以及政治斗争中该有的权衡和手段。他当上皇帝后，初继位就能一步步从元老长孙无忌手中夺回权力，并且取得永徽之治的成绩，说明他完全具有成就一番伟业的实力。可惜，疾病让这一切成为不可能。

武则天受命辅政后，便不断提高自己的政治实力，扩大亲信队伍。她所做的最重要的一件事即是修订《姓氏录》。贞观中，唐太宗命高士廉修撰过《氏族志》。但是《氏族志》并没有跳出魏晋以来重门阀的旧例，所列姓氏中仍有许多在本朝官职很低的旧士族，特别是它把武姓排斥在外，这当然是武则天所不能容忍的。于是，经许敬宗、李义府等奏请，《姓氏录》重新修订，武姓被列为第一等，其余按官品高下分为九等，这就彻底打破了氏族大姓排在首位的框框。

新的《姓氏录》提高了正在朝中为官的寒门子弟的地位，为武则天拉拢了不少亲信。同时，武则天自身政治才能出众，提出了一系列有利民生的政治纲领，提高了在朝臣中的影响力。武则天这种明显的夺权势头让高宗很不满。

李治性格优柔寡断，但千万不要以为武则天可以轻松摆弄他。长孙无忌就是因为轻视他而死，武则天也差点成为后继者。龙朔二年（662年），高宗不满武则天的专横牵制，差点听信宰相上官仪的话废了她，连废后诏书都写好了。幸亏她发现得早才逃过一难，而上官仪一家则被连根拔起。

上官仪被杀后，朝廷中再没有敢与直接跳出来与武则天作对的人了。从龙朔二年开始，高宗每天上朝视事时，龙座后面都加上了一道帘子，武则天隐身其后垂帘听政，后来更进一步，武则天从殿后走到殿前，帝后共同临朝听政，出现了旷古未有的“二圣临朝”的场面。

上官仪事件让武则天对李治心存警惕，一刻都不敢放松，却忽略了与儿子间的感情沟通。当武则天以为唐朝这个庞大的资产完全掌控在自己手中时，忽然发现新的对手又出现了，而新对手正是她的儿子们。

武则天有四个儿子，长子李弘、次子李贤、三子李显（又名哲）、四子李旦（又名轮）。李弘在五岁时就被立为皇太子，一直是作为皇朝的继承人来培养，八岁加元服，十一岁就开始监国。武则天对此当然没有异议而且是高兴的。也许在武则天看来，儿子自然是和她这个母亲站在一条线上的，然而她想错了。

李弘为人正直，性情广厚，谦虚退让，深得高宗和大臣的信赖，表现出了良好的治国才能和品行。但他不听武则天的话，屡次违背她的旨意。在他的看来，他是李姓皇权的继承人，在皇权面前血缘关系要退后。武则天也是这样想的。武则天身上残留的母性和女性气质，早在政治生涯中磨得差不多了。大权在握，天下臣服的感觉是那么美妙，她不会拱手相让，就算是亲生儿子也不行。

母子间展开了针锋相对的斗争。李弘具有足够的实力与武则天抗衡。武则天上建言书，提出“父在母亡，为母服孝三年”的议题，强调自己的身份是至高无上的，同时也暗示李弘不孝。李弘则当众揭武后的伤疤，请父皇为被母亲幽禁多年，三十出头仍未出嫁的萧淑妃之女义阳、宣城两位公主择偶。“二公主事件”让武则天充分意识到，自己的儿子不可能与自己妥协了。两人之间的争斗更加激烈，漫延到朝堂之上，比如李弘踢走武则天的亲信许敬宗，武则天逼退李弘的左右手赵仁本。最后，贺兰敏之将母子间的关系引向全面恶化。

贺兰敏之是武则天的亲姐姐贺兰夫人的儿子。前文说过，武则天的母亲杨氏是续弦，当年在武家时，杨氏母女三个没少受武士彟前妻所生儿子们的挤兑。武则天做了皇后后，将他们赶的赶杀的杀，贺兰敏之便成了武家的继承人。贺兰夫人和她的女儿魏国夫人都和李治有暧昧关系，后来死得不明不白。贺兰敏之是有名的花花公子，长得很漂亮，但有头无脑，他不但把母姐的仇记在武则天的身上，还色胆包天，引诱了李弘未过门的太子妃杨氏，生生将自己的大靠山变成了催命鬼。武则天知道此事后大怒，又给李弘寻了另一门亲，贺兰敏之也被流放绞杀。

虽然李弘与新太子妃裴氏恩爱有加，但受此大辱，心中有恨，他把这笔账记在了母亲身上。

高宗李治的身体越来越差，又对他母子二人的争斗烦恼无比，看到李弘已经成亲，治国也颇有方略，决定禅位。这使武则天忧心忡忡，眼看着自己将要丧失辅政的权力。正在此时，局势剧变。上元二年（公元675年）四月，高宗和武后前往合璧宫消暑，太子李弘随行。四月二十五日，李弘“暴卒”于合璧宫，时年24岁。

李弘之死至今是个谜案。北宋欧阳修等人编撰的《新唐书》记载，李弘是被武则天毒死的，但只是推测，没有确凿的证据。自宋朝开始，就一直有人质疑这个说法。《旧唐书》中记载，李弘是死于肺结核，有李弘的自述和高宗李治的悼词为证。比较起来，《旧唐书》更可信一些。

高宗对李弘之死悲痛欲绝，破例追封他为孝敬皇帝，成为唐代第一个死后谥为皇帝的太子。武则天对儿子的死亡表现出了更深切的哀痛，她哭得近乎崩溃。李弘是她的长子，对她具有特殊的意义。他的降生为她带来了地位，他曾经是她的寄托，她的骄傲。

然而，不论李弘是如何死的，武则天对他的死如何悲痛，都无法改变武则天将之视为政敌，不死不休的事实。

李弘死后，心灰意冷的唐高宗打算把皇位禅让给武则天，但是在大臣的反对下没有实行。李弘去世后一个月，次子李贤即位立为皇太子。不过高宗的提议对武则天是一个很大的激励。

比起大哥李弘，李贤无论是才能还是心性，都与母亲武则天很像。唐高宗安排的宰相班子基本上是太子李贤的人，具有足够对抗武则天的力量。皇位只有一个，至高无上的权力不可能均分，母子二人都是当仁不让的性格。这对母子必然地成为对手。

这一次，武则天吸取李弘的教训，从李贤做上太子的第一天就加紧对他的控制。她一方面迅速在李贤接位的空档将自己的亲信安插进朝中，另一方面加强对李贤的教育，亲自率人撰写了《少阳（即太子）正范》和《孝子传》，明确地告诉儿子要做一个符合要求的太子和孝子。

桀骜不驯的李贤迅速进入反击状态。他所接手的东宫系统本来就对武则天具有对抗意识，再加上他对大哥李弘的莫名暴亡心存怀疑，还有外界传言他不是武则天亲生儿子的流言也让他一直耿耿于怀，因此，他对武则天的对抗意识相当强。武则天明白了，二儿子远比大儿子难驯服，留不得。

这一次，她再次决定亲手除掉这个障碍。而这一次，她的手段更加成熟，但更加阴险。

她向高宗引荐了医术高明的术士明崇俨，让李治的头痛病有所减轻，于是明崇俨立刻大受宠信，成了皇朝的大红人、大预言家。接下来明崇俨就开始装神弄鬼，明里暗里地攻击太子李贤，说“太子庸劣，难成大器”，又时不时地抬高他的两个弟弟的身份，今天神秘地说“英王哲容貌类似太宗皇帝”，明天又大惊失色道“相王面相在诸皇子中最为尊贵”。

武则天抛出明崇俨，未必没有存着让李贤来向自己臣服的想法。然而，李贤写了一首《黄台瓜赋》以对：“摘瓜黄台下，瓜熟子离离。一摘使瓜好，再摘使瓜稀，三摘尚自可，摘绝抱蔓归。”是明着告诉母亲，你再这么逼迫亲生儿子，小心落得“摘绝抱蔓归”的下场。武则天被赤裸裸的挑衅激怒了，她终于决定向儿子动手了。

调露元年（公元 679 年），在李贤做了五年多的皇太子后，明崇俨被人暗杀于洛阳大街上。皇帝震怒，皇后假意震怒，立刻展开大搜查。此案牵连甚广，许多人被屈打成招，但查了半年仍无头绪，最后，大家把怀疑的目光投向最有能力、最有动机做此事的太子李贤，而且也只有东宫是查案官员们不敢搜查的地方。于是，有人向李治递了一封报告：太子李贤暗杀朝廷大臣，好声色，搞同性恋，请下旨搜东宫。

李治看到这样的报告大吃一惊，太子养娈童，含私怨杀大臣，都是在政治上很容易被人攻击的漏洞。李治的哥哥李承乾当年就是因为养娈童而失欢于太宗，从而企图发动政变最终被废。李治想结束此案，但找不到理由。转念一想，查一下也没坏处，毕竟最终的报告要交到自己手中，如果查不到什么就免了太子的嫌疑，就算有事，将凶手交给武则天，可以趁机教训一下太子，让他学会忍耐，跟母亲好好相处，也是一件好事。

于是，李治下旨搜太子宫，他万万没有想到，这是将儿子推入了深渊。武则天立刻派人进入东宫搜查，搜出数百具铠甲，李贤的男宠赵道生也招供说，是太子让自己去杀了明崇俨。事件迅速升级，太子从涉嫌谋杀大臣变成谋反，证据确凿。李治明白真相，提议赦免太子，却无力回天。水隆元年（公元 680 年）八月，太子李贤被废为庶人，不久被迁往巴州，四年后身死，李贤的势力也全面瓦解，许多唐宗室子孙受到牵连。

新旧唐书都记载李贤是被武则天逼死的，但是，很多史学家并不认同，已然全胜，武则天何须再杀骨肉？

武则天大获全胜。这一次，她没有伤心，因为儿子没死，另外两个儿子，不管是李显还是李旦，其胆量、才能、威望都远不如两个哥哥。从此之后，大唐帝国再也没有人可以在权力、地位上跟武则天抗衡了。她的心情大好。

对于武则天不断地杀害自己的亲生骨肉，人们往往不能理解。其实，我们不能从女人、母亲的角度来看待包括武则天在内的那些称帝的女人或男人。对于帝王来说，亲情、爱情永远排在政治与权势之后。历史上为了皇位而手足相残的事件比比皆是，一代明君唐太宗不也是杀了自己的哥哥和弟弟才夺得皇位的吗？

李贤被废的第二天，武则天的第三子李显入主东宫，并且在唐高宗驾崩后，当了皇帝，是为唐中宗。高宗遗诏中说军国大事应出太后武则天处理，这又为武则天上台铺下坦途。

武则天能够容忍李显继帝位，是因为李显容易控制。而且此时她称帝的时机还不成熟，外廷尚未完全控制住。但是李显的皇后韦氏野心勃勃，一上台就闹着大封亲族。结果李显上台不到一年，就被废为庐陵王。四子李旦继皇位，是为唐睿宗，真正的权力则掌握在武则天手中。她的政治生涯进入第二阶段：临朝称制阶段。这段时间只有六年，却是从辅政者变成实际最高统治者的关键时段。

武则天在临朝之初，本是准备通过网罗人才、放宽刑法的办法“大收人望”的。但是，朝廷内外反对她的人颇多。不得已之下，武则天开始实行酷吏政治。她鼓励告密、任用酷吏，大肆屠杀李唐宗室和内外大臣，为称帝之路扫清道路。

公元 684 年，徐敬业以讨伐武则天为名，起兵反叛，朝中宰相裴炎、大将军程务挺等“皇唐旧臣”相呼应。武则天派兵平定了这场叛乱。此战扫清了武则天通往权力之巅的通路。公元 690 年秋，武则天改唐为周，自称圣神皇帝，年号天授，唐睿宗李旦变成大周的太子。武则天是想去唐朝化的，将李旦改名为武旦。自此，武则天开始了十五年的女皇帝生涯。

回顾武则天的登帝路，一路上尸骨累累。看《新唐书》武则天传记部分，可以看到许多的“杀”字。她这一生杀了很多人，光是至亲就有数十位，至于李唐宗室、王公大臣，更是不计其数。

武则天实行“酷吏政治”，向来被人诟病，并鉴定她是一个残暴的女人。这其实有些偏颇。武则天与酷吏的关系是复杂的，颇有些不得已而为之的味道。酷吏制度只在她改朝换代前后的特殊时期里实行，政局稳定后，武则天即不再器重酷吏，比起她近半个世纪的执政时间，酷吏制度实行的时间不算太长。一将功成万骨枯，她是想用酷吏为自己的帝路杀出一片朗朗乾坤，很残酷，但在历史上，她不是唯一这样做的人。

比起任用酷吏，武则天提拔的贤士更多。她用人不计门第，不欺无名，不避仇怨。上官婉儿的祖父上官仪和父亲上官庭芝都是强硬的“倒武派”，可是当武则天发现这个女子很有才华时，就把她收在自己的身边，信任重用，批阅奏章、起草诏书都交由上官婉儿办理。此外，狄仁杰、张柬之、杜景俭、徐有功、魏玄同、魏元忠、姚崇、裴行俭、王孝杰、唐休景、王及善、朱敬则等等，都是当时有才能的文武大臣。这些大臣最突出的特点是不趋炎附势、阿谀奉承，为人正派，敢于直谏。

武则天少女时代在唐太宗身边耳濡目染，登基后也效法太宗从谏如流的大度胸怀。中肯而切时弊的建议均被采纳，不中听的建议也不太计较，比如刘仁轨上书让她逊位，她虽然没采纳，也一笑了之。

再比如，武则天重佛事，喜祥瑞。圣历二年（公元699年）十月，一树梨花奇异地开放，武则天问大臣：“这是什么奇瑞啊？”不少大臣大拍马屁，说这是陛下您恩及草木啊。凤阁侍郎杜景俭却不留情面地唱反调：“草木在秋天忽然开花，是违反自然规律的，臣担心这是因为陛下布教施政有亏。此外，臣等本应助陛下大治天下，却导致天理物理不平，这是为臣的罪过。”说毕，倒地请罪。武则天不以为忤，反而赞叹道：“卿真宰相矣！”

当然了，她对臣子们的鼓励也好，宽容也好，留用也好，只是为了让国家这匹暴烈的“狮子骢”能够在自己身边服服帖帖。

从为政业绩来看，自武则天参与朝政以来，唐朝社会政治、经济、文化均呈上升之势。特别是整饬吏治，任用狄仁杰等贤能之臣，安抚边境，拓展疆土，都是很多男性帝王无法企及的。然而，武则天作为一位女性帝王，无论多么强大，最终都无可避免地要遇到性别弱势。子女从父姓，虽在她将改李旦为武旦，但在武旦以及其他人看来，无论是武旦还是李旦，他终究是李氏皇族的血脉，连武则天自己也无法否认。因此，最后，她还是立三子李显为太子，而不是武旦。

政权稳固以后，武则天在享受大权在握的充实感时，感情方面却是无比的空虚和疲倦。像秦宣太后、吕后这些前辈一样，武则天开始养男宠。第一个男宠叫冯小宝。为了给小宝一个高贵的出身，武则天让女儿太平公主的丈夫薛怀义认冯小宝为叔叔，还赐给他一个新名字：薛怀义。武则天认识薛怀义的时候，已经六十多岁，还未称帝，当时朝中一片反对之声，儿子是敌人，只有薛怀义对她忠心耿耿。武则天对薛怀义宠爱有加，甚至对他封官加爵。两人年感情持续了十年，久到薛怀义都忘了自己的身份，开始把武则天当作平常女人争风吃醋，竟然想要报复，放火烧了对武则天有特殊意义的明堂和天堂，不明不白地死了。后来，太平公主又给母亲送来了一个美男，张昌宗，张昌宗又引来张易之。这一对兄弟最终为武则天招来了大麻烦。

长安四年（公元 704 年）十二月，80 岁的武则天因病避居迎仙宫，身边只有张易之、张宗昌侍奉，外人不得入内，连宰相也难见女皇。史载，张易之兄弟想“潜图逆乱。”张易之兄弟有没有造反谋逆的计划呢？没有确切的证据。但张易之两人极有可能怕武则天去世后自己不仅权势不在，还可能大祸临头，所以结纳羽林军将帅和部分大臣以防不测也是可能的事情。不论他们是不是要反，有这个借口就可以了。

神龙元年（公元 705 年）一月，武则天亲手提拔的宰相张柬之等一干人发动政变，冲进迎仙宫杀死张昌宗、张易之兄弟，逼病重的武则天让位。几天后，女皇退位，迁居上阳宫，太子李显第二次称帝，仍称唐中宗。中宗率领百官给退位的女皇上尊号，称“则天大圣皇帝”。当年十一月，武则天死于上阳宫仙居殿，时年 82 岁。遗言是：去掉皇帝称号，称呼“则天大圣皇后”；与丈夫唐高宗李治合葬乾陵，陵前竖立无字碑。唐睿宗李旦即位后，给“则天大圣皇后”改了一个字，叫“天后”，不久又追尊为“大圣天后”，改号为“则天皇太后”。

一代女皇武则天最终还是作为唐朝的皇后进入了乾陵。她的后人和身边人，追着她的足迹，想复制她的奇迹。然而，传奇之所以是传奇，就在于其具有不可复制性。所以，历史上终究只有一个女皇——武则天。

人们总是喜欢为武则天称帝寻找这样那样的根源。其实，根源在于她本就有“山高己为峰”的壮志和能力。即使她当初受到太宗的宠爱，也不会像徐惠那样殉情。最终必然还是会走上权力巅峰。

基因突变的概率很小，如果什么事情发生了变化，那么一定存在使其必然变化的因素。就好比丑小鸭之所以能够变成白天鹅，是因为它本就是天鹅。猛虎固然有细嗅玫瑰的时候，但啸傲山林才是它的本质。

## 没有金刚钻偏揽瓷器活——韦后

中国历史上，女性最辉煌的时期就是武则天时期，她的成功激活了众多女人心中的权力欲，她的女儿太平公主、儿媳妇韦皇后以及韦皇后的女儿安乐公主，以及武则天的贴身秘书上官婉儿都是曾叱咤一时的风云人物。只可惜，要想成功，天时、地利、人和一样都不可缺，当然自身的能力尤其重要。这里要讲得韦皇后就是一位，野心足够但能力不足的女人。

俗话说：没有金刚钻，不揽瓷器活。可这位韦后明明没有金刚钻却偏揽瓷器活，结果害人害己。

韦氏的丈夫唐中宗李显是武则天的三儿子。李显当过两次皇帝。第一次是在武则天还是皇后时，她在先后废除了不听话的长子和二儿子后，三子李显被推上太子宝座。唐高宗李治驾崩后，太子李显继位为中宗，太子妃韦氏因夫而贵，被封为皇后。

武则天立李显为皇帝是因为他无能，好控制。反过来说，如果中宗有能耐，也会很快被废掉。但是，李显软弱无主见，他的皇后韦氏野心却不小。在韦皇后的无理要求下，唐中宗提拔韦后的父亲韦玄贞为豫州刺史，而她这个老子又没什么能耐和威望，所以她这件事做得很不得人心。此时的武则天虽然是皇太后，但是却实权在握，韦氏根本没机会为所欲为。李显当皇帝不到一年，就被母亲武则天抓住个错误贬为庐陵王，一家人被发配到边远的房州。武则天的四儿子李旦被立为帝，即睿宗，武则天依然总揽朝纲。从这一次被废就已经可以看出，韦后虽然有胆量，有野心，但能力还差得很。

武则天对中宗和韦后戒心重重，所以，也没让他们安安稳稳地长居房州，期间又被迁往均州过了两年。武则天之所以这样让他们反复搬迁，是为了防止他们长居一地，发展起自己的势力来对抗朝廷。李显毕竟是前任皇帝，还是有一定号召力的。经过几年的折腾，武则天觉得他们的锐气已经消磨得差不多了，也就允许他们长居房州了。

李显生性懦弱，在房州全靠韦后给他打气，武则天派来的使者也都由韦后应付周旋，因而中宗对韦后十分感激。有一天他与韦后闲来无事，到感德寺探望慧范大师。途中，李显兴致忽来，拾起一枚石子，朝天祈祷说："我如果不受到伤害，还能重得帝位，这枚石子就不要落地。"说完用力将石子抛向空中，谁知偏有凑巧，这枚石子被路旁一棵大树茂密的枝叶挡住，居然没落到地上。这让对前途已经绝望的两人大喜过望，以为这是苍天赐给他们的吉兆。李显当下握住韦后的手十分诚恳地立誓道："异时若复得见天日，唯汝所欲，不相禁止。"这句承诺成为日后韦后牵制他的把柄。

就在李显一家在房州苦熬的同时，朝中也在进行着重大的变故。武则天几度废立太子和皇帝后，索性自己走到前台当起了皇帝。为了巩固自己的地位，消除异己，她大肆捕杀李姓皇室子孙和对李姓忠心耿耿的大臣。消息传到房州，中宗与韦后心惊胆战，夜不安眠，每次听说朝廷使节前来，中宗就吓得面无人色，生怕是皇帝母亲派人来下诏赐死。日日生活在死亡阴影之下，让懦弱的李显失去了生存的勇气，他几次试图撞墙自杀，都被韦后劝阻。

风水轮流转。圣历元年（公元 698 年），在宰相狄仁杰的力劝下，武则天派人把李显和韦氏从房州接回洛阳，复立李显为皇太子。这时李显一家被流放已达 15 年之久。

五年后，武则天在宰相张柬之为首的大臣们的逼迫下，让位给太子李显。就这样，李显在失位 20 年后，又被推上了皇帝宝座，仍称中宗，韦后自然也恢复了皇后的身份。

中宗在房州过的是非人的囚禁生活，再度为皇帝后就如出了笼的鸟一般，开始疯狂地享受奢侈的帝王生活。韦后经过多年的流放生活，野心和权力欲不但没有消亡，反而更加膨胀。武则天即死，她没有了婆婆的威胁，于是放心大胆地处处以婆婆为榜样，大肆干预朝政。中宗每次上朝，韦后都坐在他身后的帷幔中听政，俨然是当年的武则天。大臣们担心再蹈武则天的覆辙，上书劝谏，李显不予采纳。

韦后的政治才能比起武则天相差不只是云泥，第一次当皇后时让自己的父亲官居高位就已经显示出来了。这一次，她依然没有长进。她根本不把自己的丈夫放在眼里，随意分封官位。一次，中宗和韦后的女儿安乐公主新宅落成，中宗和韦后亲临祝贺。席间，公主 8 岁的儿子跑过来拜见帝后，韦后见了很是喜欢，便把孩子抱在膝上，并下手诏，封他为太常卿，镐国公，食邑五百户。在场的中宗见韦后无视自己的存在，擅自做主，心中十分不悦，当即拦住说："且慢下诏！待朕回宫去，再作计较。"韦后听了，不屑一顾，冷冷地说："什么计较不计较？陛下在房州时候，不是说将来不禁止妾身所为吗？为何如今又要来干涉妾身呢？简直是出言无信！这样，怎么让天下人心服口服。"中宗哑口无言，气得一言不发地摆驾回宫了。

不给皇帝丈夫面子还不算，韦后还公然给中宗戴绿帽子，她回宫后与武则天的侄子武三思私通。让人无法理解的是，中宗竟然亲自安排韦后和武三思幽会，他当面侍候。一个春日的午后，韦后恹恹不乐。中宗很识趣，立刻命太监去宣召武三思进宫。韦后见了武三思，顿时精神大振，和武三思玩起游戏，中宗则在一边替他俩计算输赢。韦后和武三思眉目传情，把中宗可怜巴巴地撇在一边。中宗到底还有一点廉耻之心，借着内侍进来奏称有事溜走了。

韦后淫荡成性，当然不止武三思一个情人，中宗对这一切装作不见，旁人虽心知肚明却不敢说出来。

李显不知道，韦后不但要有实权，不但给他戴绿帽子，而且还想直接让他出局。

武三思是个有政治野心的人，当初本以为姑姑武则天会将皇位传给他，结果美梦没成。所以，他时时怂恿韦后效仿武后，废了中宗，自立为女皇。还有一个上官婉儿，从 14 岁起就跟随武则天，久参国政，权力相当于丞相，势力很大，韦后当权后把她拉在自己身边。韦后和李显的女儿安乐公主也是个颇有野心的女人，她也梦想能像奶奶一样成为女皇帝。这几个人互相利用，在中宗身边，渐渐结成了一个弄权集团，整个军国大权几乎落到了她们手中。

中宗继位后，立儿子李重俊为太子。重俊不是韦后所生，所以很不得她的欢心。安乐公主多次请求中宗废掉太子重俊，立自己为皇太女。李重俊当然不愿坐以待毙，便铤而走险，假传圣旨，带领三百羽林军杀了武三思。继而，羽林军知道接的是假圣旨，转过头来又杀了李重俊。

太子没了，韦后一伙更加变本加厉地揽权作乱，外有韦氏家族，内有安乐公主、上官婉儿等人，这些人勾结成为一个庞大的营私受贿、买官卖官、独行乱政、为非作歹的腐朽势力集团。最后，韦后和安乐公主觉得中宗是个累赘，干脆合谋毒死了中宗。她们打算立中宗的儿子李重茂做太子，由韦后主持朝政，像武则天一样逐渐向女皇过渡。可惜，韦后不但没有她婆婆武则天的政治能力，还遇到了无论势力还是智力都比她强的太平公主和李隆基。还没等她们的计划实施，李隆基和太平公主就抢先发动了兵变，除掉了韦后和安乐公主等人，让李隆基的父亲，原来的睿宗李旦作了皇帝。

说起来，韦皇后也算是不一般的女人，但是，她的那些智慧用在处处藏着危险的权力场中，不但不够用，还引来杀身之祸。蛇吞大象固然可敬，但结果只能撑死自己。所以，做事还是要量力而为。

## 最是无情帝王家——杨玉环

杨玉环是蒲州永乐（今山西省永济）人，其父亲杨玄琰官拜蜀州司户。杨玉环本人貌若天仙，善歌舞，通音律。大约在唐玄宗开元二十二年，亦即公元 734 年，十六岁的她被纳为唐玄宗第十八子寿王李瑁的王妃。

以上信息原本并不重要，杨玉环的名字或许都不会出现在史书中。但是，开元二十五年（公元 737 年）十二月，唐玄宗最宠爱的武惠妃因病早逝，玄宗整日郁郁寡欢，后宫数千佳丽没有一个能入得他的法眼。最懂得主子心思的宦官高力士决定从宫外为主子物色可心的新人。这个时候，杨玉环就重要起来了。

当高力士看到杨玉环后，惊为天人，当即奏报唐玄宗。尽管杨玉环是自己的儿媳妇，而寿王李瑁的生母正是让他郁郁寡欢的武惠妃，但是，玄宗依然毫无心理负担地召见了杨玉环。一见之下，李隆基也惊为天人。他决定将这位美丽乖巧的儿媳妇收为己用。

杨贵妃有多美呢？史书中没有确切的记录，民间传说，她有“羞花”之貌，牡丹花见了她也羞愧地闭上花瓣。诗仙李白赞她：“借问汉宫谁得似，可怜飞燕倚新妆。名花倾国两相欢，长得君王带笑看。”大诗人白居易说她“回眸一笑百媚生，六宫粉黛无颜色”。

“父夺子妻”有些不可思议，但在唐晋并不算稀奇，而是早有传统——唐太宗李世民接收了亲弟弟李元吉的王妃，高宗娶了老爹太宗的才人武则天。太宗、高宗好歹娶的都是寡妇，从小不走寻常路的玄宗李隆基将老规矩进一步开拓，将范围扩大到有夫之妇。

开元二十八年（公元 740 年）十月，唐玄宗到骊山温泉宫度假，让杨玉环装扮成女道士随王伴驾。两人在那里呆了半个月。这次温泉宫度假，是自武惠妃去世后，唐玄宗过得最为愉快，最有激情的一段幸福时光。年过半百的李隆基从年轻的杨玉环身上找回了青春，找到了激情。骊山相会让两人相见恨晚。从骊山回宫后，如何让杨玉环名正言顺地永远留在自己的身边，便成了唐玄宗当时的头等大事。

李隆基虽然风流，但并不昏聩，还是要顾及人伦常理与皇家颜面的。想来想去，奶奶武则天的故事给他提供了灵感。于是，在唐玄宗从骊山回京后不久，杨玉环正式向皇帝递交了出家当道士的“申请”，李隆基也很快就作了同意的批复，并且在开元二十九年（公元741年）正月初二，他的母亲窦太后的忌日这一天郑重其事地发了一遍《度寿王妃为女道士敕》，打着给窦太后祈福的名义，让杨玉环出家为女道士，赐名“太真”。这样，寿王妃变成了道姑杨太真，没过多久，杨太真就变成了玄宗的杨贵妃。

唐玄宗对于杨玉环这个几经周折才得到的妃子宠爱有加。有一次，唐玄宗在宫里赏着名花，喝着美酒，看着贵妃，他心满意足地道：“我得到贵妃，就好像得到一个宝贝一样啊。”还因此谱了一首曲子叫《得宝子》。玄宗恨不得天天跟杨玉环腻在一起，“春宵苦短日高起，从此君王不早朝”。“承欢侍宴无闲暇，春从春游夜专夜。后宫佳丽三千人，三千宠爱在一身”。

面对正当青春的杨玉环，年老的玄宗心中应该是有些自卑的，所以想尽办法来博得她的欢心。杨贵妃得宠之后，唐玄宗爱屋及乌，将她的三个姐姐都封为一品的国夫人，分别是韩国夫人、虢国夫人、秦国夫人，她早逝的父亲被追封为太尉、齐国公，其他诸如叔父、从兄等亲戚皆有官职。杨玉环集万千宠爱于一身，杨氏一家飞扬跋扈，令天下人艳羡，当时天下甚至流传“生女勿悲酸，生男勿喜欢”的歌谣。

然而，这一对甜得令人发腻的老夫少妻，在一起不到一年就闹翻了。

天宝五年七月，杨贵妃因为“妒悍不逊”，被唐玄宗一怒之下打发回娘家了。杨贵妃嫉妒的人是谁呢？史书中没说。最可靠的猜测是，她嫉妒的并不是某个具体的人，而是唐玄宗的花心。唐玄宗号称风流天子，有了杨贵妃并不妨碍他还想要更多的美人。为了把天下的美女都网罗到自己的后宫，唐玄宗设置了一个专业的职业，叫花鸟使。眼看着美人今天来几个，明天来几个，年轻气盛的杨贵妃发火了。玄宗也火了。我好歹是皇帝，后宫佳丽三千人是应该的，当年武惠妃都没说什么，怎么到你杨贵妃这里就不行了呢？！盛怒之下，唐玄宗下令把杨贵妃送回娘家！当时杨贵妃的亲生父亲和养父都死了，她被送到了堂哥杨铦家。杨家一众亲戚自从杨贵妃得宠之后没少沾光，如今这个靠山被送回来了，杨铦傻眼了。

杨家这里慌成一团，唐玄宗那里也慌了。杨贵妃被送走不到半天，玄宗就心闷的团团转。玄宗很烦恼，事情很严重，宦官们都不敢往他跟前凑了。高力士最懂玄宗的心。他看出皇帝这是后悔了，但是碍于面子又不好意思说出来。于是，他试探性地提议：贵妃被匆忙打发回家，她哥哥家肯定准备不周，不如把贵妃院里的陈设、玩物都送过去吧？唐玄宗马上同意。他不但命人足足送了一百多车的东西，还把自己的御馔分一半送过去了。看着皇帝就这些出息，高力士当时心里恐怕笑翻了吧。





到了晚上，高力士又一本正经地上奏：贵妃在家闭门思过一天了，想来对自己的错误已经有了深刻的认识，就请皇帝把贵妃接回来吧。唐玄宗从谏如流，马上采纳。当时天色已晚，宫中已经宵禁，唐玄宗亲自批条子，让禁军当晚就去接人。

皇帝派人去接，就等于先示弱了。杨贵妃也不傻，她回宫之后，伏地谢罪，也主动认错。玄宗感到倍有面子，赶紧把美人扶起来，一番抚慰，两人和好如初。玄宗一高兴，就大把撒钱，赏赐杨贵妃的三个姐姐每年一百万钱的脂粉钱，身边的宦官也都跟着沾光了。这还不算，玄宗痛改前非，眼睛只看贵妃一人，再不拈花惹草了。按照《资治通鉴》的说法，就是“自是恩遇愈隆，后宫莫得进矣”。这次吵架的结果看似平分秋色，但明眼人一看就知道，是玄宗更离不开杨贵妃。

人总是好了伤疤忘了疼。四年之后，即天宝九年二月，“杨贵妃复忤旨”，又被唐玄宗遣送回娘家了。杨贵妃怎么忤旨了呢？有两种说法，一是杨贵妃与唐玄宗的大哥宁王有染，惹怒了玄宗。二是，唐玄宗与杨贵妃的二姐虢国夫人有染，惹怒了杨贵妃。事实上，这两种说法都被证实不可信。两人闹僵的真实原因是个谜，但是，可以肯定的是，这次杨贵妃的过错比较大，从唐玄宗的态度就可以看出来了。上一次贵妃出宫，玄宗吃不好睡不香，当天就把人接回来了。这次，唐玄宗将人送回去之后，再没什么表示了。

心急如焚的杨家人请户部郎中吉温去游说唐玄宗。吉温伶牙俐齿，心机深沉。他对唐玄宗说："杨贵妃是个女人，头发长，见识短。如今违忤圣心，陛下想杀就杀了得了。但是，她毕竟是您的妃子，她就是该死也应该死在宫里，怎么忍心让她在外面忍受羞辱呢？"意思是说，杨贵妃是你唐玄宗的内人，就算处理也要在内部处理，怎么能让她流落在外面呢？吉温这话说得太有水平了。唐玄宗觉得吉温说得太对了，又绷不住了，赶紧派一个宦官去看杨贵妃。而且，跟上次一样，还是带去了一半御馔。

杨贵妃见到唐玄宗派去的宦官，哭得跟泪人一般。原本她以为玄宗这次不可能再回心转意的，现在一看见宦官，知道皇帝还在想着她，怎能不哭？为了表达自己的悔意，光哭还不够，杨贵妃当场剪下一缕头发，交给宦官，说："妾罪当死，陛下幸不杀而归之。今当永离掖庭，金玉珍玩，皆陛下所赐，不足为献，惟发者父母所与，敢以荐诚。"古代人认为"身体发肤，受之父母"，头发非常重要。现在杨贵妃是拿着一绺头发跟玄宗诀别，唐玄宗一见之下，所有的怨气、矜持都抛到爪哇国去了，他哪里舍得跟贵妃诀别啊！这次还是高力士出面，把杨贵妃给接回来了。第二次出宫风波像第一次一样，以闹剧开始，以喜剧收场。

第二次风波比第一次的风波的意义更大，两个人都深刻地意识到对方在自己心目中的分量，从此更加恩爱了。

白居易在《长恨歌》中描述了此后二人的恩爱场面。天宝十年七月七日，唐玄宗和杨贵妃在骊山凭肩而立，仰望着天上的牵牛和织女星，两人悄声立了一个誓言，"在天愿为比翼鸟，在地愿为连理枝"。虽然学者们都提到，唐玄宗去骊山是为了避寒而不是避暑，因此七月七日他们不可能在骊山，所谓七夕密誓纯属艺术虚构。但是，诗人之所以这一虚构放在天宝十载，说明当时的人都认定天宝九年的出宫风波让两个人的感情更深了。

杨贵妃第三次入宫时，康玄宗已是古稀老人，杨贵妃也是人到中年。维系两人感情的不仅仅是容貌、情欲等浮滥的东西，更重要的是情感和精神层面的默契。后世的人之所以忽略了他们关系中的人伦污点，而同情甚至歌颂他们的爱情，正是看到了这段爱情中的平常心。

唐玄宗李隆基早年还算英明，但到了后期，开始热衷于安逸享乐。纳杨玉环为贵妃后，生活更加腐化。为了讨好杨贵妃，唐玄宗不惜大肆挥霍。当时，专门为杨贵妃做衣服的纺织和刺绣工人就有七百个。杨贵妃喜欢吃荔枝，可是荔枝产于遥远的南方，又很难保存，号称一天色变，两天香变，三天味变。为了让贵妃吃上新鲜的荔枝，唐玄宗下令沿途驿站备好最快的马，昼夜兼程，以最快的速度将荔枝送到长安。“一骑红尘妃子笑，无人知是荔枝来。”为了博得美人一笑，不惜付出无数的人力和物力，荒唐至极。

杨贵妃是一个浪漫的女人，她没有什么政治野心，只知道享受来自皇帝的爱情。但是，她的地位让她不可避免地会影响到政治。杨贵妃引来的最大的祸害就是杨氏外戚、杨国忠和安禄山。

杨贵妃得宠，杨氏鸡犬升天。杨贵妃没有长孙皇后那样的政治素养和国家责任感，不知道约束外戚，以至于杨家外戚仗着杨贵妃的专宠，个个骄横跋扈，弄得朝廷内外乌烟瘴气。

《资治通鉴》记载了这样一个故事。天宝年间，杨贵妃的二姐虢国夫人看中了长安城里的一块风水宝地。这块宝地是老臣韦嗣立的宅子，当时韦嗣立已经死了，但他的后人还住在那里。虢国夫人不觉得这是个问题。有一天，她指挥一批工匠忽然冲入了韦家，把韦家人都给赶出来了。随即将韦宅夷为平地，然后宣布，这块地皮是我的了！至于韦家，随便给找了十亩空地了事。欺负官员也就罢了，杨家人连公主也敢欺负。有一年正月十五，杨家兄妹夜游，在长安城的西市门口与玄宗的女儿广平公主一家遇上。门太小容不下两辆车并行，杨家的一个奴才想争道，就使劲打马，没想到一鞭子将公主抽下马来。公主坠马，驸马上前说理，竟被杨家奴才打伤了。第二天，广平公主找唐玄宗告状，不想，唐玄宗把那个行凶的奴才杀了，倒霉的驸马也被免了官。

杨家人在皇帝心目中的地位那么重要，上门贿赂的人络绎不绝。据《资治通鉴》记载，每天来杨家门等着贿赂的人太多了，杨家门前热闹的像市场一样。杨家人也要逐渐在政治上发挥影响了。

在玄宗后期，政治的腐朽，提拔许多无耻政客。如相继任宰相的李林甫和杨国忠都是奸邪佞人。其中杨国忠是杨贵妃的族兄，只会吃喝赌博，却仗着杨贵妃受宠，不但身居宰相之高位，还兼领四十多个官职，将朝廷搅得一团糟，终于导致了一场断送了自己也差点断送了唐朝的大乱——安史之乱。

安史之乱的发动者安禄山是从攀附杨家兄妹发家的。安禄山是营州柳城（今辽宁朝阳）人，通六种“蕃语”，曾任“诸蕃互市郎”。投奔唐军后，被提升为平卢讨击使。为了进一步加官进爵，他重金贿赂杨国忠，让他帮着引荐给杨贵妃。安禄山看着很朴实，其实为人狡诈，善于逢迎，花言巧语哄得杨玉环喜爱不已，专门为他安排了一次在皇帝面前显露的机会。

安禄山是个体重三百多斤的超级胖子，却擅跳胡旋舞，一口气能转一百多圈。他在玄宗面前露了这一手绝活，惹得唐玄宗不住叫好。玄宗看他胖得不像样子，就指着他的肚子打趣道：“你腹中装的什么东西，如此庞大？”安禄山这个超级马屁精，出口便答：“没有其他东西，只有一颗忠于陛下的心。”玄宗被拍得舒服，头脑一热，喊出“禄儿”，安禄山借坡下驴，很无耻地认了比他小近二十岁的杨贵妃为干娘。安禄山将杨贵妃和玄宗哄得高兴不已，皇帝对他很信任，任命他为平卢节度使，又兼领范阳、河东节度使，镇守边疆。

终于，唐玄宗为他的错误付出了代价。

天宝十四年（公元 755 年）十二月，安史之乱爆发，安禄山起兵攻向长安，借口是诛杨国忠。唐玄宗带着太子、杨玉环等一干人等狼狈出逃。次年二月，队伍跑到马嵬驿时，军队哗变，逼唐玄宗诛杀杨国忠和杨玉环。唐玄宗在江山与美人之间权衡再三，决定抛弃美人。杨玉环被三尺白绫勒死，时年 38 岁。

杨玉环和唐玄宗的爱情故事，被许多的文学作品，从各个方面加以赞美。大诗人白居易的《长恨歌》以缠绵悱恻，荡气回肠的笔触，把两个人的故事演绎成了千古绝唱；清初洪昇的《长生殿》更是把两人的爱情故事描述得像水一样纯洁。然而，再美的文字也掩不住残酷的事实。

民间对杨玉环充满同情与怀念，不忍见她就死，因此杨贵妃的最后归宿被演绎成了传奇。传说，杨玉环死而复生，最后流落民间；还有传说认为，当时奉命杀杨玉环的军士被她的美色所吸引，再加上高力士的知恩图报，所以死的是一个侍女。杨贵妃则南下出海，辗转去了日本久谷町久，在日本安度晚年。

大富贵必然伴有大风险，纵然你具有倾城之貌，纵然你集万千宠爱于一身，当噩运来临时也难逃一劫。追名逐利，就要做好随时粉身碎骨的准备。

## 论太子妃人选的重要性——李凤娘

李凤娘是南宋第三个皇帝光宗的太子妃、皇后，宁宗赵扩的母亲，也是两宋乃至中国历史上著名的妒后之一。

李凤娘祖籍安阳（今河南安阳），父亲李道是庆远军节度使。“凤娘”这个名字今天看起来挺土的，其实很有来历。据说，李凤娘出生的时候，李道的军营前面居然出现了黑凤凰，不是一只，而是一群，“集道营前石上”。凤凰那可是了不得的祥瑞啊！李道觉得自己这个二姑娘肯定非同凡响，于是给她取名为凤娘。

现代人都知道，凤凰是想象出来的神鸟。李道看到黑凤凰这件事很可疑，要么是李道把别的品种的鸟误认为凤凰，要么是李道自己编的。还有一种可能是后人附会出来的。因为凤凰都是金色的，黑凤凰明显不符合传统的形象，“黑色”这个特殊的颜色当是后人根据李凤娘的黑历史附会的。

不管怎样，李姑娘伴祥瑞而生的事一传十，十传百，很快就传遍了全国，最后传到了当时一位有名的道士皇甫坦的耳中。皇甫坦因为能说会道，又治愈了韦太后的眼疾，很得高宗赵构的赏识。他听到此事后就跑去李家，要会会这位姑娘。

李道当时正驻军在湖北，正在苦思冥想怎么让李凤娘的名气变得更大呢，皇甫坦自己送上门来，正中下怀。他叫自己的几个女儿出来拜见皇甫坦。皇甫坦一路看下来没有表示，当他看到李凤娘的时候立即大惊失色：“此女贵不可言啊！”

这次会面很值得探讨，很可能是李道借皇甫坦为女儿炒作。炒作效果非常明显，李凤娘名声更响了。接着，皇甫坦又跑回皇宫，对高宗说，李家那位姑娘很不一般，是当皇后的命啊。高宗当即拍板让李凤娘成了皇孙恭王赵惇的王妃，封荣国夫人，后来又封为定国夫人。

宋高宗为什么把李凤娘聘给他孙子呢？因为当时他已经决定把皇位传给自己的儿子宋孝宗，自己当太上皇。恭王赵惇是宋孝宗的儿子，将来就是太子，也就是未来的皇帝，李凤娘的皇后命自然就落实了。

历朝历代选择太子妃都非常谨慎，家世、人品都要反复掂量后才能定下来。盖因为，太子妃很可能是以后的国母，如果选不好，会影响到社稷安稳。可是，高宗竟然相信术士一面之词，没有仔细考察李凤娘的人品就定下了这个太子妃。结果给自己的家庭乃至王朝招来了一个大祸害。

宋朝的道教很盛行，而道士没少祸乱朝政。高宗的爸爸宋徽宗和哥哥宋钦宗就因为相信道士，送了自己和北宋的命。

靖康年间，金军攻打开封，最终攻破外城，内城被困。宋徽宗和宋钦宗急得团团转，打吧打不过人家，求和吧金军又不答应。这时来了一个叫郭京的道士，说自己能招来天兵天将，宋徽宗和宋钦宗竟然信了，把自己剩下的命运都交到了郭京的手里。

郭京来到城头，豪气冲天地让宋兵开城门，说我会在城头上请天兵天将来帮助你们。金军看见打开城门向他们进攻的老弱病残，再看看在城头装神弄鬼的郭京，就跟看傻子一样。宋兵可惜可怜，全部送命，郭京逃之夭夭，宋徽宗和宋钦宗则被金军捉走了。这就是著名的“靖康之耻”。自此北宋灭亡，朝廷向南迁都，南宋建立，只余半壁江山。

宋高宗没有吸取他爸爸和哥哥的教训，再一次被道士坑了。

封建迷信害死人啊！

绍兴三十二年（公元 1162 年），宋高宗禅位给宋孝宗，自己当起了太上皇。乾道四年（公元 1168 年），李凤娘为恭王生下嫡长子赵扩，这确定了她的地位。乾道七年，宋孝宗立恭王为太子，李凤娘成为了太子妃。

李凤娘虽然长了一副好皮囊，但为人善妒，心狠手辣，而且喜欢搬弄是非。她经常向宋高宗和宋孝宗说太子身边的谁谁谁怎么样，惹得宋高宗十分不高兴，说道：“这个女人是将领的女儿，太过泼辣，我被皇甫坦给误了。”但是木已成舟，宋高宗也老了，没办法也没精力把李凤娘废掉了。

宋孝宗是个很孝顺的人，看他的谥号就知道了。当了皇帝后对宋高宗还是十分孝顺，有什么大事他都禀告给宋高宗，并且都依照他的意见办理。高宗不喜欢李凤娘，他更厌恶这个狠毒刻薄的儿媳妇。因此，宋孝宗经常斥责李凤娘道："你要以皇太后为榜样，别整天在那里挑拨是非，不然我就废了你。"李凤娘当时什么都不敢说，但是心里已经将宋孝宗和皇太后一起恨上了。

如果孝宗一直当皇帝到死，李凤娘也翻不起多大浪花，最多在背后离间父子关系。而儿子、儿媳孝顺不孝顺对孝宗不会有太大影响，因为他们再不孝也不敢在皇帝没死的时候表现出来。至于死后，孝顺不孝顺更无谓了。可是宋孝宗偏偏也要禅位，这就出问题了。

孝宗在禅让前，也不是没考虑过李凤娘的品性不足以母仪天下的事情。不过，他认为李凤娘虽然刁蛮骄横，却不至于祸乱朝政，再加上朝中也有李凤娘支持者加以阻挠。所以，孝宗最终没有动李凤娘。殊不知，他看走眼了。

淳熙十六年（公元 1189 年），宋孝宗把皇位传给了宋光宗，自己做了太上皇。宋光宗当了皇帝，李凤娘自然就成了皇后。宋光宗天性懦弱，是重症"妻管炎"，可以说李凤娘叫他往东他不敢往西。

说到皇帝怕老婆，历史上隋文帝杨坚、唐高宗李治都很有名，但怕老婆怕到宋光宗这样的，前无古人后无来者。而随后，李凤娘这样无德无才的女人，竟然生生让两位太上皇以及皇帝都不好过，也是史上绝无仅有的。大宋王朝的皇帝真是窝囊的可以。

宋光宗掌握了权力，也就是她李凤娘掌握了权力，她当即开始实施她的报复大计。

李凤娘当了皇后后，就开始孜孜不倦地离间孝宗与光宗父子间的关系。这期间，宦官没少推波助澜。宋光宗当皇帝时，宦官干政很严重，他决定好好整治一下宦官。宦官们大为惊惧。他们发现皇后李凤娘心胸狭隘，喜欢搬弄是非，便抓住了李凤娘这个保护伞来寻求庇护。这些宦官不断讨好李凤娘，帮着离间皇帝父子间的感情。因此，每逢光宗对宦官有所举动时，李凤娘就在旁边替他们说好话，导致光宗的抱负一直不得施展。

有一次宋光宗得了重病，宋孝宗十分担心，就亲自寻找良药，并做成了一个药丸，想给宋光宗服下。那些宦官就对李凤娘说："太上皇把药做得那么大，皇上吃了恐怕会有不测，那时候社稷怎么办啊？”李凤娘深以为然，认为宋孝宗想对宋光宗不利，心里更加怨恨宋孝宗，并且把这话添油加醋地告诉了光宗。宋光宗听信了李凤娘的话也开始对宋孝宗心怀不满。

不过上面那些还算是小打小闹，下面这件事彻底让父子反目，准确地说，让光宗对老爹彻底恨上了。

光宗即位后，并没有立刻立赵扩为太子。李凤娘就逼着他立太子。生性懦弱的光宗虽然事事都让李凤娘三分，只是立太子这样的大事，光宗确实不敢大意，于是没有答应。李凤娘就转而打起了孝宗的主意。一次皇宫里举行家宴，李凤娘开始表现还不错，但不久就要求太上皇宋孝宗立她的儿子赵扩为太子。孝宗觉得此事太过匆忙，又事关社稷，必须从长计议。李凤娘大怒，责问道：“我是用六礼聘来的，嘉王是我亲生的，为什么不可以立他为太子？”

宋孝宗没想到李凤娘对他如此无礼，气得话都说不出来了，拂袖而去。更让他没想到的是，李凤娘恶人先告状，她拉着儿子到宋光宗面前，先是哭了个天昏地暗，然后对宋光宗道：“太上皇他不许立嘉王为太子，分明是想把你废了，他自己重新当皇帝呀！”

宋光宗竟然信以为真，觉得老头子实在太过分了，于是父子彻底闹僵，宋光宗从此不再去看宋孝宗。他也不想想，自己的皇位就是宋孝宗禅让的。后来经过大臣们的调和，父子间的关系好了一点，但是始终无法冰释。

李凤娘在和宋孝宗的战斗中终于获胜了，她在宫中更加说一不二。在扳倒太上皇的过程中，李凤娘一直没有放松对光宗后宫的管制。

有一天，宋光宗洗手，看见侍候他洗手的那个宫女的手白皙漂亮，就忍不住赞了一声。不一会儿李凤娘派人给他送了一个食盒过来，宋光宗还以为是什么美味佳肴，打开一看居然是那个宫女的手。这一下宋光宗被吓得不轻，都吓出病来了。

后来，李凤娘趁宋光宗到郊外祭祀的时候把他宠信的黄妃杀了，然后对外宣称黄妃是暴病而亡。本来这事最多只会让光宗伤心一阵子。不想祭礼当日，狂风大作，暴雨如注，祭祀用的蜡烛全部熄灭，祭礼没能完成。对于信鬼神的古人来说，这样的事是很严重的。光宗心情不悦地回到宫中，又听到了黄贵妃暴亡的消息，再受刺激，精神也不太正常了。李凤娘还强令地位较高的张贵妃、符婕妤改嫁给平民。

李凤娘骄横到了这种地步，要是其他的皇帝必定立即把李凤娘给废了，然而宋光宗这个懦弱的人却连这个念头都不敢起。

在李凤娘的刺激下，光宗终于病得无法上朝了，李凤娘趁机独揽大权。此时，李道的苦心终于得到了回报。李凤娘把李家祖宗三代都封为王，这还不算，她还为自己的祖宗们盖了座大庙，规格远超皇后的家庙的限制。家庙盖好以后，李凤娘回家祭拜，再次发放福利，不但把自己的亲戚们封了遍，连她家的一百多个使臣和门客都赏了个官当。如此大规模的封赏是南宋从来没有过的。

李凤娘把持朝政，颇有点女皇武则天的样子。前来探视光宗的孝宗看到李凤娘居然违反祖制，公然批阅奏疏，勃然大怒之后狠狠地训斥了李凤娘。李凤娘对他更是恨之入骨，就更不让光宗亲近他了。

宋光宗自与孝宗闹僵后，很长时间不去看望孝宗，这在当时引起了轩然大波。因为宋朝以儒家思想治国，而孝是儒道中的重要部分，皇帝不孝可是会动摇国家治国的根本的。光宗的行为让大臣们惊讶、不安甚至愤怒。绍熙四年（公元 1193 年）九月重阳节，以宰相、侍从、谏官为首的众官联名上书请宋光宗去拜见宋孝宗。给事中谢深甚至激动地劝光宗：“父子至亲，天理昭然，太上皇疼爱陛下就像陛下疼爱嘉王一样。现在太上皇已经老了，要是他驾崩了陛下如何面对天下？”

宋光宗也有点不好意思，于是就准备出发去探望老爹。终于把皇上给劝动了，大臣们很高兴。可是他们很快就笑不下去了。就在宋光宗出门的时候李凤娘出现了，她拉着宋光宗边往回走边道：“天气这么冷，皇上还是和我一起去喝酒吧。”大臣们都傻眼了，又不敢说话，就愣在那里。只有中书舍人陈博良拉着宋光宗不让他走，一直拉扯到了室内屏风后面。李凤娘火了，怒斥：“这里是什么地方，你不想要命了是吧？”陈博良无法，大哭着走了。李凤娘气不过，又派人去责问陈博良：“你这是什么意思？”陈博良道：“儿子劝谏父亲不听，所以跟着哭啊。”

绍熙五年（公元 1194 年）4 月，太上皇病重，大臣们劝谏光宗去看望父皇，光宗却被李凤娘拉着游园，只是派出太子赵扩前去探望。这年六月，孝宗驾崩于临安重华殿。宋孝宗是南宋皇帝中一个比较出色的皇帝，他以孝顺闻名，自己却偏偏遇到了特别不孝顺的儿子和儿媳妇。他的死恐怕有相当大的部分是气的。

孝宗去世，群臣奏知光宗，光宗依旧没有去重华殿。百官也就忍了。可是，孝宗的大殓之日，宋光宗居然称病还是没来。不用说，这又是李凤娘搞的鬼。光宗不来，众臣只好奏请吴太后出面。吴太后是孝宗的母亲，却不得不代孙子光宗行祭奠之礼。

儿子不替父亲出葬，这是中国皇帝史上绝无仅有的事情。大臣们在安葬了宋孝宗以后终于发飙了。在吴太后、谢太后的支持下，宰相赵汝愚率众官发动了政变，逼宋光宗禅位给太子嘉王，就是宋宁宗，李凤娘成了太后，权力不再。

如此一来，南宋的头三个皇帝全都演了一场禅让戏，都当上了太上皇。只不过宋光宗是被迫的。

李凤娘悄无声息地当了五年多的太上皇后。庆元六年（公元1200年），有卦士说李凤娘会有灾厄。于是李凤娘穿上法袍，辟了一间精室，独自居住其中专心事佛，希望神灵能保佑自己。只是老天并不打算眷顾于她。当年六月，李氏在精室中孤寂地死去，享年五十六岁，死的时候身边没人照顾。此事应该有皇帝或太皇太后谢氏的旨意或默认。讽刺的是，李凤娘既无皇后应有的雍容大度，慈爱之心，也无身为孙媳、儿媳、妻子的孝顺之心，谥号却是慈懿，也不知道给她拟谥号的人是怎么想的，故意的吧？而身为一代妒后，李凤娘在历史上没有什么名气，也是因为人们根本就不屑说起她吧？

娶错了女人，祸害三代。这是对一般家庭来说的。对于皇室来说，娶错了太子妃，祸害的就不是一家人而是整个江山。宋高宗轻率地给自己的孙子娶了李凤娘这个祸害，结果不但祸害了祖孙三代，还让南宋王朝一开始就触了霉头。

## 活着，则一切皆有可能——孝庄太后

孝庄皇后，即清初孝庄端康文皇后，这是她的封号。她真正的名字叫布木布泰，姓博尔济吉特，是蒙古科尔沁贝勒寨桑的小女儿。

公元 1625 年，即明天启五年，13 岁的布木布泰在家人的护送下，前往后金当时的都城盛京（今沈阳市），去做后金可汗努尔哈赤的第八子，34 岁的皇太极的新娘。这是一场纯粹的政治联姻。后金对这场联姻极为重视，皇太极亲自去半道上迎接，努尔哈赤则亲自率领着自己的诸妃和诸贝勒出城十里迎候。

满蒙联姻在当时并不稀奇。蒙古族曾经一度战无不胜，衰亡后，蒙古分化成为漠南、漠北和漠西三大块。孝庄所在的科尔沁部是漠南东边的一个分支。科尔沁部落不善打仗，但地理位置特殊，强邻环伺，唯一的办法就是依附当时势头正劲的后金。蒙古人有自己的骄傲，对他们来说，最有尊严的办法就是政治联姻，让满州继承人的血液里流淌着一半蒙古人的血。

在这样的大环境下，科尔沁部落乃至整个蒙古的女人都是带着这样沉重的使命出嫁的。

布木布泰并不是第一个嫁给皇太极的科尔沁女子。十一年，她的姑姑哲哲就已经嫁给当时还很年轻的皇太极，成为他的大福晋。哲哲和她的部落都在尽力帮助皇太极扩张势力。可是，哲哲和科尔沁面临一个很危险的情况，她一直没有生下一个儿子来，而皇太极却在她嫁过来之前就有了三个儿子，这些儿子中，没有一个是科尔沁部的外孙。

当时努尔哈赤已到垂暮之年，皇太极继位的呼声很高。如果哲哲无法为科尔沁草原生出一位继承人，她和她部落的一切努力就白费了。于是，焦急不已的科尔沁草原将布木布泰送来了。

布木布泰出嫁的第二年，努尔哈赤率大军攻打孤城宁远，却被宁远守将袁崇焕用西洋炮一炮轰中大帐。努尔哈赤虽然没被炸死在军帐，但一个驰骋沙场42年的英雄差点死在一个儒生小白脸的手上，让他很不忿，竟然郁闷而死。

努尔哈赤一死，他的儿子间就爆发了夺位大战，皇太极出手果断，承袭了汗位。布木布泰见证了这场争斗，对她以后的经历或多或少有些启发。

布木布泰遇到了和姑姑一样尴尬局面，在她嫁给皇太极之后的九年时间里，只生了三个女儿。而这个时候，皇太极的另两个妃子都生下了儿子。皇太极已经有五个儿子了，而且他后宫的女人还在增多，能够替他生儿育女的人也会更多。

哲哲的正宫之位摇摇欲坠，科尔沁部落的优势不再。这时候，科尔沁为皇太极送来了第三个女人——布木布泰的姐姐海兰珠。

科尔沁似乎没有人可送了，因海兰珠当时已经二十六岁，还嫁过人。然而，人的感情是很玄妙的东西。皇太极有很多女人，也曾经宠爱过不少女人，但并没有真正爱过，而海兰珠让皇太极平生第一次投入了爱情。

公元1636年，皇太极称帝，将国号由后金改为清，并改元崇德。后宫采用“五宫制”，皇后哲哲位居中宫清宁宫，极其受宠的海兰珠被封为宸妃，入主东宫关雎宫，而布木布泰的处境却比较尴尬，她被封为庄妃，位居五宫之末的次西宫永福宫。次东宫、西宫的两位妃子都比她来得晚，且都没有生育还嫁过人，却都凌驾在她之上。显然，如果不是看在皇后哲哲、姐姐海兰珠和科尔沁草原的面子上，她或许连五宫主位都入不了。

封妃之后的第二年，海兰珠怀孕了，皇太极欣喜若狂，虽然他已经儿女成行，但这是他心爱的女人的孩子啊。

在海兰珠怀孕期间，皇太极势必会宠幸其他女人。而海兰珠又不一定能一举得男，如果在这期间有其他妃子怀孕了，大有可能分去她的宠爱。肥水不流外人田。于是，海兰珠和皇后哲哲联手，将布木布泰送到了皇太极身边。

有许多文艺作品中说，海兰珠与孝庄之间因为争宠而反目成仇。真实的历史并不是这样的。在大清的后宫里，孝庄、海兰珠、哲哲是同一个利益集团，从根本上说，她们的婚姻都是为了一个共同的政治目的，与爱情无关。只是海兰珠幸运一些，收获了爱情。

这一次，孝庄得到了上天的垂青。在崇德二年（公元 1637 年）七月，继宸妃海兰珠生下皇八子之后，孝庄也在次年二月生下了皇九子福临。

皇太极对皇八子的出生十分重视，为了他的诞生大赦天下，全国大狂欢。他不愿意轻易给这个儿子取名，而是要召集饱学儒士进行商议，他甚至不顾群臣的骇异，宣布要立这个连名字还没有的孩子为皇太子。然而，让皇太极寄于极大梦想的皇八子出生没几个月就一病而亡。

皇八子去世两天之后，皇九子福临降生。处于极度悲伤之中的皇太极给这个孩子起名叫“福临”，寓意灾难过后大福降临。

幼子夭折让海兰珠备受打击，在皇八子去世三年后香消玉殒。当时皇太极正在攻打锦州城，接到海兰珠垂危的消息后，不顾战事，昼夜兼程赶回盛京，却终未能见到海兰珠的最后一面。面对逝去的爱人，这个铁血一生的男人当众放声痛哭，随后为她举进国丧，为了在她的丧期不够恭敬还处罚了两个亲王。公元 1644 年，海兰珠死去两年之后，皇太极带着对所爱女人的无尽怀念驾崩了。同为妻子的孝庄只能站在一边，旁观自己的丈夫和姐姐的爱情。好在这个男人给她留下了一个可以继位的儿子。

皇太极死后，又一场激烈的皇位之争展开了。孝庄被推到了一个历史的关键转折点上。

布木布泰的身体里流淌着成吉思汗后代的血液，她具有勇敢、刚毅的性格，也拥有智慧以及不凡的政治才华。而今，她终于可以在自己熟悉的领域大放光芒了。此后，她在满族宫廷斗争的漩涡和对外战争的大潮中搏击一生。

据说，孝庄早在皇太极还活着时就已初露峥嵘，以己之力劝降洪承畴。

洪承畴是明王朝的蓟辽总督，是抗金前线八路总兵的主帅。公元 1614 年，在松山战败被俘，押送到盛京。当时皇太极正在寻找一个明朝重臣作入关的“带路人”，因此，不惜一切代价劝其降清，但洪承畴不为所动，不饮不食，只求速死。

消息传到京城，明王朝举国上下为之感动，并且为他举行了盛大的追悼会，崇祯皇帝亲临祭奠。然而，洪承畴最终并未慷慨就义，不但降了清廷，还当了清军入关的开路先锋。是孝庄将他劝降了。

在洪承畴绝食的第四天，恍惚之间，孝庄打扮成汉族女子的样子来到他的身边，楚楚可怜的外表让洪承畴想到自己的娇妻爱子，百感交集，泪如泉涌，也松动了死志。接着，孝庄一面为他拭泪，一面轻声分析大局，让洪承畴沉吟不语。洪承畴当然还是不耻于投降的。于是，孝庄又将投降上升到民族大义的层面，娓娓道来："将军纵使不念及家人和我小女子的私情，也应念及民生和社稷啊。"洪承畴已然心动，但还有疑虑。孝庄果断许诺："清主仁慈宽宏，决不会为难将军的。"至此，洪承畴终于放下心，点头投降了。此后，洪承畴跟随多尔衮入关，攻城略地，为清王朝效命二十余年，成为了满清扫平中原的先锋。





话题再回到皇太极死后的夺位之战。

皇太极死后，有能力竞争皇位的有三个人：皇太极的长子肃亲王豪格，皇太极十四弟睿亲王多尔衮，还有一位就是福临。豪格和多尔衮都是拥有势力的亲王，豪格是皇太极唯一封王的儿子，辖八旗中正黄和镶黄两旗，拥有半数八旗部队的支持；多尔衮战功赫赫，威望盛隆，手握正白、镶白两旗的部队，并有几位亲王的效忠。而福临当时才六岁，没有任何实力。不过，他是孝庄的儿子，她有足够的智谋为福临争夺皇位。

以当时的局势来看，清入主中原指日可待。而豪格和多尔衮，无论谁登基，都免不了引发一场大内战，势必影响入主中原的步伐。这是他俩都不希望的。所以，豪格和多尔衮都没有轻启战端。这种局势对"第三者"福临是绝好的机会，但需要实力派的支持！孝庄审时度势，权衡利弊，决定争取多尔衮。于是，她晓之以理，动之以情，按照正史、野史的暗示，她甚至不惜委身多尔衮。孝庄是否下嫁多尔衮至今还是个谜。但是，她确实争取到了多尔衮的支持：坚决拥护福临登基。

福临即位后，是为顺治帝，三十一岁的庄妃成了皇太后，史称孝庄皇太后。这一次，孝庄不动一刀一枪，坐收"渔人之利"。

顺治称帝时，关内一片混乱。李自成攻陷北京，崇祯帝自缢，明朝灭亡。消息传到清廷，孝庄皇太后当机立断，决定启动全国兵马，大举入关。

多尔衮是前锋军。

不久，李自成不敌清军，在北京城中大肆洗劫一番后，仓惶溃走。清廷迁都北京已成定局。但是，清廷上至王公贵族，下至平民百姓都不愿背井离乡，不愿到那既陌生又充满敌意的他乡去。孝庄果断以实际行动，举行一场史无前例的大迁都，她带着年幼的小皇帝，率先走在这支浩浩荡荡的大军的最前面。

一个幅员辽阔、人口众多的大清帝国建立起来了，坐在紫禁城高高皇位上的是六岁的顺治，真正治国安邦的是他背后的孝庄皇太后。

孝庄竭尽全力辅佐顺治平定群雄、整治吏治，使千疮百孔的国家得到了休养生息，人民能够安居乐业。她准备还政给儿子，退居幕后。可惜，顺治没有遗传到皇太极气吞八荒的王霸之气，却继承了老爹的痴情之心，他的情感经历也与老爹惊人的相似：他的宠妻董鄂妃生下皇四子时，他也欣喜若狂地宣布："皇四子乃朕第一子"，可惜这个"皇太子"并没有活多长时间，董鄂妃也随后病逝。董鄂妃死后，顺治一蹶不振，最终染上天花而死，死时年仅二十四岁。八岁的小玄烨即位，即康熙大帝，孝庄成了太皇太后。在小玄烨继位时，有大臣上疏请孝庄临朝垂帘听政，却遭到了孝庄的拒绝。她放手让年幼的孙子亲政，自己在他的身后全力护佑。擒鳌拜，平三藩，平吴三桂、耿精忠、尚之信，平定蒙古察哈尔部布尔尼叛乱……康熙年间的一系列重大事件都有孝庄的支持。可以说，康熙最终能成为一代大帝，孝庄功不可没。

孝庄手握无上权力，却能够给孙子一份纯粹的亲情，这在封建社会的宫廷中相当难得。评价一个人，要看他身边的人。在孝庄的影响下，侍奉她一生的苏麻喇姑也是一位令人敬重的老人。康熙感念奶奶对自己的爱护，对孝庄也倍尽孝道。他亲政后，凡重大事件，都会去请示孝庄。遇到"孝庄"出游，康熙便会亲自下马扶辇。孝庄晚年病危在床，康熙帝曾经 35 个昼夜衣不解带地服侍在侧，甚至亲自到天坛祈祷，"请减己寿以益太皇太后"。

死亡是宇宙中最朴素的法则。康熙二十六年（公元 1688 年），孝庄的生命走到终点，享年七十五岁。有孝顺的孙子陪在身边，她不遗憾。

孝庄太皇太后去世后，并未按惯例全国举哀，她的棺椁也未下葬，一直停在暂安殿内。这一停就是 30 多年，直至雍正朝才下葬，而且葬在清东陵的风水墙外。

按照当年康熙对外宣称的，这是遵孝庄弥留时的遗言：“太宗文皇帝梓宫安放已久，不可为我轻动。况我心恋汝父皇及汝，不忍远去。务于孝陵近地择吉安厝，则我心无憾矣。”康熙没有给孝庄下葬，其中不仅有他对奶奶难以割舍的情义，还因为他不愿意孝庄受到世人的猜疑和亵渎。因为后人猜测，这和她传说下嫁给多尔衮有关。

有人说，这孝庄其实挺悲情的，丈夫不爱她，儿子早死，身死后不能和丈夫合葬昭陵，还被排斥在了河北遵化清东陵孝陵外。孝庄真的这么悲情吗？这位为清王朝和子孙披肝沥胆的巾帼至尊一定不这样想。

活得久远是一种资本，活着才是最大的胜利。同时代的人到最后比的不是战力，而是看谁活的更久。这一点适合孝庄，也适合王政君。

## 第二章

# 这是个看脸又不完全看脸的世界

公元前12世纪，西方出现了一位惹起了滔天大祸的美女，她就是海伦。

海伦是希腊斯巴达王国的皇后，后来却跟土耳其半岛上特洛伊王国的国王私奔了。希腊人民认为这是奇耻大辱，于是各城邦组织联军，进攻特洛伊。双方打了十一年仗，虽然希腊神话中的神祇几乎全部出来为希腊的荣耀拼命，可是希腊联军仍不能取得胜利。有一天，筋疲力尽的希腊联军想出了一个妙计。他们假装放弃攻城，一夜之间，军队全部撤离，只留下一个沉重而巨大的木马。特洛伊人把这个木马当战利品运回城里。想不到当天晚上，希腊突击队从木马肚子里爬出来，特洛伊城遂告陷落。那位享了十一年艳福，把国家带到毁灭的国王，被砍了头，海伦则被希腊人抢了回去，依旧过着幸福的生活。据说，当大战打到第十年时，海伦亲自出来劳军，战士们震惊于她的美丽，失声道："我们为她再打十年也情愿。"她的故事激发了伟大的诗人荷马的灵感，写出了名篇《特洛伊》。

看了这段故事的女性朋友们，一定会心生向往，并以她为榜样。因此，就有长得漂亮的女子说了："天下男人，我只要一招手，他都会晕倒。"

有这种想法的人，甚至在大庭广众之下说出这样的话的女人，虽不能说愚蠢，但至少段数不高。

美女千千万，能青史留名的绝不只有美貌。没有丑女无敌的神话，美貌也不是万能的。美貌是把双刃剑，如果不懂得经营，就是灾难。

## 至死不露脸——李夫人

我们所说的这位李夫人是西汉武帝刘彻宠爱的众多后妃中，最让人生死难忘的一位。可惜的是，由于女性在当时地位低下，李夫人的名字没有留下来。

李夫人的出身很卑微，是一个地位低下的歌女。她哥哥李延年是一位宫廷音乐师，而且能歌善舞，每次歌舞都让汉武帝刘彻以及众大臣感动不已。有一次李延年在舞蹈时唱道：

“北方有佳人，绝世而独立。一顾倾人城，再顾倾人国。宁不知倾城与倾国？佳人难再得！”

刘彻叹息道：“世界上真有这种美女吗？”他的姐姐平阳公主（就是推荐卫子夫的那一位）在一旁听了，就告诉老弟说，李延年的妹妹就是这么一位美人。刘彻一听，急忙教李延年把妹妹找来。李夫人不但美艳绝伦，而且比哥哥还要能歌善舞，把刘彻迷得如醉如痴。自此，刘彻把卫子夫抛到脑后，与李夫人几乎形影不离。不久，李夫人就生下一个儿子。对于皇上的嫔妃来说，能够得到皇帝的宠幸，并且还有儿子，是一件非常幸运的事。在母以子为贵的年代，假如儿子日后当上皇帝，母亲就能跟着飞黄腾达了。

可是，不知道是幸或是不幸，正是鲜花般年龄的李夫人病倒在床，并且病情日益沉重，医生束手无策。消息传到刘彻的耳朵里，立即前来探望。李夫人一听御驾光临，就用被子把头蒙住，向刘彻泣着说：“我害病太久，憔悴不成人形，不能相见。只把孩子跟我哥哥托付给你，求你照顾。”

刘彻说：“你病得很重，可能会一病不起，为什么不当面向我托付孩子和哥哥的事呢？”

李夫人说：“圣人说过，做妻子的容貌不修饰，不能面对丈夫，实不敢相见。”

刘彻急道：“只要你让我见最后一面，我马上就擢升你哥哥当大官。”

这个承诺确实动人，换作一般的女人一定会推被而起，抱住刘彻鼻涕一把泪一把地托付后事，可是李夫人还是坚持不露脸，说：“升官不升官，只在你一念之间，不在我们见不见最后一面。”

刘彻觉得不是滋味，李夫人越是不要见，他越是想见。而李夫人胸有成竹，死活不让刘彻见。后来，逼得紧了，李夫人转身向里，蒙着头索性不再说话，只是一味啼哭。刘彻以皇帝之尊，又在他的皇宫之中，竟然碰了这么一个钉子，勃然大怒，一跺脚，回头就走。

刘彻走后，在病榻旁伺候的姐妹们都吓得花容失色，担心李夫人去世后，不但孩子没人管、哥哥升不了官，可能还有别的灾难。她们埋怨李夫人说：“你这个傻子，皇帝对你这么好，怎得那么倔强，使他伤心？见一面托付哥哥，岂不更为可靠，难道你恨他呀？”

李夫人叹口气说：“我所以坚决拒绝跟他见面，正是为了孩子、哥哥着想。我因为长得漂亮，才能从卑微的地位上爬上来。妇以美色被人宠爱，一旦美色衰退，爱情也就消失。一旦爱情消失，恩情也就跟着消失。皇帝所以一直爱我，不过是爱我的容貌，如今忽然发现我已变得丑陋不堪，大非往昔，他绝对不会怜惜，而只会感到作呕，还肯管我的孩子和哥哥吗？”

李夫人真是冰雪聪明，只几句话，就说清了事情的实质。

拒见刘彻后不久，李夫人就香消玉殒了。刘彻早将跺脚之怒忘光了，听到死讯后大哭特哭，并且为她建造了特殊的坟墓，民间称之为“习仙台”，也称之为“英陵”。

果如李夫人所料，由于没见过她病中的样子，刘彻脑子里仍是她健康时如花似玉的印象，于是时常眷恋思念，不能自已。有感于她临终前的托付，擢升她的大哥李广利担任贰师将军，她的二哥李延年担任协律都尉（掌管音乐部）。还把李夫人生的儿子刘髆封为昌邑王。

有一位叫少翁的方士听说刘彻失魂落魄，茶不思饭不想的情况，就毛遂自荐，称自己能招请李夫人的亡魂跟他相见，刘彻听说后兴奋异常。

招魂的那天晚上，少翁把李夫人生前睡的纱帐放下，灯火齐明，香烟缭绕。然后请刘彻坐在另外一座纱帐里，遥遥观望。

少翁口中念念有词之后，刘彻果然隐隐约约地看见一个很像李夫人的身影在纱帐里出现，并且轻移莲步。刘彻看得怦然心动，正想上去拥抱时，那美丽的身影却冉冉消失。刘彻的伤感是可想而知的，为了纪念这场相会，他写了一首著名的诗：

“是耶？非耶？立而望之，偏何姗姗其来迟？”

大意是说：帐幕中的人影是不是你呢？我站在这里看着你，你为什么偏偏又来得这么慢呢？“姗姗来迟”从此成为中国著名的成语，两千年引用下来，变成了女士们赴约时来迟的形容词。

刘彻对李夫人的思念还不止如此，他还写了一首悼歌，教宫女们歌唱，歌曰：

“罗袂兮无声，重墀兮尘生，虚房冷而寂寞，落叶依于宁扃，望彼美之女兮，安得感余心之未宁。”大意是：衣襟啊，悄悄无声；玉阶啊，静静尘生；空房寒冷而且寂寞，落叶片片堆积在门前；那远处的美人啊，你可知道我心神不宁？

有一天，刘彻在一座名为“延凉室”里休息午睡，梦见李夫人躺在身畔，送给他一种“蘅芜香”。刘彻猛然惊醒，人虽已杳，但枕席和衣服上，却幽香扑鼻，好几个月不散。为了纪念这场春梦，乃改“延凉室”为“遗芳梦室”。

刘彻一生美女无数，杀起美女来也毫不含糊，但偏偏对李夫人情深义重。不是李夫人运气好，而是李夫人靠她的智慧赢来的。糟糕的外表往往会埋没了出色的才能。以最美的一面示人是礼仪的需要，也是展示你魅力和能力的必要手段。

在王子与公主的童话故事中，往往都是结束于“从此，王子与公主过上了幸福的生活”。那么，他们的幸福生活持续多久，当公主们年老色衰时会发生什么呢？没有人说，或者说没有人敢说。

有人这样续写了耳熟能详的童话故事：

灰姑娘成为王子美丽的新娘后，快乐得不得了。以前的日子，每天要挑水、捡柴、烧饭、洗衣……还常常有一餐没一餐的，现在光是伺候她的宫女就有好几打，而各地进贡的美食和宫廷里隔三岔五的聚宴、御厨精制的美食，更是让她吃得痛快不已！

屈指算来，灰姑娘嫁入宫中也有几年了，王子对她的态度却越来越冷淡，常见到他望着宫外的美少女摇头叹息，灰姑娘百思不得其解……

有一天，她心血来潮拿出水晶鞋穿，不料"锵"的一声，鞋子应声而碎。灰姑娘赶紧把仙母找来，仙母见到她后不禁摇头："唉，我忘了提醒你，水晶鞋限重一百公斤……"

原本灰姑娘对此还不以为意，可是后来她实在受不了了，王子打算要娶新美人进宫！于是下定决心的她，来到瘦身中心。灰姑娘进到里面，发现已有两个比自己臃肿的欧巴桑在那儿，便自我介绍：

"你们好，我是灰姑娘。二位是……"

"我是睡美人。""我是白雪公主。"

上面这个结尾会让每个女人都心惊。既使你是绝代佳人，如果不善加保护，可能连平常人都不如。

## 以才事君者久——徐惠

徐惠是唐太宗李世民最后生涯里最宠爱的女子。能成为皇帝的宠妃，徐惠的长相一定不差，但她却是以智慧女的形象出现在史书里的。

徐惠和另一个神童李冶（李季兰）是同乡，都出生在今天的浙江湖州。徐惠五个月大的时候，在别的孩子的舌头还只会舔奶瓶的时候，她已经开始给爹妈点名了。四岁时，当别的孩子还不见得认识一二三四的时候，她已经把《四书》《五经》念得滚瓜烂熟了。八岁时，她已经能出口成诗了，而且辞致清丽，颇有水准。有一天，她的父亲徐孝德想考考她，就让她仿照屈原的《离骚》作一首诗。小徐惠眉头也不皱一下，找来纸笔信手一挥，片刻即成《拟小山篇》一首：

仰幽岩而流盼，抚桂枝以凝想。
想千龄兮此遇，荃何为兮独往。

这首诗被收录进《全唐诗》，并特别注明了徐孝德的反应——大感震惊。确实，八岁的孩童之作能蕴含如此感慨和豪情，别说是她的老爹，就是很有水平的屈原本人看了恐怕也会震惊。

徐惠的才气让她的名气传播开来，一传十，十传百，最后传到深宫中李世民的耳朵里。李世民虽然不荒淫，但也好色，这样的好女子岂能放过？于是将一代才女揽入怀中。这时的徐惠不过十一岁，被封为才人。

入宫对徐惠来说是一件好事，宫中的藏书超过任何一个地方的收藏，求知欲极旺的她得以有机会遍览群书，才学和见识也进步得更快了。

李世民看到徐惠如此好学，他也十分高兴，对她十分照顾，没多久就把她由最末等的才人一下晋升为九嫔中的第八级充容。而徐惠反赠给李世民的是许多的快乐。有一次，李世民派人叫徐惠来见自己，结果徐惠迟迟不来。李世民等了很久，好心情变成了一肚子怒火。当徐惠姗姗到来的时候，李世民摆出了一副标准的门神脸。徐惠何等聪明，马上发现了丈夫的不快，但她只是嫣然一笑，挥笔写了一首诗给丈夫消气。诗是这样写的：

朝来临镜台，妆罢暂徘徊。
千金始一笑，一召讵能来。

此诗收入《全唐诗》，诗名为《进太宗》。李世民读完之后，哈哈大笑，怒气一下子全消失了。

除文学造诣外，徐惠在政事上也颇有眼光。李世民统治后期好大喜功，多次兴兵攻打高丽，劳民伤财，民间怨声载道。徐惠多次想劝谏他，都忍住了，后来终于在贞观二十二年的时候再也看不下去，就认真写了一份奏疏交给李世民，明确指出“地广者，非长安之术；人劳者，为易乱之符”。希望李世民能够多加节俭，休兵罢战，还百姓以安宁。李世民读完后有所醒悟，对徐惠重重奖赏了一番。

李世民无疑是一个极品男人，徐惠也是一个极品女人，情趣相投让两人的感情超越了巨大的年龄差距。公元649年，五十一岁的李世民因病去世，徐惠相思成疾，重病而不肯就医，决心以殉太宗。就在李世民去世的第二年，徐惠得偿所愿，从容去世。死后被追封为贤妃，随葬太宗昭陵，年仅24岁。

徐惠的选择与其说是愚忠，不如说是她做了最聪明的选择——与其潦倒地寂寂等死，不如死在最美丽和最荣耀的时刻，名垂后世，并且荣耀家族。

据说，年少却不甘沉沦的武媚娘曾在一个春光柔和的下午，谦卑地去请教新晋的红人徐惠。徐惠缓缓地说：“论起来，你的容色犹在我之上，可知皇上为何对我眷顾？”这正是媚娘百思不得其解的地方，于是她低下头，恭敬地请求徐惠的指点。徐惠叹道：“以才事君者久，以色事君者短。”

这话如当头棒喝！武媚娘默立花阴良久，轻声告辞出去。我们不知道，武则天后来成为一代女皇是否与这句话有关，但可以肯定，她从中获益良多。

李白曾为红颜嗟叹：“昔日芙蓉花，今成断根草。以色事他人，能得几时好？”芙蓉花与断根草、红颜与白发的转换，原本不过是瞬间之事。如果只是凭借美貌，全无思想地攀附他人，是很容易让人厌倦的。

## 无颜女的两种喜剧人生——几个丑女

美女的故事仿佛总笼罩着悲剧的光环。相反，历史上也留下了一些丑女的名字，她们的故事似乎有那么一抹喜剧色彩。但是，喜剧与喜剧不同，有的是贻笑大方，有的是皆大欢喜。

### 东施效颦，贻笑大方——东施

东施出现在《庄子·天运》篇中。这位丑女被称作东施，是因为她和西施住一个村，西施住村西，东施住村东。

西施是春秋时期越国人，我国四大美女之一。后人见不到人，光凭想像就心生向往，当时能看见真人的邻居们估计更是被迷得七荤八素。美人通常是男女通杀的。东施就非常想成为西施那样的美女，哪个女人没有一个美女梦呢？

西施有心口痛的毛病。有一天，她在河边洗完衣服往家走，路上突然胸口疼痛。她用手扶住胸口，皱着眉头。这种柔弱的样子比平时更美丽。乡间路上，看到她的人，无不不由自主地停下来行“注目礼”。

东施也看到了。她看到大家闺秀都夸赞西施用手捧心的样子很美丽，于是也有样学样，时常扶住胸口，皱着眉头，在村子里人慢慢地走来走去。村里人看到她这副装腔作势的怪模样受不了了，富人见了马上紧闭大门，坚决不再出门；乡间干活的穷人看见丑女走过来，马上拉着妻、带着孩子远远地躲开。

见乡亲对自己避如瘟疫，东施姑娘一定非常伤心吧。

东施的故事很简单，庄子没有描绘东施的长相，却用一个“坚”字，一个“走”字，将她的“丑”刻画得淋漓尽致。在日常生活中，东施效颦这样的情形时常发生，结果往往是个笑话。

## 才华让别人留下——嫫母、无盐、宿瘤、阮氏

### 中华民族始祖母——嫫母

嫫母是有史以来记载在册的第一个丑女，她是从选丑比赛中脱颖而出的。当时，黄帝为了制止部落“抢婚”事件，专门挑选了品德贤淑，性情温柔，面貌丑陋的丑女（封号嫫母）作为自己的妻室。嫫母中选。

她到底怎么个丑法呢？史书记载，她“锤额蹙頞，形粗色黑”，即脑门突出似锤，下巴短缩不见，身材粗壮怪异，面色发黑如碳。汉王子渊《四子讲德论》中云：“嫫母倭傀，善誉者不能掩其丑。”意思是说她奇丑无比，即使善于谄媚者都不好意思开口夸奖。嫫母丑得惊天地泣鬼神，以至于黄帝授以她“方相氏”官位，利用她的相貌来驱邪。

但是这么一个绝代丑女，却能被黄帝选为第四个妻子，成为华夏民族的始祖母，凭借的是贤德和才华。嫫母作为黄帝的贤内助，对妇女们实施德化教育。她还发明了养蚕缫丝术，丝绸就是她发明的。后人为了感谢嫫母的这一重大发明，尊称她为“先蚕姑娘”。

### 丑女治国——无盐

无盐与宿瘤也是古代中国两个奇丑无比的女人，由于她们才德兼备，先后征服齐宣王与齐愍王，从而成为他们的夫人。后世将她们作为貌丑而有德行的妇女的代名词。

无盐的本名叫钟离春，因出生在无盐，大家就都把她叫作“无盐”。

无盐有多丑？史书中这样描述：臼头深目，长指大节，卯鼻结喉，肥项少发，折腰出胸，皮肤如漆。如此长相令人望而却步。不但长得丑陋，无盐的身世也很可怜，她是一个孤女，四十岁以前流离失所，无容身之处。

当时齐国在齐宣王的治理下，政治腐败，国事昏暗，由于这个君王性格暴烈，不喜欢听批评的话，没人敢提意见，弄得全国上下人心惶惶。无盐虽然貌丑，但饱读诗书，志向远大，她为了拯救国家，冒着杀头的危

险，来到都城临淄求见齐宣王。

春秋战国时代，诸侯国之间战争频繁，各国的“民本思想”十分盛行，黎民百姓也可以毫无顾忌地求见国君，陈述自己的愿望，对国家施政方针提出建议。所以无盐很容易就见到了齐宣王。

当着齐宣王的面，无盐大言不惭地说：“倾慕大王美德，愿执箕帚，听从差遣！”

齐宣王后宫佳丽比比皆是，更不缺杂役，眼看着这个丑陋的女人竟然异想天开，不自量力，禁不住哈哈大笑。不料无盐却镇静自若，一本正经地说：“危险啊！危险啊！”齐宣王半是玩笑半是认真地说：“你说什么危险啊？愿闻其详。”

于是无盐慢条斯理，侃侃道来：“秦楚环伺齐国，虎视眈眈，而齐国内政不修，忠奸不辨，太子不立，众子不教，齐王您专务嬉戏，声色犬马，这是第一件可忧虑的事情；大王你大兴土木，生活奢华，玩物丧志，利令智昏，这是第二件可忧虑的事情；贤良都藏了起来，而奸臣当道，您听不到正确的意见，这是第三件可忧虑的事情；您整天花天酒地，女乐俳优，充斥宫掖，外不修诸侯之礼，内不秉国家之治，这是第四件可忧虑的事情。危机四伏，已是危险之至！”

齐宣王本来是抱着看笑话的心态发问的，没想到无盐说出这样一番道理，一时之间目瞪口呆，过了良久才虔敬地说道：“得聆教言，犹如暮鼓晨钟，如果我今后还有一点点进步，皆君所赐。”接着即刻下令拆除渐台，罢去女乐，斥退谄佞，摒弃浮华，然后励精图治。后来，在田忌、孙膑等大将的辅佐下，齐国成为实力最强的“千乘之国”，临淄成了战国时期的文化中心。

无盐虽然外貌丑陋，但表现出来的学识修养和眼光见识却高于常人，齐宣王被她所折服，立她为后。





**齐王的好帮手——宿瘤**

如果说无盐还在典籍中留下了一个“钟离春”的名字，另一个生长在齐国都城郊外的丑女宿瘤则连姓名也没有流传下来。宿瘤者，是指她的脖子上长了一个永远去不掉的大瘤子。宿瘤世居临淄东郊，是一个勤劳能干的女孩子，但因为长相丑陋，所以到了适婚年龄，依然无人问津。宿瘤倒是不在乎别人异样的眼光，依然我行我素。

本来她可能就在曲高和寡的孤寂中结束一生，但是命运让她遇到了齐愍王。齐愍王是齐宣王的儿子。两人都遇到了丑女，是巧合也可能是优良传统。

宿瘤与齐愍王的相遇也有些戏剧性。有一次，齐愍王出游，前呼后拥好不气派，途中男女老幼都跑来观看这难得一见的热闹场面，唯有宿瘤女继续在路旁采桑，对齐愍王的出巡视若无睹。宿瘤女的矜持傲慢，大大刺伤了齐愍王的自尊心。他派人前去诘问，宿瘤女的解释更出人意料："妾承父母之命采桑，其他则不曾在意。"

一个乡野女子竟然不慕荣华富贵，这使得齐愍王大感兴趣，认为是不可多得的贤淑女子，当即下令空出后面车辆，准备载她回宫。

不料宿瘤女心平气和地说："大王不弃，私心窃喜，然未禀明父母，即是私奔，大王若不能以礼相求，则虽死不能相从。"难得齐愍王竟完全尊重她的意愿，果然非常正规地择吉日备礼来迎。按理宿瘤女应该沐浴更衣，盛装打扮才是，然而她却依然布衣荆钗，随使者登车而去。

穿金戴银，花枝招展的齐国后宫佳丽见大王以礼迎娶的"圣女"，竟是一个邋邋遢遢的村妇，不由得掩口而笑，等见到她颈项间竟还有一个大瘤摇摇晃晃，更加忍不住笑得前仰后合。对此齐愍王厉声怒斥："貌美不如德美，涂脂抹粉何如素面自然，而锦绣其外，败絮其中又有何益？"

宿瘤女接过齐愍王的话说："过去尧舜桀纣都是天子，尧舜以仁义为本，安于俭朴，茅茨不剪，采椽不断；后宫后妃，衣不重彩，食不重味，千载以下，而为人津津乐道，称颂不衰。桀纣以奢华为务，习为苛酷，酒池肉林，穷奢极欲；后宫蹈罗绮，弄珠玉，笙歌不歇，纸醉金迷，结果身死国亡，为天下所笑，视为暴君。妇人女子贵能相夫教子，守贞不二，又何必虚伪矫饰以媚人！"一席话说得众妃嫔哑口无言，齐愍王更是大为称善，立即下令拆除重楼层阁，填平池泽，损膳减乐，停筑苑囿，后宫不得佩戴珠玉，也不得衣着彩衣。一时间俭朴之风吹遍整个王宫。

齐愍王自从听取了宿瘤的意见治国，果然不到一年工夫，齐国的威名震动了邻国，各国诸侯都来朝见齐王了。可惜她很早就去世了，齐愍王失去了一个有力的贤内助，渐渐变了一个人，结果差点被燕国灭了国。他还引狼入室，被楚国大将淖齿所害，死状很惨：他的筋被活生生地抽出一部分，当成绳子将整个人吊起来，悬在宗庙的房梁上，一夜之后才死。大约是帝王中死得最惨的。

**智慧让男人留下——阮氏**

阮氏是东晋、三国时期的人，她被列为中国古代“四大丑女”中的第四位，可见她长得是极其不怎么样。阮氏的名字史书上没有记载，只记载她是陈留人，父家姓阮。陈留阮氏乃世家望族，“建安七子”之一的阮瑀、“竹林七贤”之二的阮籍、阮咸都是阮家人。阮氏的父亲阮共是曹魏的高官，哥哥阮侃是与“竹林七贤”并称的名士，又是著名玄学大师和医学家。

受这样的家族熏陶，阮姑娘的学识和修为自不必说。遗憾的是，聪慧贤明的阮姑娘，其容貌却实在抱歉。史料上只用了两个字形容：奇丑。丑到什么程度呢？丑到她新婚的丈夫看了她一面后再也不愿看第二眼。

据记载，阮氏长大成人后，嫁给了许允。《三国志》中有许允的传，说明他也是个名人。

古时候，很多夫妻都是新婚之夜才是第一次见面，许、阮也是这样。洞房之中，许允美滋滋地掀开新娘子的红盖头，然后就愣住了。待回过神来，他战战兢兢地退出了洞房，再也不肯进去了。阮姑娘并不着急，她差了一个丫鬟去偷看外面的情况。

丫鬟回来说：“有位客人正在和姑爷说话！”

阮氏打听清楚客人的相貌后，胸有成竹地说：“这位客人一定就是桓范，许允一定会再进房来的！”

阮氏的推断没错，这位桓范胸有谋略，口才出众，是有名的“智囊”。他对许允说：“阮家既然嫁丑女于你，必有原因，你得考察考察她。”许允听了桓范的话，就再次犹犹豫豫地跨进了新房。但他一见妻子的容貌拔腿又要往外溜。阮姑娘心中清楚，这一次夫婿是被桓范劝进来的，要是让他溜出去，就很难再找第二个“智囊”来说服他“三进宫”了。于是，阮姑娘果断地一把拽住许允，许允边挣扎边同新妇说：“妇有‘四德’，你符合几条？”

所谓“四德”，包括“妇德”“妇言”“妇容”“妇功”四个方面，是过去对女子的品性要求。这里的妇容，其实是强调仪容端庄得体，而不是仅指相貌美丑。许允看来是又急又忧，竟拿这话恶毒地挤兑新妇。阮姑娘一点也不生气，她不慌不忙地说：“我所缺的，仅仅是美貌。而读书人有‘百行’，您又符合几条呢？”许允说：“我百行具备。”新妇说：“百行德为首，您好色不好德，怎能说具备呢？”许允哑口无言，也深为这位新夫人的才学所折服，也不逃了。

阮氏一亮相就显示了极强的辩论术，更令人叫绝的是她对事态的准确把握和果断的处理，该出手时就出手，当丈夫“二进宫”并试图再次逃离时，她果断地先用暴力阻挡以迫使他开口，接着以精简扼要而一针见血的问答彻底击溃夫君的歧视之心。整套方案环环相扣，分寸拿捏得恰到好处。更重要的是，她的才华更赢得夫婿尊重，一举化解了婚姻危机。而这一切都发生在很短的时间内，阮氏的敏思捷才，可见一斑。





阮氏非凡的洞察力和捷才在后来也多次救了许允和家人的命。

许允当官时，任用了很多同乡。古代官员赴任，带个把同乡幕僚当心腹很正常，而许允恐怕是过火了些，因此，即使所任用的乡党都称职，在外人看来，也有徇私的嫌疑。有人检举到朝廷，魏明帝曹叡龙颜大怒，派人逮捕许允问罪。许允大惊之下，只好老老实实束手待罪，但心里不知道如何应对。这时候丑夫人阮氏光着脚追出来，悄悄对许允道：“皇帝是英明之主，可以用道理去辩驳，却不能用感情去打动。”言下之意，你去千万别装可怜，一定要和皇帝讲道理，辩明清白。辩得越凶，就越安全。许允被抓后，家人号泣，阮氏却说：“不要紧，他很快就会回来。”然后煮了小米粥等许允回来。果然，许允听从阮氏的计策，当明帝责问他任用乡党一事时，许允回答说：“为国选才，一定要了解他们。臣的同乡，是臣了解的人，陛下可以考察他们是否称职，如果不称职，臣愿领罪。”魏明帝派人考察的结果是，许允任用的同乡都称职，于是明帝放了他。

阮氏对许允所授之计是针对魏明帝曹叡量身定做的一套策略。这里需要介绍一下魏明帝曹叡这个人。

曹叡是曹操的孙子，二十三岁登基，死时也才三十六岁，是一位血气方刚的少年天子。再加上曹叡从小见惯了宫廷斗争，在这样一位皇帝面前，一味地求饶无疑是承认过错，只会引来重罚。而许阮氏教夫君“以理夺之”，正是从根本上斩断攻击之源。结果，阮氏的计策果然奏效。

曹叡死后，幼主曹芳继位，宗室曹爽与三朝大臣司马懿开始争权夺利。最后，纨绔子弟曹爽不敌老奸巨猾的司马懿，曹魏政权易手到司马家族手中。“智囊”桓范因为是曹爽的党羽被以谋逆处斩。

史书并未记载这段时间内阮氏对夫君有何谏言。想来聪慧的她或许曾劝告夫君急流勇退，但许允又怎能轻易舍弃在朝中的地位和事业？于是，悲剧终于降临了。

司马懿死后，其子司马师和司马昭加快了篡位的步伐，频频挥起屠刀，铲除异己。许允才名过人，又不依附司马家，自然也在铲除之列。许允被杀的消息传到家时，阮氏正在织布，听到丈夫的死讯，她的脸上没有露出大的悲痛，只是轻轻叹息道：“早知道会这样了。”

许允的门生担心他的几个儿子也会被株连，建议把他们藏起来。阮氏却说：“这事和孩子们没关系的。”于是全家人正常地为许允下葬、守丧。

阮氏的想法是正确的。许允被杀，仅仅因为他的才气名望，以及与曹魏忠臣往来密切，本身并没有做什么对司马家不利的事。这种情况下，司马氏多半不会刻意株连。若是逃跑藏匿，反而可能会引来追捕乃至杀身之祸。

不久，司马师果然假惺惺地派遣钟会前来吊丧，其实是试探许允儿子们的才能和态度，以决定是否要斩草除根。钟会此人，足智多谋而又阴险毒辣。许允的几个儿子自然知道其来意，心中既疑惑又害怕，向母亲求教。阮氏不紧不慢地说道：“别担心。你们虽然也是不错的子弟，但才能都比不上你们的父亲，威胁不到司马氏。用不着装模作样，只要老老实实表现你们的本色，自然不会有危险。不要表现得太悲伤，钟会按礼仪哭拜你们父亲的时候，你们也跟着哭；钟会不哭了，你们就也停下来。可以稍微询问下朝廷里面的事情，不要刻意回避。”孩子们一一按母亲的叮嘱做了。钟会把情况回报司马师，司马师果然放过了许允的儿子们。

靠着阮氏对当权者心态的深入把握，许允的血脉得以保全延续。阮氏也以她那胜过须眉的智慧，在历史上留下一段美誉。

不可否认，无论是女人还是男人，外表漂亮的人相对于相貌普通的人更容易被他人先入为主地接受。

那么，丑女就没有出头之日了吗？也不尽然。有一句话叫：美丽让男人停下，智慧让男人留下。这里的“男人”可以包括所有的人。更何况，并不是所有的人都看重美貌。比起遇到一个美女，能遇到一个志趣相投、智商和才能足以跟自己并肩而行的人更难得。

容貌丑陋谈不上幸或不幸，但没有智慧，就一定不幸。

## 被万历宠坏的女人——郑贵妃

郑贵妃是明朝大名鼎鼎的万历皇帝朱翊钧的妃子。万历能够有如此大的名气，并不在于此人治国有方，而是他曾经先后三十三年不上朝，开创了皇帝史上不上朝时间最长的纪录。

说起来万历皇帝也挺可怜的，他有一个严厉的母亲和一个厉害的老师张居正。在张居正管事的十年中，万历既不能执政，也无权管事，连喝多了酒都得写悔过书。如此悲惨的皇帝，在皇帝史中也是少见的。

万历六年（公元 1578 年），经李太后挑选，张居正认可，十四岁的万历皇帝娶了锦衣卫指挥使王伟的长女王氏为皇后。这位王皇后属于传统的贤妻良母型，进宫后对自己定位非常准确，一方面对李太后侍候得尽心尽力，另一方面也是皇帝的贤内助。面对这样一个似乎无可挑剔的皇后，小世宗万历皇帝尽管不喜欢她，却十分敬重她。总体来说，少年万历对这次大婚完全没有任何期待，他对十三岁的新娘没有兴趣，对其他的妃嫔也同样不感兴趣。那个在他生活中占有重要地位的女人，还要在几年之后才会出现，这时的他只感到空虚和烦闷。

日子这么不咸不淡地过了两年，问题来了，皇后没有怀孕生子。当时皇帝、皇后都是十六七岁的孩子，没生孩子在今天看来太正常了。但是在古代，这就不正常了。于是，在万历九年（公元 1581 年），李太后授意万历下达旨意，全国各地选取女子，以备挑选入宫。

就在挑选嫔妃的旨意下达后不久，万历制造了一起“事故”，自己把生子的问题解决了。之所以说是事故，是因为他本意并非如此。

大约在万历九年年末的一天，万历去慈宁宫给母亲请安，一位王姓宫女侍候他洗漱。一般情况下，万历是不会看这些下人的。鬼使神差地，这一次，万历不但看了，还越看越顺眼，私幸了王宫女。

根据明朝的制度，皇帝的一言一行都有文书房宦官做记录，这个记录叫作“起居注”。万历这件事也被记了下来，不过，他并未当回事，事后就抛到脑后了。然而，这一次私幸使王宫女怀孕了。消息传到万历的耳中，他很不高兴，绝口不提此事，打算不认账。也没人敢向太后报告。直到太后发现王宫女怀孕，才知道事情的真相。虽然事先被隐瞒了，太后还是很高兴，从家事方面看，她要做奶奶了；从国事来说，皇位有继承人了，特别是王皇后进宫后一直没动静，王宫女的怀孕说明不育的责任不在儿子，她还会有更多的孙子孙女。





太后把万历叫来，询问此事。皇帝却不认账，问急了，干脆耍赖说没印象了。太后一怒之下找来“证人”——《内起居注》，翻到那一页让皇帝自己看。铁证如山，万历只好承认。在太后的干预下，还在怀孕期间的王宫女被封为“恭妃”，不久后生下来一个儿子，是为万历的皇长子，取名朱常洛。

皇帝有子，举国欢腾，唯有皇帝一人不高兴。一是他不喜欢王宫女，二是他有了德妃，也就是郑贵妃。

这位郑贵妃比万历皇帝小两岁，是北京大兴人。史书中没有详细描述过她的相貌。后人常把她描述成一个容貌妖艳、心机深沉、阴狠毒辣的女人。事实上，此女的相貌是否妖艳不可知，但心机深沉、阴狠毒辣实在谈不上。根据她几十年的斗争经历来看，郑贵妃的智商和斗争水平都不怎么样，她更像是一个自私自利，混不吝的傻大妞。也正是这样的性格，让她不怕皇帝。万历见惯了在他面前小心翼翼的女人，郑贵妃这种性格的女人反倒更招他喜欢。再说，郑贵妃也不是一无是处，她爱读书，聪明机警，意志坚决，善解万历皇帝的心意，可以和万历一起读书、谈理想，使得万历在精神上离不开她。

郑氏在万历十年左右进宫，被封为德妃。万历十一年被万历破格提拔为贵妃，地位在诸妃嫔之上，包括生了儿子的恭妃。郑贵妃为人处事很有问题，她仗着皇帝的专宠，横行宫中，除了皇后，谁都瞧不上，特别是恭妃，经常被她称作老太婆。人缘很差。

郑贵妃进宫后连续给万历生了三个女儿，万历十四年的时候，终于生下了儿子，取名朱常洵。在他之前，万历还有一个儿子，不过早夭了。朱常洵的出生让万历欣喜异常。他本来就不喜欢长子朱常洛，不想立长子做太子。如今正好自己喜欢的女人生了儿子，他打算换人。

然而他很快就将发现，就算他是皇帝，说话也不一定算数。

万历十四年(公元1586年)二月初三，皇三子朱常洵尚未满月，内阁首辅申时行等人就上疏，请求册立皇长子朱常洛为太子。这件事情如果孤立地看，合情合理。在明朝的历史上，皇长子都是在幼年即被立为皇太子的，正统皇帝四个月大时就被立为太子了。但是，内阁的这个请求在万历和郑贵妃看来，是居心叵测，别有用心。皇长子都快四岁了，之前都没提出立太子的事，这边郑贵妃儿子刚一出生，那边就闹着立长子为太子，是故意针对皇三子和郑贵妃的吧？

他们想对了，内阁请立太子确实是冲着郑贵妃和朱常洵的。当然，申时行等人的本意并不是要干涉皇帝和郑贵妃间的私生活，而是因为关系到“国本”问题。

立太子的问题在明朝被看作是“国本”问题，关系到国家的根本和未来。内阁之前一直没动，是希望王皇后能生下嫡子。既然一直没有嫡子，就应该退而求其次，立长。可是，万历帝明显表现出要立次子的意思，大臣们不能不行动了。

万历打定主意要换人，他只回复了一句：“长子年纪还小，再等几年吧。”在他看来，自己是皇帝，臣子再闹也是臣子，翻不出什么浪花。明朝的文官，特别是言官很厉害，他也不想硬撼。他想试试水，于是突然下旨，升郑贵妃为皇贵妃。皇贵妃在后宫中的地位仅次于皇后，非有特别贡献者没有资格胜任，而郑氏显然没有资格。万历此举还有另一层打算，如果大臣们今天同意提升郑氏的地位，日后我就敢提升她儿子的地位。

朝中大臣都是人精，自然看透了万历的那点小心思。明朝的大臣们非常能豁得出去，毫不留情地当面反驳万历。万历盛怒之下，连撤几人。可是这些大臣们表现出了大无畏的精神，前赴后继，不但中央官员闹，地方官员也凑热闹，闹得乌烟瘴气。最后，这一仗还是皇帝赢了，万历十四年三月，郑贵妃被册封为皇贵妃。但是，册立皇三子当太子的事就不能提了。

自此，万历时期的“国本之争”拉开了序幕。

见内阁和皇帝之间就国本问题拉扯不清，言官们出动了。明朝的言官相当厉害，把因为顶撞皇帝而罢官免职当作一种荣耀——名气更大了。因此，言官非常尽职，万历没少挨骂，气得干脆不上朝了，结果言官们抓住了这个新的突破口，骂得更起劲了。

万历十八年（公元 1590 年）正月初一，申时行再次提出立九岁的皇长子为太子。万历和稀泥：“现在长子年纪还小，身体也弱，等他身体强壮些后，我才放心啊。”申先生顺势提议：“皇长子已经九岁，应该出阁读书了，请陛下早日决定此事。”在明代，皇子出阁读书，就等于承认其为太子。万历含糊着没同意。就这么一人一句拉扯半天后，万历说：“我都知道了，先生你回去吧。”立太子之事再次搁浅。

此后每过几年，皇帝和臣子之间就进行一场“国本之争”，然后不清不楚地结束。一直拖了十几年。

万历皇帝在前台跟大臣们争国本时，郑贵妃在做什么呢？她也没闲着，但基本是添乱。她以为皇帝在手，天下我有。万历不上朝，整天跟她待在一起，她就每天吹枕头风，却不想着提高自己的战斗力。她自己想当皇后，却不知收敛，到处得罪人。她想让自己的儿子当太子，却不往那个方向培养，整天娇生惯养。如果她和儿子具有皇后、太子的素质，大臣们说不定会支持她，但是这个假设永远也不可能成为现实。

她的家人也不合时宜地跳出来添乱。她郑贵妃的父亲郑承宪向皇帝上了一个奏疏，请求朝廷给他已故父亲一个“恤典”，就是给一个官员待遇，并且要求按照当今皇后王氏父亲的待遇办。由此可以看出，郑贵妃一家人太不懂事了。当然，这也许是郑氏父女对皇帝和官员们的试探。

这个要求还提醒大家，这个郑贵妃不仅想让自己的儿子为太子，还惦记着皇后的位置，官员们毫无悬念地对郑父予以猛烈的抨击。万历虽然没有答应郑承宪的要求，却赏了他五百两银子，让郑承宪为父亲购买坟地。皇帝对郑家的宠信太明显了。

万历一直咬牙顶着压力不立皇长子，应该是在等待两个机会。一是郑贵妃当上皇后，如果郑贵妃当了皇后，那么她的儿子就是嫡子，立为太子就合理了。可是，王皇后身体很好，一时半会儿死不了。而且她为人处事得体，又深得太后喜爱，根本没有借口废掉她。万历盼望的另一个机会是大臣们松口。没想到，自己的这些大臣软硬不吃，皇帝越严厉，他们越高兴。结果万历换了不少官员，大臣们的斗志反倒越来越高涨。

被闹得焦头烂额的皇帝开始重新权衡利弊。除了大臣们强烈反对，促进万历下定决心结束国本之争的，还有一个重要因素——李太后。

有一天，李太后和万历说起闹得沸沸扬扬的国本之争，问皇帝为何迟迟不立皇长子朱常洛为太子。皇帝一时说漏了嘴，他说："彼都人子也。""都人"就是宫女的意思。万历皇帝的意思是，这个皇长子是宫女的儿子，怎么有资格立为太子呢？不想，太后大怒道："尔亦都人子！"原来，李太后本来也是裕王府的一名宫女。万历皇帝这才发现自己说错话了，吓得"伏地不敢起"。

李太后态度强硬地支持立储以长，她这样做一方面是同情王宫女，也是在保护对她恭敬有加但没有生育的王皇后。王皇后对此事是什么态度呢？明面上，她什么也没说，但是却用无声和冷漠来压制郑贵妃这个竞争对手。郑贵妃不可能没去讨好太后和皇后，但出于感情上的因素和利益上的考虑，再加上郑贵妃的为人，她显然不可能得到太后和皇后的支持。

外廷反对，太后不支持，万历感觉自己如果强行立皇三子，很可能众叛亲离，自己的地位都可能不保。在自己的皇位和儿子的皇位之间，万历选择自己。

万历二十九年，国本之争突然解决了。

当时，皇长子年近二十，虽然出阁读书，却依然不是太子，而且连婚都没结，成了大龄青年。万历对这个儿子非常刻薄，他的讲官来上课时连饭都不管。反观朱常洵，则是要什么有什么。朱常洵的亲妈郑贵妃偏偏又不会做人，人见人恨。如此明显的反差让大家对朱常洛的同情越来越甚，眼见着要求立皇长子为太子的情绪又高涨起来。

这一年八月，大臣沈一贯上疏，要求皇帝册立皇长子为太子，并为太子成婚。人们以为此事还会不了了之，但是第二天，沈一贯就收到子皇帝的回复：即日册立皇长子为太子！

争了近二十年，突然如此轻松地解决了，让大臣们又惊又喜。“争国本”就此落下帷幕。这场万历年间最激烈的复杂的政治事件，共逼退首辅四人、中央官员十余人，涉及官员多达三百多位，覆盖中央和地方官员都有，还弄出了个东林党。

不知道万历有没有对着郑贵妃感慨：我为什么没有早点遇上你，如果我早点遇上你，现在的你我都不会有遗憾了。

有意思的是，可能是郑贵妃吹了枕头风，也可能是不忿被白骂了十几年，万历在下达立皇长子的旨意后第二天就反悔了，又下了一道延期办理的旨意。不过，这道诏书被沈一贯封还了，还说：“万死不敢奉诏！”万历无奈，正式册立皇长子朱常洛为太子。

朱常洛被立为皇太子后，待遇差得离谱，以至于一个发疯的文弱秀才竟然能一路闯进太子寝宫，欲行刺太子。这就是晚明三大疑案之一——梃击案。这个案子牵涉甚广，查来查去查到郑贵妃头上。郑贵妃冲着万历痛哭不已，说不是自己干的，这一招以前屡试不爽，但这次无效。事情太明显了，万历也没法帮着掩饰。但是宠爱的女人出事了，他也不能不管。于是，万历让郑贵妃亲自向太子朱常洛求情。郑贵妃又哭了，但万历没理她。于是，不可一世的郑贵妃收起眼泪去见太子了。此女横起来够横，装孙子也不含糊，看到太子就跪下了。太子受宠若惊，马上回跪。等双方都站起来后，郑贵妃就开始哭，一边哭一边说，自己真没想过害太子，那都是误会啊。太子被压了那么多年，自然不敢真的算账，痛快地承认了此案与郑贵妃无关。事情圆满解决。

梃击案最终将所有罪名算在刺客张差的头上，可是，此案既然号称三大疑案，就说明其中疑点重重，关键点就是谁是幕后主谋。有人认为，郑贵妃又不傻，不会做如此不靠谱的事，肯定是某些朝臣借她的名头所为。但是仔细想想，这件蠢事很可能就是郑贵妃做的，被一些精明的人利用了。

万历四十八年（公元 1620 年）七月二十一日，与臣子们斗争了一生的明神宗朱翊钧逝世，此时已经四十多岁的朱常洛登上皇帝的宝座，终于熬出头了，是为明光宗。

万历为了自己最爱女人的利益，与朝臣斗争了几十年，最终成了一种执念：你们越不让我对这个女人好，我越要对她好，对她生的儿子、女儿好！他将多年来税吏、矿吏进献的奇珍异宝送给朱常洵，并且特许朱常洵在洛阳开店卖盐，垄断洛阳的卖盐权。郑氏所生的公主下嫁冉兴让时，嫁妆也极为丰厚，万历还命他可以每五天来上一次朝。

在万历临终前，他特意为郑贵妃下了道遗嘱，言明自己死后，郑贵妃必须晋封为皇后。如此一来，万历一死，她就成了皇太后，可以继续享有无上的权力。对此朱常洛倒也没赖账，但表示这是礼部的事。礼部坚决不同意这件不合规矩的旨意，光宗压下了礼部的上疏，但也不再提封皇后的事了。

郑贵妃明白，她拿不到铁饭碗了。为了保住自己的地位，她决定提前出手。这一次，她聪明了，没有明着干，而是使了个阴毒的计策。

在朱常洛正式继位后不久，郑贵妃给他送了八名绝色美女和大量的金银珠宝、珍奇玩物。对于穷惯了的光宗来说，这是一笔厚礼。他白天日理万机，晚上贪淫纵欲，没多久便一病不起了。

奇怪的是，给光宗看病的不是太医，而是司礼监秉笔太监兼御药房太监崔文升。光宗本是纵欲伤身导致身体虚弱，但是崔文升却给他开了一副药性很强的泻药。结果，药不对症，光宗一夜之间便泻了数十次，身体更虚，随时有升天的危险。郑贵妃昼夜派人前来闻讯，却不提光宗病情，只是一味地催逼光宗封她为太后，光宗无奈，在病榻上诏谕礼部准备大封。

崔文升曾是郑贵妃宫中的亲信太监，再看她的行为，几乎所有的人都认为是郑贵妃要暗害光宗。说起来下药这招挺拙劣的，聪明人都不会这么干，但是以郑贵妃的智商，她很可能干出来这种蠢事。

按规定，郑贵妃此时应该住进慈宁宫，可她一直住在乾清宫不走，等待封她为太后。乾清宫是皇帝的寝宫，她在这里可以监视皇帝的一举一动，一旦光宗有变，她必定是第一个采取行动的人。

按照当时的情况，郑贵妃有同党，有帮手，如果赖着不走，谁也拿她没办法。但是这个时候出现了一个奇人，让她主动走人了。此人是七品兵科给事中杨涟。他带着一干大臣先去找郑贵妃的侄子郑养性。郑养性平时仗着姑姑的势力嚣张跋扈，实际上外强中干。杨涟等人一个扮红脸，一个扮黑脸，对他一通连哄带吓。最后，他们还威胁说："如果你不及早避嫌，以后别说富贵，身家性命是否能保得住都难说。"郑养性在一群职业说客的恐吓要挟之下彻底崩溃了。于是，他去找郑贵妃。

郑贵妃原来的策略是对的，可是，在这关键时刻，她看着慌乱的侄子，自己也慌乱了。最后主动搬出乾清宫，不要皇太后的封号了。至此，曾经叱咤风云的郑贵妃正式退出政治舞台，再也没能翻过身来。她折腾了三十几年，为了儿子争太子位都魔怔了，却最终什么都没得到。没有万历的护佑，她什么都不是。

回头再说光宗。修养了几天后，他的身体渐渐好转了。可是谁能想到，接下来光宗却神秘的驾崩了。万历四十八年（公元1620年）八月二十三日，鸿胪寺丞李可灼给光宗进献的一粒红丸，光宗服用之后，面色红润，浑身舒畅，可以进食了。大臣们见皇上的病情好转也都十分高兴，便从乾清宫退了出来，只留了李可灼及几个近侍太监在身边。光宗皇帝怕药力不济，几个时辰后又向李可灼要了两粒仙药服下，可是服完这两粒红丸之后没多久，光宗便一命呜呼了。此案就是晚明三大疑案之二：红丸案。

光宗只当了三十天的皇帝，连拟好的年号都没来得及用上，成了明朝历史上在位时间最短的皇帝。

光宗到底是怎么死的？李可灼所进红丸究竟为何物？围绕这两个问题朝中各派争论不休，相互攻击。由于李可灼及其引荐人方从哲都是郑贵妃集团的人，因此，不少人认为，这件事与郑贵妃有关。不过，那时候的郑贵妃已经没有任何威胁了，也就没有找到她的头上。最后草草结案，崔文升、李可灼二人做了替罪羊。

郑贵妃因为为人处事太没水平，活得举世皆为敌，好在有一个万历帝对她终生不渝，护住了她。之后的皇帝们也没为难她，她一直活到崇祯年间，于崇祯三年（公元1630年）去世，死后埋葬于银泉山，并没能依万历帝的遗愿与他同眠皇陵。死后与万历同眠的，是他这一生从未爱过的两个女人——原配王皇后与那位王宫女。

万历和郑贵妃心心念念要推上皇位的朱常洵怎么样了呢？他被封到洛阳做福王，五十五岁时被李自成的部下所杀。据记载，虽然被杀时吓得浑身如筛糠，身体却壮实得像头牛。

郑贵妃这一生，似乎把精力全都用来为儿子和自己争名分上了。所以，后人认为她对万历帝的好，只不过是一种狐媚手段。其实，郑贵妃这一生，最大的收获是爱情。只是，郑贵妃被宠坏了，她似乎并不认为爱情能给自己带来什么成就感。

## 没有倚仗的美貌就是灾难——棠姜

有时候，当一个人蒙上天垂青，却没有相应的实力可以帮衬时，就难免会被命运的推手所左右，棠姜就是这样一个悲情的人。

西汉刘向在他所著的《列女传》里将十六个女人打入了《孽嬖传》，其中有著名的妹喜、妲己、褒姒，也有不太著名的棠姜。所谓孽嬖，是指亡国的宠妾。可是根据史料，如果说其他一些“孽嬖”还可以找出点原罪、后罪的话，棠姜实在有些冤，因为她原本与帝王无关，是昏庸的帝王将她拉入了罪恶之渊。

棠姜起初是齐国一个姓棠的官员的老婆，这也是棠姜这个名字的由来。不幸的是，这棠公无福享受美人恩，英年早逝，留下棠姜和儿子棠无咎。棠姜无力应付繁琐的葬礼，于是只好请来弟弟东郭偃来帮忙。东郭偃当时在齐国大夫崔杼的门下当差，两人关系不错。可能是想显摆一下自己的本事，东郭偃竟然把崔杼请来吊孝。这崔杼一见身穿孝服、楚楚可怜的棠姜，立刻被惊呆了。回家后，茶饭不思，满脑子想着棠姜。后来实在熬不住了，就找来东郭偃说媒，娶棠姜为妻。

崔杼在政治上虽然不被后人看好，但对待棠姜母子的问题上却做得非常好。他对棠姜带过来的儿子视若亲子，即使是有了亲生儿子也没有变心。至此，棠姜的生活应该是幸福的。

然而，就在此时，史书上突然冒出一句“庄公通焉”。至于如何通、为何通，却没有说。这可能是两个方面的原因，一方面，家里有这么个绝色美女，崔杼不可能不在同僚面前显摆，久而久之，棠姜的美名必然会传入齐庄王的耳中。另一方面，齐庄王上台全赖崔杼出力，他们关系很好，所以庄王很有可能到崔杼家里串门，见到了棠姜。棠姜长得太美了，让庄公也惊为天人，于是萌发了占便宜的心思。庄公不仅占到了便宜，而且还不止一次。

棠姜与齐庄公私通显然带有迫不得已的成分，而且也没有想嫁给庄公的意思。因为庄公每次都是跑去崔家与棠姜约会，劳神费力还担惊受怕。这件事路人都知道，但崔杼却很晚才知道。可想而知，崔杼对庄公的痛恨，接下来就发生了著名的崔杼杀庄公的历史事件，而这件事也可以充分证明棠姜对庄公毫无意思。

有一次，齐庄公举行国宴款待来访的莒国国君，作为首相的崔杼称病不参加。重臣生病，国君自然要去看望，同时还可以与棠姜约会，这不是天赐良机嘛，于是庄公一下朝就去了崔家。庄公进门后，问候了几句崔杼，就开始挑逗棠姜。棠姜将庄公让到外室，然后找借口进入里屋，与丈夫崔杼从侧门溜了。这时候，庄公还傻乎乎地一边拍着柱子唱歌，一边等着美人归来。他哪里知道，自己的随从侍卫贾举早被崔杼夫妇收买，悄悄地把所有的门都关死了。

庄公没等来棠姜，却等来一群大汉，这才意识到大事不好，于是跑上崔家的瞭望台，希望与下边的人和解，但没人搭理；他又想与这些兵丁结盟，劝他们倒戈，还是没人答应。最后，齐庄公请求能让他回到自家的宗庙自刎，下面的兵丁还是不答应，还振振有词地说："我家崔老爷病重，无法出来辨认你是不是国君。崔府离王宫很近，你肯定是个冒牌货。我们只知道抓淫贼，不管别的！"齐庄公知道大势已去，准备跳墙逃跑，被众兵丁乱箭射中大腿根，掉到墙外，被赶上来的兵丁乱刀剁死。

这次刺庄公事件显然是事先谋划好的，也说明棠姜对庄公的纠缠已经到了忍无可忍的地步。庄公死后，崔杼拥立庄公的弟弟杵臼为君，史称齐景公。崔杼还是首相，第一副首相叫庆封，是一个老谋深算的阴谋家。他很想得到崔杼的位置。刚好崔杼前夫人生的两个儿子对棠姜带来的儿子棠无咎日益受宠十分不满，庆封趁机挑唆这两个儿子杀了棠无咎。崔杼不明就里，还找庆封帮忙平息家里的战乱。庆封一口应下，马上派人到崔府，把崔杼的妻子儿女通通杀了，最后还一把火把房子也烧了。崔杼回家后看到一片狼藉才知道上了庆封的当，想想自己家破人亡，无家可归，也上吊自杀了。齐国的大权就此落到庆封手上。至于棠姜，也在这场家族混战中自缢身亡。

后人在谴责崔杼大逆不道的弑君行为时，把棠姜也给捎上了。但是，棠姜有错吗？她不过是生的美一些而已。

## 第三章

# 豪门不一定通向天堂

有一个真实的案例是这样的：有个才貌双全的女大学生为了嫁给一个富家子弟，提前辍学。后来因为连生两个女儿，被夫家赶出家门。当然这其中最重要的原因是这个富家子弟厌倦了他的美女妻子。这位富家子追这位女大学生时可算是用尽了心思，然而，一旦将女子娶到家中后，很快就冷淡下来，开始追求别的女人。这位花容月貌的妻子只好自己带着年幼的女儿到处申诉，变成了怨妇。

从古至今，女人都把嫁个好丈夫当作最高目标。什么是好丈夫？90%的女人会说是有钱有权的钻石王老五。然而，钻石王老五虽然可能让你过上奢侈的生活，但他们也可能让你死得很难看。历史上那些拥有整个江山的皇帝算得上是最顶级的钻石王老五，能当上皇后算是傍上最顶级的大款了吧，然而，纵观历史，这些顶级女人少有好下场的。

其实，漂亮的、有能力的女人追求豪门无可非议，财富的确是能力的象征之一。我们想说的是，其实，如果你的目的是钓个金龟婿，那么，除了有钱或有点权势之外，恐怕你不能再奢求其他任何东西了，比如外貌、年龄、性格、气质等，更重要的是，你不能奢求他对你一心一意，因为，还有很多像你这样的人在虎视眈眈。如果你忍不住，对不起，你的傍大款生涯就要结束了。

## 得到了大富贵，却赔上了人生——赵姬





赵姬的故事要从秦昭襄王说起。

秦昭襄王（秦宣太后的儿子）时期，秦国虽然很强大，但在长平大战之前，赵国仍是劲敌。秦昭襄王在与赵国的比拼中一度处于劣势。赵国武有名将廉颇，曾经两度率兵击败秦国的进攻；文有名相蔺相如，以其过人的胆识和智慧在政治外交上两次让秦昭襄王颜面无光（就是著名的“完璧归赵”和“渑池会”事件）。

为了国家的安危，秦昭襄王当即摆出示弱的态度，决定将一个孙子送到赵国去当质子。被送去当人质的是太子安国君的儿子子楚，也被称作异人。战国时期，国与国之间的和平相当脆弱，今天还是哥俩好，明天就可能翻脸成敌。因此，质子是个非常危险的职业，被选中的人往往是背景不硬的王子。在安国君的二十多个儿子中，子楚的母亲夏姬不受宠，质子这个又累又危险的活儿自然就落在他的头上。

子楚在赵国无亲无故，遭受赵国公卿的白眼，温饱都有问题，在所有人眼中都是一个没有价值的弃子。直到遇到吕不韦。

吕不韦原来是小小的卫国濮阳的一个小商人，后来举家迁到赵国首都邯郸，成为国际大富商。吕不韦的志向是当个政治家，但是当时商人的地位很低，他很难打入贵族公子们的圈子，就算花大把的钱进去了，自己也不过是个配角。吕不韦这么精明的商人，当然不会干这种赔本的买卖。他在等着低成本大回报的生意。

一个偶然的机会，吕不韦在街上偶然看到子楚，顿时暗叫“奇货可居啊”。因为有志于政治，吕不韦对当时的局势进行过深入的研究。他认为

秦国是能够统一全国的。在这个大前提下，吕不韦又分析了秦国内部的形势，当时秦昭襄王年迈，不久于人世，太子安国君不出意外会成为接班人。安国君最宠爱的女人是正室夫人华阳夫人，但是她没有儿子，安国君的二十多个儿子都有可能成为接班人。子楚是秦国太子安国君的正牌公子，也有这个机会。如今他在赵国无依无靠，如果自己能够拥立他即位的话，收益太大了。

吕不韦越想越激动，但他还有点拿不定生意，就去请教他的父亲。两人之间进行了一场非常著名的对话：

吕不韦问："耕种能获利几何？"吕父回答说："十倍吧。"

"珠宝买卖呢？""一百倍吧。"

"要是立一位国王，控制这个国家的一切呢？""若能这样，那得到的利益就没法计算了。"

问答结束，吕不韦望着父亲诡秘地一笑："这笔生意我就做定了！"

吕不韦带着重金去造访子楚，并且表示自己愿意散尽千金，帮助子楚脱困，回国坐上王位。这让在赵国受尽欺辱的子楚感到绝处逢生，也感激万分。他对吕不韦顿首道："如果先生的计策成功了，我会和先生共同治理秦国。"

吕不韦的策略说起来很简单，就是花重金说服没有子嗣的华阳夫人，收子楚为义子，并立子楚当太子。至于这样大胆的计划能不能成功，谋事在人，成事在天。吕不韦当即动身去秦国游说，临走前给子楚留下了五百金让他笼络赵国公族，还有各国的使者。

吕不韦带着大批的金银珠宝来到秦国，没有直接去见华阳夫人，而是去见了她的弟弟阳泉君，利用一流的口才和金钱攻势，让阳泉君觉得自己的姐姐必须认子楚这个儿子。阳泉君当即去找姐姐说及此事，华阳夫人也认为弟弟说得有道理，又得到了不菲的财宝，就闹着让安国君把子楚立为嫡子。《史记》中记载，吕不韦找到的是华阳夫人的姐姐华阴夫人，没用分析时局，用钱就轻易让她成了自己的传话筒。

事情出奇的顺利让吕不韦很高兴，他赶回赵国后，举办了一场宴会庆祝成功。这个时候，我们的主角赵姬终于登场了。

赵姬的真实姓氏无从考证，因她是赵国人，后又成为吕不韦的姬妾，故被称为“赵姬”。关于赵姬的出身，众说纷纭，有人说她出身富豪之家，理由是《史记》中有“其（吕不韦）姬邯郸豪家女”“赵豪室之女”的字样；也有人说她是先秦十大名将赵奢的孙女，但缺乏史料支持。最为人熟知的版本是赵姬曾经流落烟花，是赵都邯郸才艺双绝的歌舞伎。

吕不韦举办庆功宴，赵姬随其他歌舞伎一起献舞。子楚一看，惊为天人，世间竟有如此妩媚动人的女子！于是向吕不韦敬酒，不停索要赵姬。吕不韦的第一反应是大怒，接着商人的本质让他冷静下来。他已经为子楚花费了那么多的资金，难道要为一个女人而前功尽弃吗？答案是不能。

赵姬被送给子楚当了夫人，不到十个月就生了个男孩，取名政，也就是日后大名鼎鼎的秦始皇嬴政，赵姬也因此被立为了正室夫人。关于这个男孩的父亲是谁，历史学家们都吵成一个论题了。一部分人说孩子是吕不韦的，吕不韦故意把已怀孕的赵姬送给子楚，为的就是让自己的儿子未来继承大统，有《史记》《汉书》两部巨史撑腰，还有《资治通鉴》的大力支持。也有人坚持认为，孩子就是子楚的，把秦始皇说成是一个地位低下的商人的儿子，明显是汉朝人故意抹黑秦始皇，否定秦始皇即位的正统性，并摆出各种各样的推理。说起来，最了解真相的应该是赵姬，也说不定赵姬自己都说不清这个孩子是谁的。可是，秦始皇像一座丰碑就立在那里，是谁的儿子有什么关系呢？

就在吕不韦和子楚忙着四处奔波的时候，秦昭襄王也在谋划着对赵国的战争。秦王对子楚这个孙子似乎并不太当回事，对赵国是想打就打。公元前 260 年，秦国对赵国发动长平之战，大战持续了几个月，秦国根本没有想营救子楚的意思。

长平一战中，赵王错误地弃廉颇不用而起用“纸上谈兵”的赵括，致使赵军损失四十五万兵力，元气大伤。紧接着，秦王又命王陵、王龁带兵包围了赵国首都邯郸。这时的子楚就是一个没有任何价值的人质，处境极度危险。吕不韦对此早有准备。他用六百金买通了看守，和子楚两个人趁着月色逃出城，投奔城外的秦军而去，子楚得以归秦国。赵姬和子政则被留在赵国。

作为敌国王子的女人和儿子，赵姬和子政被赵国追杀。据《史记》记载，“赵欲杀子楚妻子，子楚夫人赵豪家女也，得匿，以故母子竟得活”。

这里的子楚妻子不知道是否指赵姬母子，如果是，说明赵姬是赵国豪强的女儿，这与她妓女的身份有矛盾。当然也可能是赵姬攀附了一个豪门权贵。如果不是，则说明子楚还娶了一个赵国豪强的女儿做夫人，并且有其他的孩子。

赵姬母子在赵国整整过了六年的逃亡生活。这六年他们是怎么过的，史书没说，但可以肯定，日子一定很艰辛。黄易在他的玄幻小说《寻秦记》中对赵姬这段时间的描述或许很接近真相。小说中描述赵姬将儿子隐姓埋名藏在鱼龙混杂的居民区，不敢姓嬴，只能姓赵。自己则再次落入红尘，不断攀附一个又一个贵人，为自己和儿子挣一口饭吃。有人分析，秦始皇畸形的外表（蜂准，长目，挚鸟膺，豺声）以及阴沉的性格都与这段艰辛的童年生活有关，那种外表明显是长期营养不良造成的。

六年的时间太长，赵姬或许已经忘了那曾经昙花一现的富贵，她打算就这么带着儿子过下去了。不过，转机还是来了。公元前 251 年，安国君（即秦孝文王）即位后，马上就将子楚立为太子。在华阳夫人的授意下，秦国展开外交手段，将尚在赵国的子楚家眷尽数弄回了秦国，赵姬和子政也在其中。

秦孝文王即位一年就死了，子楚继位，是为秦庄襄王，嬴政成为太子，赵姬成为王后。秦庄襄王在位两年多也驾崩了，年仅三十六岁。十三岁的嬴政即位，中国历史上千古一帝开始了他的传奇一生。因为年龄太小，主要靠吕不韦辅政。吕不韦被任命为秦国丞相，封为文信侯，被嬴政称为"仲父"。年轻时的梦想终于成真了。

前两位秦王都如此命短，有人认为这其中有阴谋，按照谁受益谁最有嫌疑的理论来看，吕不韦和赵姬嫌疑最大。当然，这只是猜测，没有证据。

嬴政和吕不韦忙着为灭六国做着最后的准备，并且成绩显著。升职为庄襄太后的赵姬却感到了巨大的空虚和迷茫。她没有政治野心，也没有政治素养，无法像秦宣太后一样把国家作为自己的责任。她当时还不到三十岁，深居后宫，丈夫死了，儿子不需要她的照顾，身边的人都没有共同语言。她感到无所适从，陷入了无尽的孤独和寂寞。她不是良家妇女，更没有接受过贵族式的教育，孤枕难眠之际，她决定把偌大的秦王宫变成自己自娱自乐的宫殿。

当时，赵姬虽贵为太后，头顶上还有两个更高规格的太后，华阳夫人和夏太后。她毕竟是晚辈，不敢过于造次，于是，她最初选择的对象是老情人吕不韦。吕不韦能够随意出入宫闱，两人来往又很隐秘，还是少年的嬴政不知其中隐秘。

赵姬时常宣召吕不韦入宫贪欢，这让年纪已不小的吕不韦渐渐感到力不从心。更令他心惊的是，嬴政一天天地长大，他看自己的眼神越来越怪异。自己是他的“仲父”，现在霸占着他的一切，甚至还包括他的母亲，这个孩子知道了，不会恨自己吗？吕不韦越想越害怕，但是却不能拒绝赵姬的欲望。这个女人从前是他的投资筹码，现在还是，放弃她就等于放弃了最后的政治希望。吕不韦思来想去，想到了一个两全的办法，他为赵姬找了一个新的男人——嫪毐。

《史记·吕不韦列传》：“时纵倡乐，使毐以其阴关桐轮而行。”这段话翻译过来有些难以启齿，而且这种事记载在正史上也实属罕见。因为这是嫪毐进宫的主要原因，所以还是解释一下。这句话的意思是说，嫪毐阳具壮伟，用阳具插入桐木小车的轮轴，可以使车子转起来。

吕不韦向赵姬介绍了嫪毐的绝技，赵姬果然歆羡，想亲自一试。嫪毐本是市井小人，有这个机会也是求之不得。一拍即合。于是，吕不韦将嫪毐拔掉须眉，假扮成宦官送入赵姬的宫中。在秦汉时期，太后有男宠并不稀奇，秦宣太后、吕后、武则天这些强势的女人都有。赵姬这样遮遮掩掩，是为了顾及秦始皇的脸面。

赵姬见到嫪毐后，如获至宝，两人朝夕贪欢，结果出事了，赵姬怀孕了。如果只是找个男宠，大家可以睁一只眼闭一只眼，但是给秦王搞出个“便宜弟弟”就是大事了。

没办法，赵姬对嬴政假称王宫不利于自己的身体，想去雍宫休养。嬴政毕竟年纪还小，不知有诈，就答应了。雍宫距咸阳西北二十里，人少，环境好，是个偷情的好地方。赵姬与嫪毐在这里，更加无所忌惮，俨然像是正式夫妻。不久赵姬就生下了一个男孩，三年后，又生了一个男孩。

赵姬连生两个男孩，嬴政均不知情，还在母亲的要求下，封嫪毐为长信侯，赐数千奴婢，食邑山阳。

权力让人忘乎所以。嫪毐生了野心。他大肆发展亲信党羽，想复制吕不韦的经典。他还私下与赵姬密谋，打算废掉秦始皇，立他们的私生子为王。嫪毐只是个头脑简单、四肢发达的性欲工具而已，哪里玩得好政治那一套？

《说苑》记载，有一天，嫪毐与王公贵臣们饮酒，喝得酩酊大醉而与一位大臣发生了口角。嫪毐瞪着那位大臣大骂："我乃秦王假父，今后这大秦天下，都得听老子的。你有眼无珠，不识高下。"这些贵臣听了嫪毐这些话，转头就一五一十地告诉了秦始皇。

秦始皇当时正对太后有两个私生子的传言半信半疑，此时听到嫪毐口出狂言，基本坐实了这件事。他让人秘密调查。事情的真相让他很郁闷，自己母亲竟然干出如此丑事，他自己亲自封了个假太监，最令人郁闷的是，这个嫪毐是仲父吕不韦推荐的，天晓得他和造反有没有什么关系。

秦始皇很生气，但是家丑不可外扬，他打算忍而不发，静观事态发展。但是嫪毐心虚了，所以，他要反了。

嫪毐还是有些造反资本的，他有数千名死士，效命的宦官也有千余人，而且嫪毐还有自己的封国，可以作为大后方。拥有这些条件，如果时机合适，是有可能颠覆秦宫的。可惜，他的对手是千古一帝秦始皇。秦始皇决定将这件事当作自己的磨刀石，他要证明自己不再是那个需要人扶持的娃娃国王。

嫪毐终于反了。他假造了秦王御玺、太后玺以及假诏书，聚集了上千人攻打咸阳，想名正言顺地干掉秦始皇。秦始皇早就等着这一天呢。结果没有任何悬念。嫪毐军当场被杀几百人，嫪毐跟着其他叛军一起奔逃，但没能跑远，因为秦始皇发出了重赏通缉令。很快所有的叛乱者都被缉拿归案，而且大部分都是活捉的。

嫪毐被捉回来后，被车裂，参与叛乱的秦国官吏有的被杀，有的被流放。后来这些人被特赦回来，有些参与到了秦始皇的统一大业中来。

处理完叛军，秦始皇派人闯进雍宫，把他那两个同母异父的弟弟摔死（扑杀之），然后把赵姬迁出咸阳，软禁了起来。秦始皇还下令："不得给太后求情，否则格杀勿论，死了还要在他的背脊上刺青。"当时，君王不认亲娘是非常严重的事。那时候认死理又不怕死的人也很多。给太后求情的人前仆后继，被杀的有二十七人。秦始皇是铁了心不想再见他这位母亲了。但是，一个齐国人让他改变了主意，完成了这件不可能完成的任务。此人名叫茅焦。

茅焦也没有拐弯抹角，一上来就对秦始皇说，我是为了太后的事来进谏的。秦始皇面无表情地指着堂下刚刚被处死的进谏者说：“不见阙下积死人耶？”茅焦说道：“陛下车裂嫪毐，有嫉妒之心；摔死两个弟弟，有不慈之名；迁母咸阳，有不孝之行；杀害敢于进谏的人，有桀纣之治。天下闻之，尽瓦解，无向秦者。”这段话直指秦始皇软肋。在他心里，统一天下是最大的事，如果不见亲娘这件事会阻碍统一大业，他再不愿意，也会将亲娘接回来的。再说，他对曾经与自己相依为命的母亲应该还是有感情的。于是，他亲自迎接赵姬回了咸阳，复居甘泉宫。

可见，世上无难事，只是看能力啊。

赵姬可能真的以为儿子不会原谅自己了，如今重回咸阳，大喜过望，她感激且深情地向茅焦道谢。茅焦当时应该打了个冷战吧，他可不想惹上这位太后。

吕不韦在嫪毐叛乱后，境况就很危险了。平心而论，吕不韦是真的将秦始皇当儿子一样辅佐的。但秦始皇对这个“仲父”却一直心存警惕，他想趁机杀了吕不韦。但是吕不韦门客众多，都来给吕不韦求情，秦始皇只好免去了吕不韦相国的职务，给他封了个文信侯的爵位，俸禄十万石，发配到河南养老去了。

吕不韦颇有才干，从他召集大批人才编辑出《吕氏春秋》就可以看出来。诸侯们都纷纷写信和派人请他去主持国政，以便抗秦。秦始皇知道这些后便派人来质问吕不韦：“君于秦究有何功？得封国河南，食邑十万户？君于秦究有何亲？得为仲父？今可率领家属迁居蜀中，毋得逗留！”吕不韦接到秦始皇的指责书，长叹数声，知道已无生路，饮鸩自尽了。此时是嬴政即位第十二年。

嫪毐叛乱之后，赵姬沉寂了下来，一直活到约秦始皇十九年，死后的谥号是帝太后，和庄襄王合葬于茝阳。这个在历史上长期被诟病的女人过完了荒唐又无奈的一生。

人之一生，从云端跌入泥沼固然可悲，但从尘埃中直冲云霄，忽然间面对泼天的富贵，也不见是幸事。她本来就是一个妓女，她会的只是娱人的本领，不是秦宣太后那样的政治强人，驾驭不了突然而至的大机遇。她或许想成为一个相夫教子的普通女人，但没有那个机会。她拥有了大富贵，却赔上了曾经拥有的一切。在奢华却冰冷的深宫中，她不想默默地死去，又能怎么过呢？

## 从奴隶到囚徒——卫子夫

中国历史上如果要找出一位灰姑娘，就非卫子夫莫属了，她从一个女奴一跃而成为皇后，其崛起是传奇性的。与此同时，她的经历同时也深刻地诠释了“一入侯门深似海”。卫子夫是一个善良的女人，而且活得小心翼翼，无论性格和品德，都无懈可击，但最终还是成了政治的牺牲品。

卫子夫第一次亮相是在刘彻的姐姐平阳公主的家里，她是以公主府一名舞伎的身份出现的。

刘彻有三位姐姐，都是一母所生。只不过，这三位姐姐对皇帝弟弟可不敢端架子，只敢端拍马屁的架子。平阳公主是刘彻的大姐，她生命的一部分就是对付这位唯一的宝贝弟弟。平阳公主在自己的公主府里，特别选拔了十余位娇艳如花的良家处女，教她们琴棋书画歌舞，以及宫廷应对进退。刘彻经常去大姐家串门，在闲逛时，平阳公主就把这些美女展示出来，专等上钩。

这十余位美女的前途不可限量，万一被刘彻看上，或者更幸运地生个儿子，那时候连平阳公主都得倒转过来看她的颜色。卫子夫是女奴的女儿，还没有资格进这个圈圈。她只是次一等的，平阳公主的歌女之一。

公元前 139 年三月，刘彻到姐姐平阳公主家做客。皇帝御驾亲临，当然大开筵席。平阳公主先让十余位一流美女出场，可是刘彻那一年虽然只不过才十九岁，但对脂粉阵仗见得多了，所以毫不动心。无奈之下，平阳公主只好再召次一级的美女出场，卫子夫也在其列。歌舞到一半，刘彻的眼光就被光艳夺人的卫子夫吸引了。平阳公主何等细心和敏感，立即看出了端倪。不一会儿，刘彻站起来，说他有点热，要换衣服，向换衣服的房间走去。平阳公主使了一个眼色，卫子夫就追踪而至。过了许久，刘彻喜气洋洋地走了出来。平阳公主当然知道发生了什么，所以在酒席宴后，主动提出把卫子夫送进皇宫，刘彻大为高兴。卫子夫临入宫时，平阳公主摸着她的背说："此去定然受到宠爱，保重身体，将来尊贵，莫忘了我们。"看情形，卫子夫受宠似乎是十拿九稳的。可是人生道路总是曲折的，卫子夫入宫之后，首先遇到皇后陈娇的打击。再加上皇宫内美女如云，卫子夫进入皇宫后就被刘彻忘了个精光。卫子夫的满怀热情化作一腔凄凉，她才知道事情并不像她想象的简单。

然而，幸运之神再度照顾她。一年后，皇宫里因宫女过多，刘彻要释放一批出宫。一些陷于绝望的美女，都盼望自己也能够被释放，卫子夫也是其中之一。当她随着申请出宫的宫女群，晋见皇帝，听候裁决时，她拜倒座前，忍不住流下眼泪。刘彻先生霎时间想起前景，就留住她，而且宠爱有加。

皇后陈娇见此情景，反应十分强烈，把气出到卫子夫的弟弟卫青身上，故意捏造了个罪名逮捕了卫青。想不到此举反而引起刘彻对陈娇的厌恶和对卫子夫更深的爱怜。结果她因祸得福，不但自己更加受宠，一家人也都跟着走了好运。卫子夫也很争气，为刘彻生了三女一男，一男就是刘据。

后来，陈娇被废，刘彻正式封卫子夫为皇后，立七岁的刘据为皇太子，她的弟弟卫青任大将军，她的外甥霍去病也是将军。一时间，卫氏家族势倾全国。任何人都不会想到一个女奴竟手转乾坤，在西汉王朝中，建立起如此庞大而炙手可热的势力。

然而，万人称羡之际，已埋伏下覆灭的种子。

首先是卫子夫年龄渐老。卫子夫肯定是美貌绝伦，否则也抓不住皇帝，但人无十年好，花无百日红。年老则色衰，色衰则爱弛，所以到了后来，卫子夫虽贵为皇后，也很难见到皇帝一面。刘彻这时正沉醉在更年轻更漂亮的王夫人、李夫人、尹婕妤、赵钩弋等美人的温柔乡里。其次是，皇太子刘据遗传了母亲敦厚的性格，而老爹刘彻却聪明能干，反应灵敏，多才多姿。他嫌他儿子不够精悍，一点也不像自己。这两种危机使卫子夫母子产生了恐惧。刘彻也察觉到他们的不安，特别告诉身为最高统帅的卫青：

“皇太子敦厚好静，一定可以安定天下，我还有什么可忧虑的。如果挑选守成的君主，没有比皇太子更适合的人选。听说皇后和皇太子惶惶终日，如果真有这回事，请他们了解我的本心。”卫青除了感谢皇恩浩荡外，也自感庆幸。

很多迹象说明刘彻也确实有这种心愿，他除了喜欢声色犬马外，跟秦王朝嬴政一样，也喜欢云游四方，到处乱逛。刘彻每次离开首都时，就把朝政交给儿子刘据主持，把后宫交给卫子夫主持。母子俩战战兢兢，诚惶诚恐，所做的决定，刘彻无不十分满意。

刘据对于死刑案件非常谨慎，如果发现是场冤狱，就立即加以平反。然而，刘据这种宽厚的性情却引起了一班位高权重的酷吏的不安。他们最初不过窃窃议论，后来开始在刘彻面前婉转攻击。卫子夫感觉事态严重，再英明的人都挡不住如火如荼的小报告，何况，她深知刘彻并不英明，她告诫儿子说：“遇到大事大狱，应该留待老爹决定，你可不要自作主张。”但是，刘彻却每一次都支持儿子，认为老妻太不坦诚。这更加深了酷吏们的恐惧。他们对刘据的陷害，无所不用其极。

公元前 106 年，卫子夫的弟弟大将军卫青去世，太子的反对派们高兴极了。母亲失宠，舅舅又死，而宫廷中的父爱最不可恃，正是对刘据下手的时候。当时，刘彻已经五十二岁，大概感到来日无多，他变得更加荒淫，卫子夫很难见他一面，所以反对派的攻击就更加猛烈卑鄙。有一次，刘据进宫晋见母亲，大概逗留的时间稍久，小黄门苏文就向刘彻告密说：“皇太子跟宫女们乱搞起来啦。”刘彻倒还漂亮，非但没责备，反倒立刻下令把太子宫的宫女，增加到二百人。苏文碰了一鼻子灰，心还不甘，他和他的宫门警卫官同僚常融、王弼二位就更加紧收集刘据的过失。如果刘据没有过失，他们就捏造过失，并在捏造的过失上，加油加醋，使它不但变成真实的，而且是严重的。卫子夫把他们恨入骨髓，曾跟儿子密商，要儿子禀报老爹，杀掉他们。刘据这时已二十九岁，危机四伏的环境，培养出他的政治警觉，他知道只杀掉几个爪牙无补于事，反而更增加仇恨。而且，也未必能杀掉他们。他说：“我们以后只有更加小心，只要不做错事，老爹英明，向来不信奸邪，没啥可忧愁的。”恰巧刘彻有小病躺床，教常融召唤刘据，常融回报说：“皇太子听说你病了，脸上一团高兴。”刘彻像挨了一记闷棍，一语不发。等了一会，儿子赶来，刘彻瞧他脸上有眼泪的痕迹，觉得不对劲，才知道差点上了常融的当，大怒之下将其处决。

刘据的泪痕显然是伪装的，再孝顺的儿子，也不可能听到老爹病重就立即珠泪倾盆，而且一直持续到抵达现场。然而，我们不能责怪刘据，斗争的残酷使他不得不用诈术以自保。

握有无限权力的人往往对死亡尤其恐惧，特别是怕死于非命，刘彻也不例外。他也知道寿命有限，所以，他采取两项措施延长寿命，一是积极的，大肆招揽方士为他烧炼不死之药。另一项是消极的，那就是严密地防范被人暗算。那个年代，人们坚信用巫术可以致人死亡，所以刘彻对巫术特别敏感。皇后陈娇之所以被废且囚死长门宫，就是起因于她玩弄巫蛊。而卫子夫一家也在巫蛊事件上遭了殃。

卫子夫的姐姐卫君孺是宰相公孙贺的妻子，他们的儿子公孙敬仗恃着背景雄厚，在长安城中，无恶不作。最后，终于因贪污军饷一千九百万钱，被人揭发。卫家再大的巴掌，也遮不住这么大的犯罪。在法律上，只有死刑。公孙贺爱子心切，想出了一个自以为妙的办法。原来当时有个叫朱安世的侠客，劫富济贫，杀赃官，救小民，连皇帝都大为震怒。可是，朱安世行侠仗义，朋友密布，虽然严令追缉，他仍逍遥首都。公孙贺对刘彻说，他愿捕获这个“剧盗”来为儿子赎罪。刘彻答应了。

在宰相的严厉督促下，朱安世终于落网，当他听到事情经过后，笑道：“公孙贺想用我的性命去救他的儿子，我要教他满门灭绝。”于是他揭发公孙敬的罪状：如何跟刘彻的女儿阳石公主私通，如何在刘彻常走的御道旁埋藏咒诅用的木偶，用巫术咒诅刘彻赶快死掉。刘彻闻听七窍生烟，下令将公孙贺逮捕，交由酷吏杜周侦查，一番严刑拷打兼软欺硬骗，案情向四下蔓延，卫家亲属，几乎牵连进去一半，刘彻跟卫子夫的两位亲生女儿阳石公主和诸邑公主也在其中。后来两个公主双双自杀，卫青的儿子卫伉被斩首，公孙家所有男女则全部屠戮。为了营救一个犯法的儿子，使全族数百口被杀，卫子夫的女儿、姐姐、姐夫、侄儿都死于非命。

然而这只是一个开端，惨烈的剧变还在后面。江充紧接着对卫家作了最致命的一击。江充是个酷吏，以告倒自己的妹夫、皇帝刘彻的侄儿起家。后来在刘彻的提拔、鼓励下，江充开始膨胀，走上挑剔苛察的路，成为酷吏之一。

江充跟卫家发生过冲突。起因是皇太子刘据的信差在御道上奔驰，这是不允许的，所以被江充囚禁起来。刘据吓了一跳，派人向江充求情，说“我不是爱护信差，只是不愿老爹知道，这都是我的错，求江先生从宽处理，赐给我自新的机会”。可是，江充不但拒绝，反而原原本本报告给刘彻。刘彻大喜，对江充更加信任，江充从此成为人人恐惧的人物，而他也以此沾沾自喜。

公孙家族被屠后不久，刘彻在甘泉宫卧病在床，那一年刘彻先生已六十七岁，正是随时都可以四脚朝天的年龄。江充感觉到事态严重，万一刘彻死掉，刘据坐上宝座，一旦报复，自己的老命就不保。于是，他精密计划了一起巫蛊巨案，欲将刘据一派连根拔除。他对刘彻说，你御体不适完全是巫蛊作祟。

前面说过，刘彻就怕巫蛊，一听此言，马上命江充负责侦查。江充雇用了很多胡巫四处寻找巫蛊。巫蛊是不存在的，他们就把一些木偶之类，随意埋到人家门口，再泼上一些猪血狗血等脏东西，然后把那家人拘捕。史书上说，那些酷吏把铁条烧红，在“人犯”身上火烙，再用铁钳去拔他们的头发、牙齿，甚至更敏感的地方。在如此酷刑之下，“人犯”自然一个个“坦承不讳”。就这样，数万百姓受牵连而死。当时虽然无数官员知道小民冤苦，却没有人敢说话。

江充在民间的栽赃只是为了向皇太子栽赃铺路。不久，江充命他的助手出具报告说，根据严密而慎重的调查，巫蛊的大本营，就在皇宫之内。刘彻遂溜到甘泉宫（今陕西省淳化县西北），命江充搜查皇宫。

江充率领以檀何和苏文为首的部队在皇宫中忙碌起来。意料中的，别的宫中都没什么，唯独从皇后宫和皇太子宫地下掘出无数大大小小的木偶。在皇太子的书房还查出语词悖逆的书信。这些大逆不道的证据如果让刘彻知道，皇后和皇太子只有死路一条。

最吃惊的是皇太子刘据，他对那些真赃实据，根本不知道是哪里来的。他向江充请求去甘泉宫拜见老爹，当面陈明，但江充坚持不允。刘据向他的老师少傅石德请教怎么办，石德很清楚这是江充有意诬陷他们母子，根本没有机会辩解。他建议刘据先逮捕江充，追究真相，再作打算。

刘据起初不敢，但权衡之后他决定反击，于是将江充逮捕并砍头，那位帮凶檀何则被活活烧死。苏文漏网逃走，他奔到甘泉向刘彻报告说太子造反。刘彻惊疑不定，说："皇太子一定因为在皇宫里掘出木偶，迁怒江充，等我唤他来问个仔细。"当即派人前往，可是这位钦差大臣跟苏文一党，他在外绕了一圈，根本没见刘据，然后回来禀报说："皇太子已经起兵叛变，不肯前来，反而要杀我，我只好逃回。"

"三人成虎"，任是父子之情，也禁不起这种精密计划下的重重离间，刘彻当即下令在长安城内的宰相刘屈牦逮捕皇太子。刘据骑虎难下，他虽然不愿跟老爹对抗，现在也不能不对抗。于是，他再假传圣旨，宣称老爹病危，奸臣作乱，奉命发兵讨伐。把狱中囚犯全数赦出，与太子宫警卫军联合，对抗政府军。双方苦斗五天五夜后，刘据终因缺少兵源落败，他只好逃亡。

此时刘彻已经红了眼。一听说刘据逃走，当即把帮助刘据出逃的一干人等腰斩。紧接着，刘彻派人到皇宫收回皇后卫子夫的御玺。卫子夫听到刘据失败消息，就知道会有这种结局。她交出皇后御玺之后，拒绝再接受更屈辱的厄运。她是一个温柔敦厚的女性，但也是一个勇敢的女性，她痛哭了一场，然后悬梁自尽。苏文兴高采烈地把她的尸体塞进一个小小的薄棺里，然后草草地埋葬在长安城南的桐柏亭。至此，卫子夫当了三十八年的皇后，死时大概六十岁左右。

紧接着，刘彻下令屠灭卫家三族，刘据的那些姬妾也一并逼她们自杀，凡是帮助刘据的那些太子宫的官员，都全族处决。刘彻已发了疯，数十万人在他盛怒之下丧生。

卫子夫的命运至此终结。

为了叙述的完整性，我们简要介绍下一卫子夫后人的结果。

刘据带着两个儿子逃出长安，投奔一位住在泉鸠里（今河南灵宝县一带）的老部下，这位老部下非常穷苦，全家日夜编织草鞋，用卖草鞋的钱供应他们。刘据感到很不好意思，他想起附近还有一位老部下比较富有，于是写一封信，雇了一位乡下人前往投递。想不到，这封信落到邻县的新安县县长李寿手中。他亲自出马，前往拘捕。刘据反抗无效，只好追随他可怜的母亲卫子夫，也悬梁自尽。两个儿子和老部下也命丧刀口。

卫子夫的全族屠戮，那些对头正在大喜若狂，庆幸全胜的时候，厄运也开始罩到他们的头上。一个名叫令狐茂的小老百姓冒着坐牢丧生的危险，上奏章为皇太子申冤。刘彻在杀了千万人之后，想起来到底是自己的亲生骨肉，这时，他又查出刘据确实是被江充逼反，再看到奏章，气已消了一半。此时看管刘邦陵墓的车千秋又上了一道奏章，奏章中说："儿子玩老子的军队，罪不过打一顿屁股。皇太子因过失误杀了人，又算什么罪？我本不敢说这种话，是我梦见一个白头发老人，教我说这话的。"刘彻被深深感动，泣道："父子之间起了冲突，别人实难插嘴。你能为皇太子申冤，定是祖宗刘邦在冥冥中教你开导我。"刘彻遂即任命车千秋当大鸿胪。他越想越气，忽然间大发雷霆，下令屠杀江充全家，又下令把苏文绑到桥柱上，纵火活活烧死。再把刘据安葬在身死之处的泉鸠里，又在湖县建思子宫，宫中再建归来望思台，表示他的哀恸。

后人有诗叹曰：骨肉乖离最可悲，宫成思子悔已迟。当年杖马如犹在，应赋招魂续楚辞。然而，奇怪的是，刘彻既杀奸佞之辈，又做思子之宫，却对儿子和孙儿的后代毫不顾惜，刘据的孙子刘询仍囚禁在狱中。

*把幸福寄托在一个人身上，必然会因为那个人的背信弃义而丢失幸福。所以，我们应该为今天的女人们有更多的选择而欢呼。*

## 最是无辜赵钩弋

赵钩弋是汉武帝的最后一个宠妃，也是西汉王朝第八任皇帝刘弗陵的母亲。说起来，她可算是历史上死得最冤的后妃。她因为年轻美貌而平步青云，也因为年轻美貌而身首异处。她的遭遇，可以为那些依附权人的女士们树立一个极大的警戒碑。

赵钩弋是刘彻的女人中，继卫子夫之后的另一个悲情女人。卫子夫是刘彻的第二任皇后。如果说卫子夫的死还沾点有罪的边，赵钩弋却像清水一样的清白无辜，她唯一的罪状就是太年轻和太漂亮。

赵钩弋出生于一个破落家庭，从仅有的历史资料来看，她纯朴、快乐，她对自己当皇帝的小老婆心满意足，毫无追求权势的欲望。

史书上只记载她姓赵，没有记载名字，我们称之为赵钩弋，是因为她后来被封为“钩弋夫人”的缘故。

她是河间人（今河北省河间县），史书上说她：“少好学，性沉静。”这大概是史书形容圣人形容惯了，顺手牵羊，也用到美女身上。事实上，她的童年是悲惨的，至少是不快乐的，沉静尚有可能，好学恐怕没有那种环境。她的父亲不知道犯了什么法，跟中国史学之父司马迁先生同一命运，被判处“宫刑”，受刑后，充当皇宫守卫官（中黄门）。而赵钩弋从小就有一种怪病，右手紧握，不能伸展。这是一个痛苦的家庭，父亲处刑，女儿卧病。史书上没有提到她的母亲，只提到她姑妈赵君姁，可能母亲早逝。

不过上帝同时也给了赵钩弋美艳夺人的容貌和身材。公元前 96 年左右，皇帝刘彻视察北部地方，走到河间，一个望气者说，天上祥云袅绕，显示有奇女出现。刘彻闻言立刻下令搜查，结果找到了赵钩弋。刘彻见这个女子花容月貌，唯一可惜的是，她的右手残废，谁去掰都掰不开。刘彻亲自去掰，怪事发生了，玉手竟轻松地伸展开来，更奇的是，在她紧握的玉手里还长着一个玉钩。刘彻大喜，当时把她收归己有。那一年，刘彻已五十三岁，赵钩弋大概十七八岁，老夫少妻，自然把赵钩弋当成宝贝。刘彻跟当初宠爱陈娇、卫子夫一样，宠爱入骨，称她为“钩弋夫人”，并特地在首都长安城南建筑巨厦，名“钩弋宫”。赵钩弋也争气，在当年就怀了孕，而且一反常态怀了十四个月。

公元前94年，赵钩弋生下一个男孩，取名刘弗陵。刘彻老年得子，乐不可支，道：“听说唐尧帝伊放勋的娘，怀孕十四个月才生。而今赵钩弋的儿子，也是怀孕十四个月，简直是太妙了。”就题名赵钩弋的宫门为“尧母门”。

公元前91年，刘弗陵四岁那年，发生江充事件，皇后卫子夫和皇太子刘据因诬蛊事件先后自杀，皇太子的宝座悬空，成为刘彻儿子们争夺的目标。

刘彻共有六个儿子，除长子刘据被封为皇太子后，其他五个儿子都封为王爵，最小的儿子就是刘弗陵。因为种种原因，刘彻最后选择了刘弗陵做太子。本来，母凭子贵，刘弗陵的母亲赵钩弋应该可以等着享受无上的尊荣了。不幸的是，她遇到了冷血的刘彻。

当时，刘彻七十岁左右，赵钩弋不过二十五六岁。刘彻在考虑一个严重问题，那就是他的娇妻赵钩弋太年轻，而且花容月貌，他死后，她顺理成章地就当上了皇太后，掌握全国最高权力。儿子还小，不能治理国家，国家大权势必滑到皇太后手中。吕雉的影子在刘彻的脑海中不断浮起，他认为如果这样，西汉初年吕姓大批封王，几乎篡夺了刘氏江山的局面将要重现。唯一的预防措施就是杀掉赵钩弋。

公元前88年，心怀杀机的刘彻带着天真烂漫的赵钩弋前往甘泉宫避暑。有一天，他抓住了赵钩弋一个小小的错处——那是什么错处，史书上没有记载，我们也不必追究，一个有权的人要找一个没有自卫能力人的茬，易如反掌。刘彻找到了赵钩弋的茬之后，勃然大怒，而且一怒不可收拾。赵钩弋吓得浑身发抖，急忙拔下头上的首饰扔在地上——这是认罪乞怜的表示——向刘彻下跪磕头，请求宽恕。

刘彻理都不理，只告诉身旁的宦官："带走她。"当宦官们押解着她要下去的时候，赵钩弋霎时间明白她已面临险境，她回头向丈夫乞求宽恕。可是，刘彻却面色铁青，一言不发。最后，只淡淡地说："快带走，你不能再活。"

赵钩弋被送到皇宫的特别监狱——掖廷狱，当天夜里就死了。班固在《汉书》说她"忧死"，这当然不可能，可想而知是被害身亡。史书上说，赵钩弋死的那天，长安城暴风大作，尘土蔽日，长安居民为这位美女的下场，感伤哀悼。

刘彻想必也察觉到人们对他的心狠手辣不满，有一天，他问左右的侍从官："外面对这件事有什么反应？"侍从官婉转答道："人们的困惑是，为什么要立儿子当皇太子，却先杀了他的母亲？"刘彻答道："你们这些蠢货，懂得什么！自古以来，国家所以大乱，往往由于君王年幼而他母亲年轻（主少母壮）。年轻的女主人寡居一室，骄横淫乱，谁能制她？你不见吕雉的前车之鉴吗？"

赵钩弋死后第二年，刘彻正式宣布立八岁的刘弗陵为皇太子。第二天，刘彻也死了。刘弗陵接任西汉王朝第八任皇帝，追封赵钩弋为皇太后，发兵两万人扩建母亲的坟墓"云陵"，然而，已无法使母亲起死回生了。

*刘彻算是顶级钻石王老五，对赵钩弋的宠爱也是没得话说，然而，老虎虽然看起来温顺如羊，可是毕竟是老虎，谁也不知道它什么时候兽性大发，更不知道什么原因使它兽性大发。赵钩弋可能是历史上死得最冤的妃子，仅因为太年轻美貌就被迫赴死，荒唐的令人恐怖。*

*大凡有钱有势的丈夫，都爱当妻子头上的一层"天"。这样的妻子，得意时"三千宠爱在一身"，失意时被打入冷宫。如果嫁入豪门是这样的婚姻，不嫁也罢。*

## 冷箭难防——冯媛

冯媛的丈夫是西汉王朝第十一任皇帝刘奭。她是一位"昭仪"——史书上称她"冯昭仪"，有时也称她"冯婕妤"。

所谓"昭仪""婕妤"，就是皇帝后宫的两个等级。皇帝后宫除了正配妻子称为"皇后"外，其他的妃子依照皇帝的宠爱程度，都有不同的位号头衔。名号头衔有高有低，待遇随之也有差别。刘奭在位时，后宫的人数已有两万余人。于是他将老祖宗刘彻创立的十级编制扩大为十五级，其中"昭仪"为第一级，"婕妤"为第二级。

我们的女主角冯媛死于宫廷竞争。可是，她并没有参与竞争，她没有夺嫡的野心，也没有树大招风的声势，更没有进取皇后宝座的阴谋，她只是偶尔流露了她对皇帝丈夫的一线关爱，却招来杀身大祸。

冯媛，上党潞县（今山西省潞县）人，父亲冯奉世是刘奭的爹刘询手下的重要王牌，曾任首都卫戍司令（执金吾）。冯媛被老爹送到太子宫，做皇太子的姬妾，生下儿子刘兴。公元前 49 年，刘询去世，刘奭继位，立祖母娘家的女儿王政君当皇后，封冯媛和另一位傅姓女子同为婕妤。

公元前 38 年，出现了一个惊险场面。有一天，皇帝刘奭去"虎园"参观，皇后妃妾同行。正看得兴高采烈，一头野熊忽然撞破栅栏，咆哮着就要冲上来。刘奭坐在最前排，正是第一个目标。那些后妃们哪里见过这种场面，大家一声尖叫，一哄而散，只留下刘奭一个人，两腿发抖，跑也跑不动，喊也喊不出，眼看就要落到野熊之手。说时迟，那时快，冯媛一个箭步跳上去，奋不顾身地站在刘奭面前。正当千钧一发之际，卫士云集，把野熊击毙，刘奭跟冯媛才算死里还生。

对这救命之恩，刘奭问道：“当时大家都怕得要命，怎么你有那种勇气，去挡野熊？”冯媛说：“听说野熊吃人，只要抓住一个，就会自动停止，不会再去抓第二个。我恐怕你受到伤害，希望能代替你受他袭击。”刘奭万分感动，爱情的真假和浓淡，便昭然若揭。

冯媛的举动让那些一哄而散的人变得黯然无光，于是惭愧的内疚转变为强烈的嫉妒。尤其是居于同等地位的傅婕妤，她的座位和冯媛同样靠近皇帝，可是她却拔腿跑了，所以她痛恨冯媛的勇敢和智慧。很显然的，冯媛比自己更多了一个被皇帝宠爱敬重的条件。

第二年（公元前 37 年），刘奭同时把冯媛和傅婕妤晋升为“昭仪”，仅次于皇后，并封冯媛的儿子刘兴当信都王，傅昭仪的儿子刘康当定陶王。从这一点上看，刘奭对傅昭仪并没有什么芥蒂。然而，傅昭仪却不能忘怀，她要报复。

傅昭仪不但要报复，还密谋夺谪。当时的皇太子刘骜是皇后王政君所生，而且祖父刘询在世时，又特别喜欢这个孙儿，所以他的帝位本该名正言顺，固若金汤。但刘奭偏偏喜欢傅昭仪生的刘康，因为刘奭对治理国家是外行，对声色犬马却内行得很，在他的儿女群中，只有刘康也精于这一套，正好投了老爹所好。傅昭仪抓住这个机会，希望出现奇迹。因为换不换皇太子，只在老爹一念之间。然而因为近臣史丹的干涉奇迹没有出现。刘奭先生不久病故，才活了四十三岁。

刘奭死后，皇后王政君的儿子刘骜继任西汉王朝第十二任皇帝，所有封为亲王的皇兄皇弟，都被遣送到他们的封国。刘兴的封国在信都（今河北省冀县），不久改封到中山（今河北省定县），母亲冯媛跟着前往，称“中山太后”。刘康的封国在定陶（今山东省定陶县），母亲傅昭仪也跟着前往，称“定陶太后”。十年后，刘康病死，儿子刘欣继任定陶王，傅昭仪升格为祖母，已是老太婆了。

刘骜坐上宝座后，专宠赵飞燕、赵合德姐妹俩，由于两人的阻挠，刘骜始终没有儿子（不是没有儿子，而是儿子们都被他自己杀了），这是一个严重的场面。

公元前 9 年，皇太后王政君把刘兴、刘欣叔侄二人从封国召到首都长安，两位亲王的母亲同行。冯、傅二人本来已是冤家，此时又面对着另一场斗争——为子孙争取宝座，也为自己争取宝座，再度短兵相接。

两位亲王入朝，而且都有可能成为皇帝，当然是属从如云。但最主要的随从人员中，刘兴只带了国傅，即教习老师，刘欣除了国傅外，还带了国相、中尉等人。刘骜问刘欣："你把他们都带来干什么？"刘欣答："国家法令这么规定的呀。"按照当时的规定，亲王入朝，封国俸禄二千石以上的高级官员都要跟班，以便对封国的任何问题，随时提出报告。刘骜又问弟弟刘兴为什么只带国傅，刘兴呆了半天，回答不出。刘骜又让他背诵《尚书》，刘兴也背不出。

又有一次，刘骜设宴款待这对叔侄，刘欣谨谨慎慎，规规矩矩，刘兴却大而化之，他不知道"皇帝赐宴"不仅是吃一顿御饭，而且还是一场考试。当大家都停下来之后，只有他继续猛吃。好容易吃罢，起身告辞的时候，又在那里慢慢地系鞋带。

刘兴的行为举止看到刘骜眼里，认为这位老弟属于饭桶之类，大不如侄子。已有些倾向于侄子。

当然，决定刘欣为继承人的，还有别的力量。

他的祖母傅氏，从封国带来大批金银财宝，贿赂皇太后王政君、皇后赵飞燕、最宠爱的赵合德，以及其他重要人物，大家自然异口同声地称赞刘欣。尤其是赵飞燕和赵合德姐妹，她们知道生子无望，帝位终于要落到别人之手，为了将来打算，也需要早日铺路，所以不久她们就跟傅氏成为密友。内外夹攻之下，刘欣被封为皇太子。到目前为止，同等身价的冯媛第一次受到挫败——一方面是她的儿子刘兴不争气，一方面也是她的贿赂攻势不够凌厉。

刘骜死后，二十岁的刘欣登基，傅氏重回长安皇宫，再度与昔日冤家王政君对上，两个外戚家族也大打出手。而冯媛远在中山国封地。

直到这时，似乎都看不出冯媛有什么危险。其实不然，这位身居高位的傅太后，至今没有忘记三十年前因"当熊而立"而含恨在心的往事。

刘欣即位的次年（公元前6年），机会来了。

前一年刘兴忽然死了，只留下一个患有"肝厥症"的儿子刘箕子。冯媛在争夺皇太子的斗争中，吃了败仗，已受到严重的一击。接着儿子去世，更痛不欲生。想不到唯一尚在襁褓的孙儿又是这种模样，于是延揽群医想办法医治。等到群医束手无策时，老祖母只好乞灵巫术。

在辈分上，刘箕子是刘欣的堂弟。当刘欣得到堂弟患病的消息，他令一位官员张由带着御医，前往诊治。

新皇帝刘欣派御医去给老弟看病，本是善意的，而且充分表现他的手足情深，却想不到他所派的这位官员张由却是个问题人物。

话说张由带着几位御医，到了中山国，身为中山太后的冯媛当然盛大招待，医生遂着手诊治，但不能立即见效。这本很正常，可是，张由却是大失所望。不知是出于什么原因，当他发现不能马上回去，御医们势将留下来长期诊治的时候，他忽然烦躁起来，在旅馆里大叫大闹，谁也制止不住。然后，他抛下御医，把铺盖一卷，打道回长安了。

返回长安后，当然要向皇帝复命，刘欣问他小亲王的病好了没有。张由回答说还是老样子。刘欣大叫一声，喝令他滚。张由刚滚了出来，刘欣派的使臣已尾随而至。责问他：既然小亲王的病没有痊愈，你为什么先行回来？张由立刻意识到，如果不能把他的行为解释得使皇帝满意，就要人头落地。于是，他对使臣说："我本应该等到小亲王病情稳定后再回来的，可是我发现了可怕的阴谋。中山太后冯媛假借着给小亲王看病的名义，请了些巫师巫婆，设坛设祭，向上天咒诅皇帝跟傅太后，要他们早死。我身为臣子，怎能忍受这种恶毒的陷害？所以才匆匆赶回，为的是早日向陛下报告。苍天啊，天下竟有这种乱臣贼子。"

刘欣对这个说法并不在意，但傅太后却大喜过望，于是指派监察御史丁玄前往调查。丁玄是丁姬的侄儿，在出发前，傅太后对他特别面授机宜。

丁玄一到中山（今河北省定县），马上把冯媛的娘家人和王宫里的重要宦官、宫女一百多人统统逮捕，关入监牢。每天审讯，十余天下来，事实证明根本没有诅咒之事，以致丁玄虽奉有密令，却无法下手。

傅太后等了十余天没有消息，于是再派宫廷侍从史立前往。史立是一位杀手，他的手段是严刑拷打。可是，一连拷死了几个人，仍得不到口供。于是，他改变战略，找到被告中意志最弱的一位男巫刘吾，威逼利诱，告诉他只要合作，他就可以出狱回家。刘吾相信了史立的承诺，他开始自诬，而且诬人。

史立一旦掌握刘吾的自白书和口供笔录后，血手开始伸向冯媛。

第一步，他逮捕冯媛的妹妹冯习和冯媛已寡居的弟妇冯君之，然后让她们自动招认她们伙同冯媛咒诅皇帝和傅太后的阴谋。冯习被这种指控激起怒火，就在公堂之上痛骂史立丧尽天良。史立下令动刑。冯习身为封国太后的妹妹，竟然死在皮鞭之下。史立拷死了封国太后的妹妹，也有点害怕，于是将冯君之还押，然后再施展他的聪明。





当初随着张由到中山的几位御医还没有返回长安，于是，史立选出其中一位徐遂成作伪证。他指证说："冯习跟冯君之曾秘密地拜托我，她们说：'第七任皇帝刘彻有个名医修先生，医好皇帝的病，赏赐不过千两。而现在，听说皇帝刘欣身体不好，你曾经自告奋勇，去给他医治，即令把病治愈，不过多赏赐几个钱而已，总不能封侯吧。不如把他毒死，中山王刘箕子就可以当皇帝，到时候包管封你一个侯爵。'"这一段证词，绘影绘声，而最恶毒的是，在事理上，也确实有这种可能。当徐遂成一口咬定有这桩事时，没有人敢肯定他是造谣。

史立拿到这段供词，派人到王宫传讯冯媛当面对质。冯媛侃侃而谈，把徐遂成盘问得有点招架不住。史立岂容把证人的伪证拆穿，他施出撒手锏，冷笑回："冯太后，想当初你身挡野熊，置生死于度外。是何等的英勇，怎么今天反而怕起死来啦？"

这一段话使冯媛大梦初醒，到这时候，她才明白事实的真正原委，这不是靠无罪的证据就可以无罪的。于是，她不再作答，站起来立刻返宫。回到王宫后，告诉她左右的人说："挡熊救夫，是前任皇帝的事，到现在已三十年矣，怎么还有人记起？而宫廷秘密，史立又如何知道？很显然，宫中有人陷害，无人可救。我不死，她不会罢休。"当天晚上，她服下毒药，死在御床之上。

冯媛悲愤自杀，被当作畏罪自尽，更证明她的罪行确凿。冯媛的父亲冯参已经很老，这时仅担任西汉政府的高级顾问（奉朝请）。刘欣命他去廷尉府受调查。冯参拒绝接受侮辱，叹道："我们兄弟都做到高官，而且身封侯爵，如今竟成了叛逆，死何足惜，只恨地下无颜面对祖先。"举剑自刎。接着冯君之以及冯习的丈夫、儿子，共十七人，有的自杀，有的被绑赴刑场斩首。

权力、地位看似辉煌，但那同时也是一个火山口。当你站在了火山口附近，荣耀确是荣耀，但命运也变得不能自主。冯媛就是一位牺牲在权力之下的女性。

## 权权交易的棋子——杨丽华

杨丽华是隋朝开国皇帝杨坚的长女，母亲为独孤皇后。她是北周倒数第二位皇帝的皇后。后来，她的儿子继位，她成了皇太后。杨坚夺了北周的权，建立大隋后，她的封号变成隋王朝的乐平公主。

杨丽华的身份打眼一看每个都是尊贵无比，不过，杨丽华的生活却惨透了。

在杨丽华嫁入宫中时，杨坚只是北周一个武将，离权力中心还有段距离。公元 573 年，杨坚将十三岁的女儿杨丽华嫁给皇太子宇文赟为妃，希冀籍她踏入权力核心。578 年时，宇文赟登上皇位，是为周宣帝，杨丽华成为皇后，杨家人也跟着高升。杨坚官职越来越高，最后升到大后丞、右司武等要职，宣帝每出巡，令杨坚留守都城。

宇文赟是个不恤政事、荒淫无道的皇帝。他的老爹周武帝在世时，对他非常严厉，并有过杖责。为此，宣帝对父皇耿耿于怀。所以，老爹死后，他不但没有悲伤，反而怨恨地说："这老家伙死得太晚了！"在武帝发丧期间，他仍然若无其事与后宫的嫔妃游狎作乐。武帝死后不到半年，他就大演鱼游龙戏，大臣们劝谏，他不但不听，反而下令在殿前日以继夜地演，以庆贺太平。他又广集天下美女，塞满三宫六院，天天恣意酒色，左拥右抱。他常常十天也不上一次朝，朝中有事，全由宦官代为处理。

宇文赟喜好女色，顽劣成性。虽然杨丽华美貌出众，温柔贤淑，性格旷达，早年两人也十分相爱，但天下的好色之徒都没有只爱一个的道理，杨丽华很快便遭到宇文赟的嫌弃。年纪轻轻就遭冷落，杨丽华心里非常哀痛，但她知道这婚姻不只关系到她一个人，还关系到娘家的兴衰荣辱，就只有忍着痛苦在宇文赟身边曲意侍奉，死挨活受。

宇文赟的荒唐简直到了无可复加的地步，他竟然同时并立四个皇后，即杨丽华、朱满月、陈月仪、元乐尚。这还不够，宇文赟又看中了堂侄宇文温的妻子尉迟炽繁。按北周定例，宗室命妇需例行进宫朝见。当尉迟炽繁进宫后，宇文赟强行将其灌醉并在宫中奸污了她。之后，将她的丈夫宇文温扣上叛变的罪名后处死，尉迟炽繁被召入宫中，成为第五个皇后。

杨丽华虽然被立为天元大皇后，为五后之首，但也只是个摆设罢了。她有一次因规劝周宣帝，差点儿被逼迫自尽，多亏当时的上大夫郑泽讲情，才转危为安，杨丽华个性柔和，对其他女子都不抱妒忌之心。有一次，喜怒无常的宇文赟责备她，想要定她于罪，但是杨丽华却仍然一派安闲，毫无惊恐之貌，使宇文赟大怒，要赐死她。她的母亲独孤氏听闻此事，立刻赶到宇文赟面前谢罪，叩头到头破血流，才使宇文赟免去她的死罪。诸如此类的屈辱和苦痛，杨丽华还遭受过许多。

宇文赟即位刚一年，就因为沉湎酒色而身体大损，于是将帝位禅位给 8 岁的长子宇文衍，是为静帝。杨丽华升任为皇太后。她的父亲杨坚趁权力真空之际勾结重臣，自立为首辅大臣。

公元 580 年，宇文赟在禅位后次年去世，时年二十二岁，杨丽华年纪轻轻就成了寡妇。娘家似乎没有把她放在心上。宇文衍继位第二年，杨坚不顾女儿的百般请求，执意逼自己的外孙禅位，自立为帝，改国号为隋，北周灭亡。杨丽华被封为乐平公主。

杨丽华在一夜之间，由周的皇太后变成了隋的乐平公主，苍茫半生，恍如一梦。她永远只是前朝的皇后，当朝的公主。当时她才 25 岁，心中的愤怒和悲痛可想而知。

杨丽华的父母曾一度要她改嫁，她誓死不从，于是家人只好停止改嫁的计划。此后，杨丽华在政坛上销声匿迹了，她不仅对政治远远避开，生活上也是深居简出，皇室大型的聚会也很少出席，给人感觉已经接近不存在了。

公元 609 年，她陪弟弟隋炀帝到甘肃张掖出巡，病死于河西，时年 49 岁。炀帝返回京城时，把她的棺木带了回来，附葬于周宣帝的定陵。

至此，杨丽华终于过完了悲惨、孤独的一生。

北魏王朝有一位公主鼓励自己的丈夫割据独立。事情失败后，审判官问她为什么谋反，她说："当公主有什么意思，当皇后才过瘾。"入主豪门，对一些女性们有多么大的诱惑力啊。注意，我们这里所说的是"入主"，即不但要嫁入豪门，还要有一定的权力——不论是自己还是自己的家族，就像杨丽华为自己的父亲在朝廷中争得了重要的地位。只不过，一心想成为豪门女主人的女人们没有意识到，入主豪门是世界上危险性最大的职业。一般人只看见成为豪门媳妇过瘾的一面，没看见其悲惨的一面。

## 大款也要傍大款——阴丽华

传说东汉开国皇帝刘秀未发迹前有两大愿望：做官要做执金吾，娶妻当娶阴丽华。可见，阴丽华在他的心目中是有相当重要的地位的。

刘秀虽然是汉高祖刘邦的九世孙，属皇族，但到了刘秀的时候，家境充其量算个还算殷实的地主之家，但远离政治中心很久了。再加上当时正值王莽篡汉，刘家自然也就失去了特权与地位，刘秀家与普通百姓恐怕没有什么两样了。刘秀九岁时，父亲去世了，他就寄养在南阳郡蔡阳县（今湖北枣阳）的叔叔家里。刘秀和同住南阳的姐夫邓晨非常谈得来，所以经常去他家拜访住宿，在这里刘秀遇到了阴丽华，一见钟情，神魂飘荡。

阴丽华的母亲姓邓与邓晨是亲戚。据说，阴家是春秋时齐国名相管仲的后代。阴丽华比刘秀小九岁多，当时也就十几岁，号称新野第一美女，当然这不仅是指外表，更是指心灵。阴丽华很是喜欢"简单生活"的调调。活了二十多年的刘秀初见阴丽华就立下心愿："当官当做执金吾（官名），娶妻当娶阴丽华。"这个没落贵族还算一表人才，阴丽华对他应该也是一见倾心。总之，此后刘秀参加了反王莽的义军，刘秀一直未娶，阴丽华一直未嫁。

公元 23 年 6 月，参加了义军的刘秀在打了多次胜仗后，不但威望日隆，也终于赢得美人归，在宛城迎娶了阴丽华为妻。这一年刘秀二十九岁，阴丽华十九岁。

在刘秀结婚期间，刘秀所在的义军首领更始帝杀了他的哥哥刘演，原因是刘演战功昭著，声望日起，不杀他，日后后患无穷。此时，刘秀显示了政治家能屈能伸，忍辱负重，同时也是非常阴险的品格，他没有申辩，而是代哥哥向更始帝道歉认错，并且不办丧，不吊孝，这样才保全了刘氏一家的安全。这个时候，可能是刘秀最痛苦最郁闷的时候，好在有新婚妻子阴丽华陪伴他默默地垂泪。三个月后，刘秀把阴丽华送回了新野娘家，当然不是刘秀抛弃了她，而是为了保全她。因为当时刘秀朝不保夕，更始帝随时都会杀死他，更始帝又让他去洛阳打前站更是危险重重，假如自己有难，远在新野的阴丽华有母兄的保护也可逃出一命和改嫁。

两年后，刘秀几经周折，终于有了自己的军队，在河北一带打出了地盘。在发展过程中，刘秀遇到了真定（今河北定县）王刘扬。刘扬也是汉室宗亲，手下有十万大军。如果两军开战，刘秀不一定会输，但一定损失极大，于是刘秀派人去议和，刘扬提出了联姻，把自己的外甥女郭圣通嫁给他，作为归顺刘秀的条件。刘秀当时就愣住了。很显然，郭圣通嫁给他是不会做妾的，只能是正妻。如此一来，阴丽华就作不了正妻。在中国古代，正妻与妾的差别是天壤之别，地位很悬殊的。但这桩婚事对于刘秀的政治生涯却是非常有利的，既可以娶一个老婆，又可以得到十万大军。刘秀犹豫再三，最后同意了刘扬的条件。第二年（公元 25 年）6 月，刘秀做了皇帝，在册立皇后的问题上就出现了一个麻烦。

刘秀一心一意要把皇后的位置留给结发妻子阴丽华，星夜派侍中傅俊将她迎来洛阳。可是阴丽华却说："困厄之情不可忘，而况郭贵人已经生子。"坚持不肯接受皇后的册封。刘秀当时也确实有困窘，郭圣通不但已为自己生下了长子刘强，背后还有舅舅的十万大军，这股力量不容小觑。没办法，封后之事暂缓。

这时候，上天给了阴丽华被封后的理由。就在刘秀大封功臣之时，发生了一件意想不到的事，郭圣通的舅舅刘扬谋反，被告发，刘秀派人诱杀了刘扬三兄弟，并收编了十万大军。刘秀虽然没有追究郭家的责任，但正好找到了不立郭圣通而立阴丽华为皇后的充分理由。不想，当刘秀把这个想法告诉阴丽华时，阴丽华却拒绝了。她觉得自己没有孩子，而刘强神似刘秀，理应做太子，为了不伤害孩子，阴丽华觉得刘强的母亲做皇后更合适。这是阴丽华的大度，是她的仁厚。在中国的皇宫里，为了争夺皇后之位，不知上演了多少"异常惨烈"的悲剧，而主动让贤的基本上没有。在阴丽华的坚持下，刘秀没有办法，只好立郭圣通为皇后，立她的儿子刘强为太子。

当封后拜天的仪式结束后，刘秀和盛装的郭圣通返回内宫，阴丽华按照妾室的礼仪向郭圣通行三叩九拜之礼，刘秀在旁边难堪无比，如坐针毡。为了弥补对阴丽华的亏欠，刘秀要把阴丽华的兄弟们统统封为侯爵，阴丽华再次拒绝了。这一切都让刘秀更觉得亏欠阴丽华。此后，刘秀为了平定天下，经常率军出征，他怕自己离开以后，阴丽华会受郭圣通的委屈，于是每次出征都带着阴丽华，两人的感情自然越来越深，阴丽华也有了自己的儿子。

当阴丽华生下儿子后，郭圣通的心态渐渐发生了变化，她想阴丽华绝不会就此不谋求皇后之位和立自己的儿子为太子的。公元 33 年，又一个意外发生了，一群盗贼半夜闯进了阴丽华乡间的娘家，阴丽华的老母亲和弟弟都被杀害了。刘秀为了安慰悲痛欲绝的阴丽华，于是下诏追封阴家爵位，并按侯爵的礼仪安葬。这本来也没什么，天下是刘秀的，封个侯爵没人会说三道四，但刘秀却在诏书里把当初阴丽华让后之事给捅了出来，这让郭圣通面子上很难堪。加之刘秀平时会对她的儿子刘强训斥几句，对阴丽华的儿子刘庄表扬几句。这本来只是老子教育儿子的正常情况，但在郭圣通看来却是刘秀与阴丽华另有企图。疑神疑鬼让郭圣通最后终于爆发，大闹后宫。很识大体的阴丽华为了平息这种家庭矛盾，主动移居洛阳外的宫室居住。这一举措非但没有让郭圣通安静下来，反而让她觉得阴丽华是为了博得刘秀的同情而演的把戏。她把这种怒火发泄到了其他妃子身上。整个后宫被她闹得鸡飞狗跳，宫廷中谁见了她就像见了鹰鹫一样（刘秀语）。

对于郭圣通的胡闹，刘秀一直隐忍不发。刘秀越是如此，郭圣通越觉得刘秀是做了亏心事，到后来，郭圣通几乎疯了，除了自己的儿子刘强以外，她对刘秀的其他孩子的态度都非常恶劣，这些孩子一见到她就如老鼠见了猫一样。这么闹了三年后，刘秀终于忍无可忍废了郭圣通，立阴丽华为皇后。经过多年的曲曲折折，阴丽华终于成了皇后。

刘秀虽然废了郭皇后，但没有废除太子刘强的意思，但是刘强心里非常不安，主动要求辞位，刘秀起初不同意，但架不住刘强五次三番的辞让，最后只好同意，并立阴丽华的儿子刘庄为太子。郭圣通不但皇后丢了，还牵连了儿子，得不偿失。虽然郭圣通和刘强都被废了，但刘秀（包括刘庄和阴丽华）对于他们的待遇非但没有降低而且比被废之前更高了，对他们母子的照顾可以说是无微不至。这是中国宫廷历史中非常罕见的。一般来说，废皇后和废太子的命运不是幽禁就是死。

公元57年2月，62岁的刘秀病逝于洛阳；公元64年正月阴丽华也去世了，与刘秀合葬与原陵（今河南孟津）。十年后，在拜谒原陵的前一夜，刘庄做了一个梦，梦见父亲刘秀和母亲阴丽华在陵畔漫步，恩爱之情一如自己从小就看熟的景象。从梦境中醒来，五十岁的汉明帝当着文武百官的面哭得死去活来。悲伤的刘庄下诏，在祭殿两边种下二十八棵柏树，代表"云台二十八将"守护父母的平安。





当美女们想着傍大款的时候，大款们也在想着傍大款。对于精明的大款来说，如果一定要结婚，富婆或豪门千金更合适，这样的女人对他们的生意有帮助，至于其他美女，对于他们来说没有任何意义，充其量也不过是玩物，自然不会有什么好下场。

阴丽华的结局看起来似乎还不算太坏，然而代价太大了。历史上阴丽华是被当作一代贤后来敬仰的，只是我们不知道，当初她孤身一人在南阳，得知刘秀正傍着权势女时，心里是不是有一些失落；而后来几次三番推让皇后之位，又是否另有隐衷？或许都会有一些吧。

## 嫁错了丈夫——蒲察阿里虎

由女真族建立的金王朝有一个嗜酒贪杯的女人，她就是第四任帝王海陵王完颜亮的妃子蒲察阿里虎。

完颜亮以贪色而臭名昭著，他是金王朝诸君中后妃最多的一位。说起来，完颜亮也并非一无是处，他在未登基前有过三个远大志向：一、国家大事皆自我出；二、率师伐国，执其君长问罪于前；三、得天下绝色而妻之。其中第三条是他最致力于完成的。

完颜亮一登基，就开始广搜美女。他第一批搜索的美女非常特别，全都是别人的妻子，而且都是被他诛杀过的皇族成员的妻子，蒲察阿里虎就是其中一位。

蒲察阿里虎本来是完颜亮的堂兄弟完颜阿虎迭的妻子。后来，完颜阿虎迭父子被冠以谋反罪遭诛杀，蒲察阿里虎又嫁给时任元帅都监的突葛速之子南家，不久南家又莫名其妙地死了。阿里虎再次成为寡妇。当时还未称帝的完颜亮一心要娶蒲察阿里虎为妻，但是蒲察阿里虎的第二任公公完颜突葛速不同意。原因很荒唐。原来，公公突葛速在儿子死后，禁不住儿媳的美色，一直和她乱伦通奸，舍不得她离开自己家。

胡人对于贞操并不是那么在意，所以当完颜亮称帝后，根本不在乎蒲察阿里虎两为人妇的经历，登基第三天就下诏让阿里虎搬回自己的娘家住，当然这是为占有她铺路。此时的突葛速给他胆也不敢留下儿媳了。两个月后，阿里虎进宫。完颜亮对这位好不容易到手的女人十分宠爱。入宫仅几个月时间，蒲察阿里虎就受到了两次特封。

可是，不久蒲察阿里虎就见识了完颜亮后宫的污秽肮脏，她发现完颜亮除了对她美丽的胴体感兴趣外，对她本人并没有丝毫爱意。精神空虚的蒲察阿里虎，不久就染上了酗酒的毛病。

完颜亮虽然好色，却不嗜酒，这在嗜酒之风非常盛行的金王朝算是个异数。完颜亮自己不喜欢喝酒，也不喜欢别人喝酒。就连他的母亲、被尊为皇太后的大氏偶尔喝多了完颜亮也会加以指责，更不用说蒲察阿里虎了。因此完颜亮多次对阿里虎提出口头警告，但没有任何效果，因此完颜亮只有采取书面通报批评。结果只有一个，阿里虎失宠了。

如果光是酗酒问题，似乎还不能使完颜亮对阿里虎完全放弃，而接下来发生的事情则几乎要了阿里虎的性命。

失宠后的蒲察阿里虎由于孤独难耐，她将和第一个丈夫完颜阿虎迭所生的女儿重节接到后宫，让女儿陪伴自己。谁知此举又为她带来了更大的屈辱不幸。完颜亮这个色魔淫鬼，成天盯着后宫寻找美女。一天，完颜亮看到蒲察阿里虎身边竟有这样一位如花似玉的漂亮少女，虽然明知是蒲察阿里虎与前夫的女儿，他还是利用其淫威将重节占有。蒲察阿里虎知道了完颜亮夺去女儿贞操的事，十分生气，就借怒打重节，将完颜亮臭骂了一通。完颜亮是个睚眦必报的人，对于胆敢攻击自己的人绝不留情，但这次毕竟自己理亏，所以暂时没有发作。后来，蒲察阿里虎给自己与前夫所生的儿子送衣服，这让完颜亮找到了发作的借口，他下令杀掉蒲察阿里虎，幸得皇后率诸妃嫔求情才算罢休。

躲过这一劫后，按说阿里虎应该有所收敛，可是阿里虎天性不安分，再加上由于长期失宠，加之完颜亮又常和其他女人群宿淫乱，心理已经严重变态的蒲察阿里虎和后妃们搞起了同性恋。那些假扮男人的后妃们被称作“假厮儿”。当然，这是一件不光彩的事，是不能让皇帝知道的，否则性命就有忧了。

阿里虎寻找的假厮儿叫胜哥。有一次，正当两人一起淫乱时，恰被蒲察阿里虎的厨婢三娘看见。由于平时对阿里虎的行为不满，三娘直接将此事汇报给了完颜亮。完颜亮估计也早就知道后宫这些把戏，所以并没当回事，只是告诫阿里虎不许惩罚三娘。

阿里虎显然是个头脑非常简单和粗暴的女人，她对三娘揭发自己的丑行十分恼怒，根本就不听完颜亮的警告，还是把三娘杀了。

这件事彻底要了她的命。完颜亮一听阿里虎竟然违抗自己的旨意，怒不可遏，当下决定要杀蒲察阿里虎。当月适逢太子完颜光英的生月，完颜亮觉得在皇太子生月行刑不吉利，于是暂缓诛杀蒲察阿里虎。这时候，阿里虎意识到问题的严重性，但她又不敢面对完颜亮，先是绝食，后又每天焚香祷祝，希望能逃过一劫。可惜好运不会总落在她头上，这次连善良的皇后也不再出面救她了。皇太子生月刚过去，完颜亮就派人用绳子将她勒死。蒲察阿里虎悲惨、荒诞的一生走到了尽头。

阿里虎的遭遇与另一个女真人政权的皇后——末代皇帝溥仪的皇后婉容极其相似。溥仪娶了她，却一点也不爱她。由于久旱的心田得不到一点雨露的滋润，婉容最后只能沉湎于鸦片烟的云雾之中，甚至还和一个“奴才”（宫廷侍卫）胡搞，生不如死。

无论古今，像阿里虎、婉容这样不幸的豪门妇比比皆是。因为移情别恋、水性杨花这些词，往往在豪门男的身上同样适用。

## 倾世皇妃——花蕊夫人





五代十国时期，蜀地被称为花蕊夫人的女性有两人，她们都是才色双绝的女子，所谓“花蕊夫人”，是指“花不足以拟其色，蕊差堪状其容”之意。第一位花蕊夫人是前蜀主王建的小徐妃，称前花蕊。第二位是后蜀主孟昶的妃子费贵妃（有说法称也姓徐），也称作后花蕊。本文要讲就是这后一位花蕊夫人。

花蕊夫人的出身谜团重重，有人说她是青城人，姓费，以才色入宫。也有人认为，她是徐匡璋的女儿，姓徐。

花蕊夫人大约出生于后唐天成元年（约公元 926 年）。据说，她出生的那天是大年三十。那一天，天降大雪，为九年来首次，整个青城山被裹在漫天飞舞之中，然而，文人骚客们还没来得及去青城山观雪、踏雪、赏雪，大雪又遽然而去。

后蜀主孟昶登位第六年（公元 943 年），他广征蜀地良家美女以充后宫，妃嫔之外另有十二等级，花蕊夫人就是这个时候进宫的。

那一年，花蕊夫人十七岁，艳压蜀宫，擅长诗词，更能摇鞭走马足风流，具有蜀中女子特有的妩媚又泼辣的性格，被称誉为“堪充六宫记室，足号一代佳人！”孟昶也擅长填词，两个一见如故，颇有共同语言。

二十三岁的年轻皇帝，十七岁的明媚女子，两人在最鲜活的年龄相逢在明丽的城市，又志趣相投，一见倾心。孟昶是很会享受的皇帝，花蕊夫人则陪着他一起享受。

后蜀主孟昶起初也是个有为的皇帝。他本为三晋子弟，出生山西太原。其父孟知祥是后唐人。后唐灭了前蜀后，孟知祥为两川节度使入镇西蜀。孟知祥入蜀九年，兼并两川，精心经营这块地方。后来后唐内乱，孟知祥趁机称帝，建立了后蜀。孟知祥为打江山，鞍马劳顿，中年以后多病，就命三子孟昶以太子身份监国。后蜀建国不数月，孟知祥就死了，16 岁的孟昶继位。这位少年皇帝一上位就先后干了两件震慑朝廷的大事：其一，于继位之初，于朝堂之上杀了恃功骄横的大将李仁罕，事情做得干净利落，慑服满朝。其二，孟昶取秦、凤、阶、成四州，悉有前蜀之地。

孟知祥悉心经营蜀地，传到孟昶手上时已经是一个极度和平、繁荣的局面，再加上孟昶自己的经营，后蜀已经相当繁荣。后来，在花蕊夫人的影响下，孟昶曾实行了废除苛法、轻徭赋等一系列有利于民生的法令。他手著官箴，颁郡县，其中有名句后来让宋太祖都拿来作为戒右铭，令郡刻石置公座前：

“下民易虐，上天难欺。尔俸尔禄，民膏民脂。下民易虐，上天难欺！”

到广政十三年（公元 950 年）时，蜀中十年不见烽火，不闻干戈，五谷丰登，斗米三钱。这时的后蜀在动乱的五代中，俨然是沙漠中的一片绿洲，安宁、富庶、富有生气生机。假如这位少年皇帝有图谋天下的大志，就是问鼎中原、荡平天下也是有机会的。

然而，“少不入蜀”、饱暖思淫逸这些民谚、俗语在孟昶身上灵验了。安逸的生活、太多的诱惑与欲望让孟昶失控了，他开始享乐了。

女人和文学，最容易消磨一个人的意志，偏偏孟昶都喜欢。更巧的是，他遇到了一个美貌和才华兼具的女人。有这样一个志同道合的女子陪伴，他们携手走在享受的大道上。

花蕊夫人喜欢诗歌，善度宫词，孟昶亦爱之。他组织编辑了中国最早的一部词总集《花间集》，领衔唱和的是自己的山西老乡温庭筠。他还集合五十几位画家组建了中国第一个画院“翰林画院”。这也可以说是孟昶和花蕊夫人对中国文学艺术的贡献。

花蕊夫人最爱牡丹花和红栀子花，孟昶爱屋及乌，亦是爱花成癖。他命人花重金前往各地选购优良品种，在宫中宣华苑广植牡丹，名为“牡丹苑”，声称：洛阳牡丹甲天下，今后必使成都牡丹甲洛阳。冬天开放的红栀子花非常罕见，孟昶也千方百计为美人寻来。那红栀子花据说是道士申天师所献，起初只有三粒种子，后精心种之成树。孟昶与花蕊夫人日夜盘桓花下之外，更召集群臣，开筵赏花。

为了讨花蕊夫人欢心，孟昶竟然还颁发诏令：在成都城头尽种芙蓉，秋间盛开，蔚若锦绣。蜀国都的防御城墙变为花树高墙。他对身边的人说："群臣曰自古以蜀为锦城，今日观之，真锦城也。"

后来大宋军队兵临城下，遥望成都城墙，初以为是兵甲旌旗林立，惊吓不已，细看才知是一片绿荫。这也是一国之都的城防？！宋国将士先是愕然，继而大笑。

孟昶的享受是奢侈的。

孟昶最是怕热，每遇炎暑天气，便觉喘息不定，难于就枕，于是在摩河池上，建筑水晶宫殿，作为避暑的地方。其中三间大殿都用楠木为柱，沉香作栋，珊瑚嵌窗，碧玉为户，四周墙壁尽用数丈开阔的琉璃镶嵌，再将后宫中的明月珠移来，夜间也光明透彻。四周更是青翠飘扬，红桥隐隐。盛夏夜晚水晶宫里备鲛绡帐、青玉枕，铺着冰簟，叠着罗衾，孟昶与花蕊夫人夜夜在此逍遥。

宋太祖灭后蜀后，侍卫们去蜀宫收拾东西，带回了孟昶所用的小便器。侍卫们为何要将如此污秽的东西取来呈给太祖呢？只因孟昶的溺器与众不同，乃是七宝半点而成。什么是七宝？佛教《般若经》以金、银、琉璃、砗磲、玛瑙、琥珀、珊瑚为七宝。太祖见了孟昶的天价溺器后，不觉感叹："汝以七宝饰此，当以何器贮食？所为如此，不亡何待！"命侍卫将它打得粉碎。

花蕊夫人兰心蕙质，为孟昶的奢华生活添加了更多的创意。元末明初文学家陶宗仪的《南村辍耕录》上记载，孟昶有一种"鸳衾"，就是将被盖缝合成夫妻共寝的鸳鸯睡袋，这是花蕊夫人设计的。孟昶日日饮宴，好东西都吃厌了。花蕊夫人别出心裁。独创的菜肴如"绯羊首"（红烧羊头）、"月一盘"（新鲜薯片）等。

花蕊夫人擅宫词，宫词在她手中蔚为大观，被后人一致认为是一个"宫中人写宫中事"的大家。她有《宫词》近百首，不像先前的《宫词》那样幽怨满怀，而是充满了安逸和情趣。《花蕊宫词》就是皇妃日志，她在词中形象地描述了自己与蜀后主的安逸生活。

阳光明媚的日子，他们一起骑马踏青、泛舟船宴：

殿前宫女总纤腰，初学乘骑怯又娇。上得马来才欲走，几回抛鞚抱鞍桥。

厨船进食簇时新，侍宴无非列近臣。日午殿头宣索鲙，隔花催唤打渔人。

她们经常在一起下围棋，小赌怡情，消闲时光：

日高房里学围棋，等候官家未出时。为赌金钱争数路，专忧女伴怪来迟。

有时候，她们也会玩玩弹弓：

侍女争挥玉弹弓，金丸飞入乱花中。一时惊起流莺散，踏落残花满地红。

或者女扮男装，骑马射猎：

日晚宫人外按回，自牵骢马出林隈。御前接得高叉手，射得山鸡喜进来。

花蕊夫人随着孟昶赏花、玩珍禽、谈诗词、享乐，后蜀宫廷之中日日笙歌，夜夜美酒，一幅升平和乐的景象。上行下效，民间也形成养尊处优的习俗。国都子弟不识菽麦之苗，“士民采兰赠芬，弦管歌诵盈于闾巷，合筵社会昼夜相接”。那一时期后蜀跟南唐一样，一度成为全中国最为安定繁华地区。

暖风熏得游人醉。最终，孟昶将自己的男儿雄风消磨了，也将后蜀将士们的男儿血性消磨了，连后蜀的国防部长都开始软腔软调地风雅吟诗。但是在群雄四起、天下分裂的大动荡时期，这样的国情让国运危若累卵。

再加上孟昶后期政治昏庸，用人唯亲。亡国不是奇迹。

史裁，当时孟昶所倚仗的重臣王昭远，原来只是孟昶的贴身小厮，没有能力，竟当了枢密大臣。当宋军袭来时，他胡诌什么“我只需要三千恶少去夺取中原，易如反掌！”孟昶的另一位“太平将军”赵廷隐，直到宋军来到时，他还在高楼画阁间抱着歌姬舞伎而眠。

就在蜀主孟昶与花蕊夫人整日游宴寻诗的时候，北方的赵匡胤通过“黄袍加身”的闹剧，取代后周而君临天下，建立大宋。他整军经武，南征北伐，目标逐渐指向后蜀。花蕊夫人屡次劝孟昶励精图治，孟昶总认为蜀地山川险阻，不足为虑。

广政二十七年（公元 964 年）大年初一，孟昶走出寝宫，对写在桃符上的文字很不满意，便让花蕊夫人磨砚，略微沉吟，然后一挥而就：

新年纳余庆　嘉节号长春

孟昶无意中创造出了中国历史上第一副春联。搁笔之后，这位蜀后主在宫女们的簇集下坐上步辇与花蕊夫人相拥而去。他不知道，这将是他与心爱的花蕊夫人在成都过的最后一个春节。明年的正月，他将成为宋太祖赵匡胤的阶下囚。

964 年秋，赵匡胤命忠武节度使王全斌率军六万进攻蜀地，并命工匠在汴梁为蜀主孟昶起造住宅，对蜀地志在必得。孟昶闻宋师深入，大惧，问计左右，却无人敢迎战。孟昶对花蕊夫人叹道：“我父子以丰衣足食养士四十年，一旦遇敌，竟不能东向发一矢！”次年正月，宋兵冲垮了四十里锦绣如画的城墙，十四万守成都的蜀兵不战而溃，成都失守，孟昶自缚出城请降。北宋出兵仅 66 天，就灭了后蜀。

孟昶、花蕊夫人一行人被押赴汴梁，途经葭萌驿时，花蕊夫人在旅驿壁上填词：

初离蜀道心将碎，离恨绵绵，春日如年，马上时时闻杜鹃。

故国山河破碎，蜀宫碎裂，花蕊夫人的痛楚遗恨只能化作杜鹃声声啼血！词还未写完，宋兵就催着起程了。

到汴梁后，孟昶被封为秦国公，封检校太师、兼中书令，连他的侍从家眷也都赏赐了。宋太祖赵匡胤如此优待孟昶，只因他想见一面花蕊夫人，又恐直接召见引人议论，便重赏孟昶，他们必定进宫谢恩时，就可见到花蕊夫人了。

花蕊夫人自从入了东京开封宋宫就不再施脂粉，也不再着罗衫裙襦。女为悦己者容，现在她能为谁容？当听到自己被宣旨进宫时，她从容不迫跟着宫女款款而行。宋太祖借着朦胧的宫灯，眯缝着醉眼审视自己的战利品。此时的花蕊夫人素面朝天，却愈显得明眸皓齿，玉骨珊珊，冷冽不可接近。宋太祖不想草草轻薄这位美人，他提出想见识见识花蕊夫人的诗词功底。

花蕊夫人身不由己，只得从命，开口吟道：

初离蜀道心将碎，离恨绵绵，春日如年，马上时时闻杜鹃。
三千宫女皆花貌，共斗婵娟，髻学朝天，今日谁知是谶言。

这词是当日离开蜀国，途经葭萌关时未写完的那首。她说：“当年在成都宫内，蜀主孟昶亲谱‘万里朝天曲’，令我按拍而歌，以为是万里来朝的佳谶，因此百官竞执长鞭，自马至地，妇人竟戴高冠，皆呼为‘朝天’，宫人也皆梳‘朝天髻’。那知道万里朝天却是应验于降宋，岂不可叹么？”宋太祖赵匡胤沉默良久，说你再做一首新的。花蕊夫人沉思片刻，再启朱唇：

君王城上树降旗，妾在深宫哪得知。
十四万人齐解甲，更无一个是男儿。

这就是著名千古的《口占答宋太祖述亡国诗》。诗吟毕后，宫中悄然无声。宋太祖一语不发，气血上涌满脸涨红。宋太祖毕竟是大宋皇帝，最终他挥了挥手让宫女将花蕊夫人领了下去。

后人认为，就这四句，已足令须眉拜倒。花蕊夫人的口占诗是一种艺术复仇，也是当着胜利者的面为自己发出一张死亡请柬。

太祖这次召见的七天后，孟昶暴病而终，年四十七岁，史家多认为是太祖毒死的。孟昶死后，他的母亲并不哭泣，但举酒酹地，说道："你不能以一死殉社稷，贪生至此，我也因你而苟活在人间，不忍就死。现在你死了，我活着还有什么意思呢？"绝食数天而死。

花蕊夫人的结局在史料中分了岔。至于花蕊夫人死的方式有多种版本，流传最广的的有两种：

一种是说，宋太祖在听过花蕊夫人的口占诗后，感其故国之思，亡国之痛，更加深了对花蕊夫人的爱慕之心。宴后，太祖携着花蕊夫人的手，同入寝宫，不久封花蕊夫人为贵妃。

花蕊夫人不忘旧主和旧国，私绘一幅孟昶像置于室中私自祭拜。一日被太祖撞见，问画中人是谁。花蕊夫人说这是俗传的张仙像，虔诚供奉可得子嗣。太祖不疑有他，不再追问。不久，这张仙送子的画像从禁中流传到民间，至今不衰。后人叹花蕊夫人的艰难，咏诗感怀：

供灵诡说是神灵，一点痴情总不泯。
千古艰难唯一死，伤心岂独息夫人。

另一种说法是，花蕊夫人为太祖所宠，其弟赵光义认为此女必为亡国祸水。后来，花蕊夫人又介入宋廷权力之争，在立太子的问题上触犯了赵光义的利益，在一次打猎时，被赵光义一箭射死。也有说法称，赵光义也喜爱花蕊夫人但不可得，恼羞成怒之下，借口此女祸国，一箭射死了。

花蕊夫人真的是如此水性杨花、苟且偷生的女子吗？不太可信。她既然敢当着宋太祖的面吟出《口占答宋太祖述亡国诗》，以如此高贵与矜持的秉性是不可能屈服于强力的。

据《十国春秋》已载，孟昶死后，葬于洛阳邙山。花蕊死后，葬于闽之祟安。但据近年四川考古发现，两人的遗骸早已迁返四川广汉县西郊红水碾附近合葬。他们俩不能双双生还蜀地，只有在死后一起向故国魂归，合葬于蜀土了。

光阴流转，悠悠千载，如今四川什邡龙居寺古刹是花蕊夫人凭吊处，华盖婆娑，风在絮语曾经发生的故事。

花蕊夫人有倾世美貌，也有倾世的才华和气节。她享尽荣华富贵，可是，生在乱世，一朝国破，倾世美貌成了她的致命伤，终成为一代倾世皇妃。

# 第四章

# 幸福生活需要要点“手腕”

并非每个女人都有进军名利场的野心。那么，处理日常生活会比摆平职场中的勾心斗角更容易吗？当然不是。清官难断家务事，君不见有诸多在职场中左右逢源、无往不利的女性，却把家务事处理得一团糟。原因在于，她们没有意识到，幸福的生活也需要设计。

事实上，夫妻关系并非只是举案齐眉、相敬如宾那么简单，必要的智慧，或者说手腕是必须的，否则，还叫什么生活。

## 为爱情而战——卓文君

卓文君的名气很大，大到即使不知道她的故事也一定听过她的名字。人们耳熟能详的是她与大才子司马相如的爱情故事。如果你不了解内情，一定会以为这是个两情相悦、白头偕老的美满故事。事实上，这是一个聪明女子用智慧挽回负心汉的故事。

卓文君是四川美女，家住临邛，也就是今天的四川邛崃。她是当地大富商卓王孙的女儿，不但长得漂亮，而且颇有文采，琴也弹得很好。这样的条件本来是人人所冀求的女子，却被父亲安排了一个政治婚姻，嫁了一个病人，结果卓文君新婚半年即守寡。在那样的年代里，一个女人遇到如此的遭遇，大概一生也就成了定局，卓文君却敢于向命运主动出击。当她遇到司马相如之后决定：接下来的人生，她不但要亲自上台演出，剧本也要自己创作。

司马相如是汉武帝时期的一位大文豪，此人与史学家司马迁并称，有“文章西汉两司马”之说。不过，二者绝对不能够同日而语，司马迁一生忍辱负重，司马相如却是名利双收，而且还留下一段千古佳话，佳话的另一个主人公就是卓文君。

司马相如，字长卿，幼年时，他的父母怕他有灾，所以给他取了个小名叫“犬子”。他识字后知道了蔺相如的故事，颇为钦佩，便更名为司马相如。当时还是汉武帝的爹汉景帝当皇帝，司马相如靠家族的财富当上了汉景帝的武骑常侍（骑兵侍卫）。他本人并不喜欢这个职业，而是喜爱写赋，可惜汉景帝不喜爱赋。所以，在景帝朝司马相如才华得不到施展，干得很郁闷。

后来，汉景帝的弟弟梁孝王进京，随同他一块来的有邹阳、枚乘、庄忌等人，他们都是辞赋高手，司马相如和这几位甚是相投。于是，他辞了景帝的侍卫之职，随梁孝王到了梁国。梁孝王给了司马相如和邹阳、枚乘等人一样的待遇。司马相如的才能有地方发挥，写出了著名的《子虚赋》，声名鹊起。

然而好景不长，不久梁孝王病死，门客各奔东西。司马相如也离开梁地，回到家乡成都。当时相如家道中落，他又没有什么谋生的手段，过得穷困潦倒。这个时候，相如的好朋友临邛县令王吉邀请他去临邛做客，司马相如欣然前往。

一场“琴挑”的浪漫剧由此拉开帷幕。

王吉安置好密友司马相如之后，天天恭敬地去看望司马相如，司马相如开始还见见他，后来，县令来访，司马相如一律谢绝。司马相如越是谢绝，王吉越是恭敬。两人这么一闹，引起了卓王孙的注意，他很想见识一下这位让王县令如此尊敬的人物，于是准备了酒宴，要好好款待一下这位贵客。

到了宴请这一天，王吉县令先来到卓王孙家中，此时，上百位宾客已经入席。卓王孙派人去请司马相如前来赴宴，但是，司马相如推说有病不能赴宴。陪客都到了，而主宾却不赏脸，这让卓王孙很难堪。王吉一听司马相如不来，立即登门去请。司马相如没有办法，只好勉强成行。

酒至半酣时，王吉把一张琴恭恭敬敬送到司马相如面前，请他弹一曲助兴。司马相如一再推辞，最后架不住大家的盛情，就边弹边唱了一首《凤求凰》：

凤兮凤兮归故乡，遨游四海求其皇。
时未遇兮无所将，何悟今兮升斯堂！
有艳淑女在闺房，室迩人遐毒我肠。
何缘交颈为鸳鸯，胡颉颃兮共翱翔！
皇兮皇兮从我栖，得托孳尾永为妃。
交情通意心和谐，中夜相从知者谁？
双翼俱起翻高飞，无感我思使余悲。

因《史记》未载此辞，到陈朝徐陵编《玉台新咏》始见收录，并加序说明，所以有人怀疑这首辞是两汉琴工假托司马相如所作。由于没有证据证明，所以只好存疑。

《史记》中说，司马相如有一个生理缺陷，就是结巴，但是，他的文章写得好，还弹得一手好琴，据说他用的琴叫“绿绮”，是传说中极其优秀的几种琴之一。可见，王县令之所以让司马相如赋琴，一是让司马相如回避弱项——口吃，二是发挥他的强项——弹琴。

这时候卓文君刚刚守寡，回到娘家暂住。她也特别精通琴瑟。司马相如的琴声和歌声一下子挑动了卓文君的芳心。寡居家中的卓文君对司马相如早有耳闻，只是无缘相识。这时她亲耳听到相如弹奏的优美琴声，再从门缝里看见司马相如的风流倜傥，内心十二万分仰慕。

司马相如早就听说过卓文君的艳名，只是苦于无缘相见，所以他这首琴曲显然是有意唱给卓文君听的。

有人认为，这场酒宴是司马相如和王吉策划的一个阴谋，谋的就是卓王孙的掌上明珠——卓文君。当然事实是不是这样，只是猜测，但是卓文君的春心却的确被司马相如所挑动。

酒宴结束之后，司马相如派人用重金买通卓文君的侍女，婉转向卓文君表达了爱恋之意。两人近在咫尺，鸿雁传书，一来二去，感情日渐深厚。一天夜里，勇敢的卓文君终于不顾世俗和礼教的约束，与司马相如私奔回成都。卓王孙一听女儿私奔，气不打一处来，公开表示不给女儿一分钱财。

到了成都，卓文君才发现，司马相如太穷了。两个年轻人立即感受到了生活的艰辛与窘迫。卓文君自幼长于豪门，富日子过惯了，哪里受得了穷？她建议司马相如和自己回临邛，在那里，哪怕是向她的兄弟们借点钱，也足以维持生活，何苦在这儿受穷呢？最后，司马相如同意了爱妻的意见。

两人回到临邛后，凑了点钱开了个酒店。卓文君亲自站台卖酒，司马相如则系着大围裙，和伙计们一块儿洗碗打杂，当起了店小二。当地人听说首富的女儿、女婿当街卖酒，都去看热闹，卓王孙觉得实在丢人现眼，因此大门不出二门不迈。

卓文君是个聪明人，想来他们两个这么做可能就是有意让卓王孙丢人。果然，卓文君的兄弟和长辈纷纷从中斡旋，劝说卓王孙说，文君毕竟是你的女儿，你家中又不缺钱，再说文君已为人妻，生米已然成熟饭，司马相如也算个人才，还是王县令的座上宾，你又何必不依不饶呢？

卓王孙万般无奈，只好花钱消灾，拿出一大笔钱，让他们赶紧关门走人。司马相如和卓文君一拿到钱，立即关闭酒店，打道回成都，买田买地，富甲一方。司马相如“琴挑”卓文君的传奇佳话，从此千古流传。

然而，两人并没有像童话故事那样“从此过上了幸福的生活”。

有了钱，司马相如和卓文君着实过了一段太平岁月，两人感情愈来愈好，不过，司马相如不事生产，又别无长技，坐吃山空，终于生活又走到了绝境。卓文君并不灰心，她知道司马相如是有才华的。果然，在一个偶然的机会下，司司相如为汉武帝失宠的皇后陈娇撰写了一篇《长门赋》，轰动长安城，也深深打动汉武帝。汉武帝召司马相如入京，又连续有佳作出世，一时间声名大噪。后来，他又奉命去巴蜀任职，对开发西南夷做出了卓著的贡献，官运开始亨通，而此时，司马相如与卓文君的感情也开始有了变化。

两人成婚多年，感情也渐趋平淡。再加上卓文君一直没有生下子嗣，司马相如年纪渐长，对这件事情愈来愈介意，最后决定纳妾延续香火。纳妾在当时是常见而且合法的，但是对于卓文君来说，当年她为了爱几乎与家人决裂，在她的生命里，这份爱深刻并且纯粹，她不可能与另一个女人分享丈夫。如果她对于此事无动于衷，也就不是那个敢于反抗封建礼教的奇女子。

然而，卓文君并没有当面与先生大吵，那是泼妇所为。她选择了走避他乡，给丈夫留下了感人的《白头吟》，诗曰：

皑如山上雪，皎若云间月。
闻君有两意，故来相决绝。
今日斗酒会，明日沟水头。
躞蹀御沟上，沟水东西流。
凄凄复凄凄，嫁娶不须啼。
愿得一心人，白头不相离。

竹竿何袅袅，鱼尾何簁簁。

男儿重义气，何用钱刀为。

文中提及两人当年曾经不顾一切地相爱，并且一起经历多少高低起伏、喜怒哀乐。同时也表示了自己对丈夫喜新厌旧、违背当年盟誓的反对。她态度鲜明地表示，如果你另娶新欢，我就和你分手。司马相如看过诗后，回想起与卓文君过去的点点滴滴，忽然意识到，他与卓文君是用了全部的生命去爱彼此，如此难得的爱，不可能让另一个人共享。而他与卓文君所共同经历过的，是别的女人无法复制半分的，于是，终于打消了纳妾的念头，把卓文君接了回来，继续相爱相携。

卓文君是中国历史上罕见的有主见，且对自己负责的女性。无论是在爱情的高峰或者低谷，在得到或者失去爱情的时刻，她都很清醒，没有像一般女人一哭二闹三上吊，也没有放弃追求，而是以高度的智慧化解困境。即使放在今天，卓文君依然是一个令女人们向往的成熟女人的典型。如果每一个女人都能学到卓文君的智慧和坚持，负心汉就会少多了。这样的女人也一定能得到她所要的爱与人生。

## 化醋为不醋——李势的妹妹

《世说新语》里有一个非常生动的故事，说的是，东晋大司马桓温平定了蜀地成汉王国后，见成汉皇帝李势的妹妹生得如花似玉，把她带回来金屋藏娇。

了解南北朝时期历史的人都知道，桓温的名头很响，其军事才能在东晋无出其右者，即使放眼当时的全中国，也是出类拔萃的军事将领。他在东晋的地位也很高，长期执掌东晋朝政，三次北伐，威名赫赫。但是，就像大力士参孙也有头发这个死穴一样，桓温怕老婆。桓温的老婆是晋明帝的女儿南康公主。桓温怕老婆不完全是因为她是皇帝的女儿（以桓温当时的声望和地位，皇帝巴结他还来不及），而是因为这个公主实在厉害。南康公主叫司马兴男，大概是长女的原因，性格刚烈奔放，从小说一不二。而且她似乎还有些武术。桓温虽说也走刚猛一路，但遇到南康公主还是有些头大。所以，他金屋藏娇的事所有人都知道，就瞒着南康公主。

纸终究包不住火。后来不知怎得走漏了风声，南康公主大怒，带着许多人打上门来，不容分说就把门窗和屋中的器物打得粉碎。当时李公主正伸着一双莹白粉嫩的藕臂，拿着牙梳，梳理她那头发长委地、光亮如漆的青丝。她没有被这群破门而入的问罪之师吓倒，倒是让手执利刃闯进门来的南康公主愣住了。李公主神情自若地梳好了头发后，慢悠悠地说："国破家亡，我做了俘虏，身不由己，才被送到这里来，既要杀我，就请赶快动手，免得我忍辱偷生，苟活人世！"看着绝世的姿容，听着哀怨却又悦耳的声音，泼悍的南康公主不由得丢下利刃，冲过去一把抱着她说："你这样的美人，我身为女人都会不由自主地爱上你，被你迷住，何况桓温那个死鬼！”于是怒火消除，收纳了她，不再泼醋。

刘安的《淮南子》中有一句话：“故以汤止沸，沸乃不止；诚知其本，则去火而已矣。”上面这个故事为这句话做了一个很好的注脚：妒忌乃是人的天性，如何有效地化解妒忌，变不利为有利，李公主给女性朋友们提供了极好的样板。

## 梅花不敌牡丹——梅妃和杨贵妃

梅妃是情圣唐玄宗李隆基的妃子，传说，她是玄宗后宫中唯一一个和杨贵妃势均力敌的情敌。

唐玄宗开元年间（公元 713—741 年），深受唐玄宗宠爱的武惠妃不幸离开了人世。唐玄宗虽有后宫佳丽数千人，却对武惠妃情有独钟。武惠妃的卒亡使他不胜悲痛，日见憔悴。近侍宦官高力士看到唐玄宗悲伤的样子，也是忧心忡忡，担心玄宗从此一蹶不振。于是，他力劝玄宗征选天下绝色多情美女，来改变悲伤心境，重新振作起来，玄宗采纳了他的建议。高力士四处挑选秀女，在闽粤看中了十六岁的福建莆田女孩江采苹。

与江采苹同期入宫的各地美女不下三百人，但唐玄宗只对她一人青眼有加。江采苹癖爱梅花，所居之处遍植梅树，每当梅花盛开时，赏花恋花，流连忘返，唐玄宗戏名曰梅妃。

这个江采苹能集三千宠爱于一身，因为她有几个特别之处。

美貌自不必说了，更重要的是她有不凡的学识和气质。

她的名字就很有来历。梅妃生于医药世家，父亲江仲逊家世代为医，小采苹聪明过人，九岁就能诵读《诗经》中《周南》《召南》等诗篇，并对父亲说："我虽女子，期以此为志。"江仲逊便以《诗经·召南》里《采苹》一诗的题目为女儿名字，表示对女儿的期望。十四岁时，江采苹已能写一手清丽俊逸的好文章，在当地广为传诵。

梅妃还有一个绝活儿是表演《惊鸿舞》。《惊鸿舞》已失传，据后人考证，《惊鸿舞》可能有描绘鸿雁飞翔的动作和姿态。这种舞蹈大都要穿着笨重的鸟形服饰道具，舞蹈起来很不方便。可是，梅妃跳起来很轻盈。唐玄宗是乐舞行家，他曾当着诸多王侯大臣的面称赞梅妃“吹白玉笛，作《惊鸿舞》，一座光辉”。

梅妃在后宫一直没有对手，直到杨玉环出现。

杨玉环也就是杨贵妃，她与梅妃成了并立于玄宗后宫的两株奇葩。梅妃像一株梅花，清雅高洁；杨玉环如一株牡丹，丰腴娇艳。这俩人一雅一媚，一静一动，形成了鲜明的对比。此时已过花甲之年的唐玄宗对孤芳自赏、清雅高洁的梅妃，已经审美疲劳了，不免有些意兴大减。而突然出现的杨贵妃，不但体态丰满充满了性感，而且性格活泼，神情媚人，就像一团炽热的烈火激起了不甘衰老的唐玄宗的热情。杨玉环也通晓音律和歌舞，她善弹琵琶，《霓裳羽衣舞》更是变幻纷扰，正与梅妃玉笛和《惊鸿舞》旗鼓相当。

杨贵妃与梅妃，一个要攻城略地，一个要死守“阵地”，两人展开明争暗斗。

梅妃先给唐玄宗写了一首指责杨玉环的诗，曰：

撇却巫山下楚云，南宫一夜玉楼春。
冰肌月貌谁能似，锦绣江天半为君。

这首诗中，表面上赞叹杨玉环的美貌，暗地里是在讽刺她不讲人伦，迷惑皇帝，耽误朝政，并讥嘲她如月般的痴肥。

杨贵妃读罢梅妃的诗，立即反击：

美艳何曾减却春，梅花雪里减清真。
总教借得春风草，不与凡花斗色新。

诗中针锋相对，讥讽梅妃瘦弱不堪，而且已经明日黄花，哪能与自己这个新春的鲜花争奇斗艳！

杨玉环本来是唐玄宗的儿子寿王李瑁的妻子，被唐玄宗设法夺了过来。梅妃写这首诗的意思当然不是骂唐玄宗的，可是却直戳他的伤疤。再加上，唐玄宗当时已被杨贵妃所媚惑。所以，这一场诗词较量梅妃落败，还被冠以欺上之嫌打入上阳东宫。梅妃的爱情从此陷入了困境。

此后，杨贵妃的另外三个姐姐分别入宫，分别被封为韩国夫人、虢国夫人以及秦国夫人。四个姐妹花团团环绕在唐玄宗四周，使得垂垂老矣的玄宗青春焕发，终日与她们周旋嬉闹，无暇顾及朝政，更把梅妃忘到了九霄云外。

然而，梅妃毕竟有着与杨贵妃不同的味道。唐玄宗过度香艳之后，又不由思念淡雅。在一个梅花绽放的季节，唐玄宗漫步梅园，睹花思人，泛起一股似水柔情与刻骨相思。于是，某天晚上，唐玄宗谎称身体不适，没去杨贵妃宫中，然后命人偷偷把梅妃接来叙旧。

这事还是被杨贵妃知道了。杨贵妃第二天一早就闯进玄宗的寝宫，劈头就问："你把梅妃藏在何处？"玄宗假装若无其事地不承认召见了梅妃。杨贵妃装出一副正经的样子说："这里乱七八糟，床下有妇人金钗，枕边留有余香，这夜是何人为陛下侍寝。为何欢睡到日出还不上朝，陛下可去面见群臣？"

堂堂皇帝被一个妃子挤兑的无处躲藏，这让唐玄宗恼羞成怒，将她送回娘家去了。不过，没过多久，他就派人去将杨贵妃接回宫了。

唐玄宗虽然一心扑在杨贵妃身上，但也没有完全忘记梅妃，有时会怀着一种怜悯和补偿的心理对待她。天宝十三年春，外国使者送给唐玄宗罕见珍珠，他忽然念起已整整八年未见的梅妃，于是命人将这斛珍珠封好，密赐梅妃。睹物思情，梅妃伤感无限，女为悦己者容，如今自己独守冷宫，还要这斛珍珠有何用呢？她当即赋诗一首，夹在珍珠里退还给玄宗。诗云："柳叶双眉久不描，残妆和泪污红绡。长门自是无梳洗，何必珍珠慰寂寥。"李隆基见诗后并没有罪责江采苹，还找人为此诗谱曲，列为皇家庆典时的压轴曲目，名为《一斛珠》。

过了不久，在上阳东宫已经度过了十年寂寞岁月的梅妃，希望能唤回玄宗的感情，写了一篇《楼东赋》来陈述心中的许多感慨。这首诗描述了她在上阳东宫的凄惨心情，抒发了她对玄宗，对杨贵妃的不满和对新生活的向往。然而，不但于事无补，还差点被杀。如果不是唐玄宗还存有一丝爱怜之心，恐怕早就死在杨贵妃的挑唆之下。

到了这个时候，在这场梅花与牡丹花的爱情对抗战中，梅妃显然已经彻底败下阵来。

天宝十四年，安史之乱爆发，唐玄宗携杨贵妃逃往西南，途中，杨贵妃被将士们逼死在马嵬坡。留在宫内的梅妃，下落不明。但传言却很多。

有一种说法是，梅妃不愿受叛贼污辱，用白布将自己层层包裹，跳下古井而香消玉殒。另一种说法是她趁乱逃出宫中，藏于民间。玄宗后来还下诏重金寻找，但一直没有下落。

最凄美的说法是，梅妃在安禄山杀入长安后，死于乱刀之下。一天玄宗梦见梅妃到来，含泪道："昔陛下蒙尘，妾死乱军中，有人哀妾惨死，埋骨池东梅株旁。"醒来后玄宗前往太液池边，令高力士等捡寻尸骨，终无所得。又想到梅亭外面，曾有温泉，就过去找寻，梅亭边尚存梅花十余株，挖开土果然得到梅妃尸，身裹锦帛，尸骨胁下的刀痕还历历在目。玄宗情难自抑，挥笔写下：

忆昔娇妃在紫宸，
铅华不御得天真。
悄霜虽似当时态，
怎奈娇波不顾人。

有人说，历史上并无梅妃其人，因为梅妃事迹在《旧唐书》《新唐书》等正史中均不载，只见于《开元天宝遗事》、宋莆田人李俊甫《莆阳此事》，以及诗作、传奇故事中，有人认为"盖见当时图画有把梅美人号梅妃者，泛言唐明皇时人"。但不见于正史的人物不见得不存在，这是被多次验证的，因此，我们权且认为这个人物存在。

王尔德说，我不赞成把人分成好人坏人，人要么有趣，要么乏味。杨玉环美且有趣，梅妃虽美却略显寡淡。美能提供感官愉悦，有趣能提供心理愉悦，又美又有趣的人，提供双重愉悦。不用说，梅妃的气质输给了杨玉环的气质。

一个女人，既要情感专一又要风情万种，做到既有品位又有品味，着实不易。但是，生活就是需要情趣作调剂，怎么办呢？

## 非要给丈夫纳妾——陈芸

陈芸，字淑珍，生于乾隆年间（公元1763年），是清代苏州才子沈复（字三白）之妻。沈复是《浮生六记》的作者，陈芸的事迹也是透过这本小册子而广为人知的。

凡读《浮生六记》之人，几乎都感于沈复、芸娘的伉俪情深，也对其诗意生活多有向往。林语堂曾在大作《生活的艺术》中说："芸，我想，是中国文学中最可爱的女人。"

就外貌而言，陈芸并不出众。沈复描述她"其形削肩长项，瘦不露骨，眉弯目秀，顾盼神飞，唯两齿微露，似非佳相。"可见，陈芸只是一个一般意义上的美女，甚至还有破相的地方。但是陈芸才华出众，而且懂得生活。

陈芸的家境并不太好，她四岁失父，家徒四壁，与母亲金氏、弟弟陈克昌相依为命。稍大后，一家仰仗其双手供给。陈芸的智商极高，学说话时即会背《琵琶行》，识字也是自学成材，刺绣之暇看到《琵琶行》的文字，"挨字而认"。最后竟然能写出"秋侵人影瘦，霜染菊花肥"的诗句，十足一个自学成才的才女。

陈芸和沈复是表姐弟，她大他十个月。沈复十三岁时跟母亲回娘家，一见到这个比他大十个月的表姐，即为她的聪明与才华所折服，虽然知道她身体弱，但还是决定非她不娶，两人当年订婚。

同年冬天，沈复又见识了陈芸的兰心蕙质。当时陈芸的堂姐出嫁，两人又有机会相见。这是一个美女们亮相的大场面。在诸多穿着鲜艳服饰的美女中，唯独陈芸穿着素雅淡色的旧衣服，衣服上是亲手绣成的精美绣工，唯有一双鞋是新的。在花枝招展的美女群中，陈芸独具匠心的打扮，让她像出水芙蓉般出众。孔子说“绘事后素”，素色的衣服上绣制精美，不张扬却引人注目，“始知其慧心不仅在笔墨也”。（沈复语）

陈芸的聪颖可爱还表现在对自己未来的丈夫既守“礼”而又不囿于礼法的示爱。堂姐的婚礼结束后，已经很晚了，沈复觉得很饿，仆人们给他吃“枣脯”，他嫌太甜。这时，陈芸偷偷拉他的袖子，把他带到自己的闺房，只在桌子上摆着清粥小菜。原来有心的陈芸早就准备好了。结果是陈芸的堂兄玉衡闯进来，沈复没吃成。玉衡“揭发”陈芸说：“早些时候我向你要粥喝，你说没了，原来是藏起来给自己的老公喝啊。”





这事有违礼法，但因为二人已有婚约，再说两人都是十三四岁的小孩子，所以大家并没有追究什么，只是成为两人的笑柄。以后沈复再去陈家，陈芸只好回避，但她对沈复的一往情深依然没变。有一年，沈复“出痘”，这在当时是危险的病，弄不好会死人。陈芸非常担心，开始吃素。新婚之夜，沈复让她吃东西，她说是“斋期”。沈复问她吃斋的时间，已经好几年了，他偷偷一算，竟是从他“出痘”那一天开始。心内感动，但嘴上仍然是开玩笑：“今我光鲜无恙，姊可从此开戒否？”陈芸“笑之以目，点之以首”。陈芸不说话而仅以点头微笑回应，可爱、含蓄、害羞的形象跃然纸上。

陈芸娇艳而解风情，沈复说她有“一种缠绵之态”。十八岁那年，沈、陈完婚。新婚之夜，沈复应付完外面的亲朋好友，回到卧室一看，陈芸正“高烧银烛，低垂粉颈”，入神地看书。走近一问，原来是在看沈复书柜中所藏的《西厢记》。陈芸在新婚之夜读的是当时的色情书《西厢记》，她会有什么样的评价呢？沈复原文如下：“（陈芸道）‘《西厢》之名闻之熟矣，今始得见，莫不傀才子之名，但未免形容尖薄耳。”余笑曰：‘唯其才子，笔墨方能尖薄。’伴妪在旁促卧，令其闭门先去。遂与比肩调笑，恍同密友重逢。戏探其怀，亦怦怦作跳，因俯其耳曰：‘姊何心春乃尔耶？’芸回眸微笑。便觉一缕情丝摇人魂魄，拥之入帐，不知东方之既白。”

这一段描写的后半段历来被人点评为“淫”，其实，其中自有风情。

擅解风情并不代表不讲礼度。陈芸对礼仪的遵守严格到让沈复都受不了。古时候，国家政治中的规则是君君、臣臣、父父、子子，闺阁中的原则是“三从”：在家从父、出嫁从夫、父死从子，男性是主体，而女性则是客体。陈芸虽然脱俗，但在遵守家庭礼度方面却一丝不敬。她在家里表现的温柔敦厚，言语不多，敬上和下。她天明既起，绝不贪欢逾矩。沈复看不下去，说：“现在又不是当初你偷偷给我粥吃的时候，咱俩已经是夫妻了，何必还这么拘礼了。”陈芸道：“我不是怕别人笑话，而是担心家里人说新媳妇懒惰。”陈芸的自制力也感染了丈夫，沈复虽然迷恋床笫之欢，但从此跟着她一起早起，各司其职。

陈芸对沈复也非常尊敬，例如沈复说话她会站起来回答，递东西会说谢谢，等等，惹得沈复和她争论了一番，最后还是依了陈芸。事实上，陈芸的这种做法并非古板，而是抓住了夫妻相处之道：与丈夫再亲昵，也不放弃“敬”。多年后，沈复承认，“敬”的礼仪与亲密的交流使两人的生活“年愈久而情愈密。”当然，这种夫妻之间的“敬”与敬父母有极大的不同，它始终伴随着一种亲密的身体交流。

婚后数月，沈复外出求学，临行前担心陈芸会当着众人的面痛哭，没想到，她极力克制，仅在分别前一天晚上“神色稍异而已”。三个月后，反倒是沈复难熬相思之情，想办法回来见陈芸。

陈芸是很贪玩并且玩得很有情调的的女人，而沈复每次都能让她玩得尽兴。

离沈家半里远的地方，有一个醋库巷，巷里有个水仙庙，正式的名字是“洞庭君祠”。这里回廊曲折，小有园亭。每年在洞庭君的生日前后，庙里都要举办一些活动。沈三白和朋友一起去过，回家以后向陈芸讲述情况，陈芸就说，可惜我不是男子，不能前往。沈三白说，你戴上我的帽子，穿上我的衣服，女扮男装，就可以到庙里玩了。陈芸真的就在白天化了装，把发髻解开，梳成辫子，把眉毛描得浓黑，戴上帽子，露出两个鬓角。只是丈夫的衣服太大，陈芸穿着很不合身，但这难不住她。她把衣服在腰部位置折叠了一下，缝起来，外边穿上马褂，看上去真是男人的神态。陈芸说，我得穿什么鞋啊？沈三白说，鞋坊里有卖“蝴蝶履”的，可大可小，我去给你买一双。一切准备妥当，陈芸又担心让人看出来或者被婆婆知道，不太好。沈三白却安慰她说，不怕，我们“密去密来”。见夫君如此说，陈芸才无忧无虑地去逛庙。游玩到最后，陈芸看到了庙里主司的家眷，就过去和人家说话，不知不觉之间，就把手放在了少妇的肩头。旁边的一个老女人一看就骂："哪里来的轻薄男人，这样无法无天。"沈三白在一边解释，那老女人却不依不饶，陈芸只好摘下帽子，说，我也是女人啊。众人一见，先是惊愕，继而大笑。

还有一次，沈三白要去吴江吊唁，途中会路过太湖，陈芸想去看看太湖。可是陈芸没有借口出门，于是两人商定对策，陈芸假称回娘家，两人分头出门，在江边回合，二人相挽登船。傍晚，他们与船家的女儿素云同坐，三人一起饮酒。陈芸和沈复行酒令，素云从没见过这样的情景，就说，我能喝酒，却不会行酒令，谁教我啊？陈芸对她讲了一通，素云却听不明白。沈三白说，女先生还是别说了，我一句话就能让她明白。陈芸说，是怎样的一句话？沈三白说，鹤善舞而不能耕，牛善耕而不能舞，动物的本性就是这样的。你想教牛跳舞，教鹤耕地，那不是徒劳吗？素云一听这话，就往沈三白身上打拳，好啊，你在说我！陈芸见此，就说，君子动口不动手。沈三白说，动手也可以，但是只允许摸索，不能捶人啊。陈芸一听，就笑着挽起素云，把素云摁在沈三白的怀里，笑说，你就好好摸索吧。沈三白说，摸索应该只是意动，在有意无意之间；如果抱在怀里，狂探乱摸，那是农夫的做法，一点情调也没了。三人就这样打情骂俏，说说笑笑，欢快无比。后来，陈芸请素云唱上一曲，素云唱歌，陈芸在一边大杯喝酒，玩得可谓尽兴。

几天之后，一个老太太悄悄告诉陈芸说，前几天夜里，你丈夫和两个歌妓在万年桥下饮酒取乐，你可知道？陈芸说，确有此事，我知道的。其中一个就是我。老太太听得一头雾水，经陈芸详细一说，这才恍然大悟，笑呵呵地走了。

类似的事情还有几件。可以看出，陈芸是个有良好素质，且不落俗套的女人。按理说，她本该一生幸福，可惜其灵性不合时宜。在封建社会，女子应该是大门不出二门不迈的，陈芸偏偏随意出入家门，男扮女装随夫君出游，自然备受非议。再加上她与沈复都不懂不晓于世俗的奸猾，终致失欢于公婆、家人，乃至两次被逐出家门，最后一次被逐后，死于疾病以及贫穷。

一切都是从得罪公婆开始的，但说起来，都不是陈芸的责任。

乾隆五十七年（公元 1792 年）春天，大概是在婚后十年左右，沈复的父亲沈稼夫在扬州任职，沈复陪侍，两个人同时染病，沈复的弟弟沈启堂前来侍奉父兄。这时，陈芸写来一封信，信上说，启堂曾经向邻妇借钱，让陈芸作保人，现在邻妇索债，找不到启堂，就向陈芸讨要。沈复询问启堂，启堂矢口抵赖，并且责怪嫂嫂多管闲事。后来，沈复就写了回信，请邻妇宽限几天。沈复病愈之后离开了扬州，陈芸不知其情，写信仍寄到扬州。沈稼夫看到了信中所说启堂借债之事，就追问启堂，启堂不承认此事，于是，沈稼夫认为这是陈芸背着丈夫借债，却嫁祸于小叔子，当即寄信回去将陈芸逐出家门。沈复知道后，如闻晴天霹雳，当即写信向父亲认罪，并且借了快马，赶回苏州家中。但沈父相当决绝，沈复无法，只好和陈芸搬出家中。偌大个苏州，竟无安身之处。好在沈复有个朋友叫鲁璋，听到此事之后，很是同情他们，让他们住在了自家的萧爽楼上。这么一住，就是两年。后来，沈稼夫知道了事情的真相，让陈芸回到家中，却没向陈芸表示丝毫的歉疚。此时的陈芸才三十二岁年纪，却已疾病缠身。

就在这个时候，陈芸做出一个非常特别的举动：给丈夫纳妾。

乾隆五十九年（公元 1794 年）的时候，沈三白的表妹夫徐秀峰新纳了小妾，邀请陈芸去看，陈芸看了后说，漂亮是挺漂亮，然而风韵不足。秀峰说，如果你老公纳妾，是不是要找那种既漂亮又有风韵的？陈芸说，那是当然。接下来，陈芸真的就开始为丈夫物色侧室了，而且做得专心致志，后来果然就物色到了一个“美而韵”的女子。

这个女子叫憨园，是当时浙江名妓温冷香收养的一个女儿，“瓜期未破，亭亭玉立”。她是沈复的一个朋友带到沈复和陈芸面前的。陈芸一见憨园就非常喜欢，三人同船去游虎邱，回家之后，陈芸说，我今天算是看见漂亮而有风韵的女子了，我跟她约好明天见面，到时候，“当为子图之”。沈复描述自己一见憨园，就觉得如“一泓秋水照人寒”，而且“私心忐忑”，所以，对陈芸的建议肯定是求之不得，但表面上却假装说：“你我二人伉俪情深，何必外求呢？”陈芸说：“我自爱之，子姑待之。”

第二天，憨园果然来了。陈芸殷勤款待，很是欢快。憨园回去之后，陈芸说，刚才我和憨园约好了，到十八日这天，她来和我结为姐妹，你可要准备上好的饭菜啊！又笑着指了指自己手臂上的翡翠镯子，说，如果你看见这个镯子戴在她的手臂上了，事情就成了。到了十八日这天，天降大雨，憨园竟然冒雨而至。她和陈芸在屋里待了很长时间才出来，沈三白不看别处，只看憨园的手臂，只见翡翠钏已在憨臂矣！

丽人已得，两人都很满意，自此无日不谈憨园。可是风云突变，憨园最后跟了别人，原因是那个人以千金作聘，并且许诺赡养她的母亲。客观上说，憨园并没有错，当时沈复入不敷出，自然比不上一个孔武有力而又有钱的男人。这事虽然让沈复很受打击，但对陈芸的打击更大。她是性情中人，并不艳羡钟鸣鼎食之家，所以无法理解憨园。当她知道憨园另嫁之后，痛心疾首地说："初不料憨之薄情乃尔也！"





陈芸素有血疾，是因为她的弟弟克昌离家出走再没有回来，母金氏因此病故，悲伤过度所致。此病时发时止。憨园一事，让她的旧疾复发。

陈芸临终前一年，经常神情恍惚地说两句话，一句是"阿双逃矣"，另一句就是"憨何负我"。沈复说陈芸"竟以之死"，一点也不过。

陈芸主动为丈夫纳妾，让世人不能理解，有人说她只是一种姿态，甚至还有人说她是同性恋，这只是别人的臆测，不足为信。但分析起来，她或许有自己的私心。陈芸是诗性之人，身边的女子在她眼中难免多脂粉味。由"美而韵"便能知她对女性美的评价了。沈复常常奔波于外，她不容于一家上下，还有可能不容于左邻右舍，她是一个孤独的人，她需要知己，至少，她需要一个可以说话的人。所以，她为沈得纳妾就有可能存有私心。

此外，陈芸是一个大度且不为俗物所绊的女子，例如，三白之弟沈启堂结婚时，她将自己嫁妆中的珠花送给他作为婚礼，估计珠花很珍贵，仆人们都觉得很可惜，陈芸却反问"何贵焉"。纳妾当然不能与送珠花相比，但在那个妻妾成群的年代，或许是她对丈夫太爱了，所以恨不得将天下最好的东西都拿来给他。

更大的可能是，陈芸身体不好，侍奉丈夫难免有不周之虞，所以她想找另一个女人来照顾丈夫，这是一个善良女人的无奈和悲哀。

猜测只是别人的想法，芸娘要替夫君纳妾，到底是一种姿态，还是确有其心，只有她自己知道。

但是可以肯定的是，这件事成为她第二次被逐的导火索。"阿双逃矣"就发生在陈芸第二次被逐的时候。这一次被逐依然与陈芸无关。

嘉庆五年（1800年）的腊月，陈芸因为过度操劳，乃至卧床不起。陈芸在未出嫁时有一个好姐妹，陈芸叫她盟姐。两人曾约定，如果谁有疾病要互相扶持。后来盟姐嫁到无锡，两人多年没有来往，这次听说陈芸患病，盟姐派人来问病，并且邀陈芸去她家小住。陈芸欲为儿子纳妓女憨园为妾的事，沈父自然知道，所以这一次一听“盟姐”来访，沈父误以为陈芸和娼妓结盟，当时就大怒，不容陈芸分辨，限期三天，让她离开。

当时陈芸和沈复都已三十八岁，沈复再想谋个职业已经很难，不用说，这次被逐，等待他们的是更加的贫困。离家前，最让他们揪心的是两个孩子，当时女儿青君十四岁，儿子逢森十二岁。留下不行，带走吧，自己都是去寄人篱下，怎好带着孩子去。他们决定在这两天之内，给孩子们安排个去处。最后，青君被沈复的一个表兄收为儿媳。陈芸夫妇答应了这门婚事，但乞求表兄念在女儿还小，先当童媳养着。儿子也找到了依托。

三天后，陈芸和沈复抛家别子，踏上异乡。临别之际，陈芸对女儿说了一番肝肠寸断的话：“我的命不好，才有如此不幸；多亏你的父亲对我很好，处处宽谅我。能和他在一起，我也就没什么顾虑了。两三年之内，我们一家还会团聚。你到了婆家，一定要尽妇道，不要像我。衣箱里还给你留着些东西，就算给你的嫁妆。你的弟弟还小，需要你照顾。……”陈芸骗儿子逢森说，自己去看病，几天就回来了。他们没有想到，这一走，竟是永别。两年后，陈芸病死，六年之后，她的儿子也病死了。

在华家待了一年多后，沈复在扬州谋了一个差事，陈芸觉得寄食于非亲非友之家，终非久长之策，于是随丈夫去了扬州。临走前盟姐赠了一个叫阿双的侍女随行去侍奉他们。两个人在扬州的生活虽然清苦，但看起来似乎有了起色，不想，沈复的差事没干多久，就被裁员，两个的生活从此断了炊烟，衣食无着。最后，沈复只好去向远方的亲友借钱，留下重病的陈芸在家。

沈复去了三天，总算借到了二十五两银子，他兴冲冲地往回赶。他没想到，在他去后，那个叫阿双的小奴，拿了家里值钱的东西逃之夭夭了。沈复回到家中，看见陈芸已是“形容惨变”，正在“咻咻涕泣”。陈芸没有指责阿双偷东西逃跑，反倒担心她回去的路上，有大江阻隔，会遇到危险。她又觉得对不住盟姐，还顾虑阿双的父母把她藏起来，又回头讹诈他们。

沈复安慰说，我们家穷得叮当响，她能讹诈我们什么？再说这半年来，我们对她也不薄，她不至于做出忘恩负义的事来。再说了，阿双逃跑，那是华家赠奴不当，我们无颜见他们，他们也会觉得无颜见我们，算是扯平了。这样一说，陈芸的心里才觉得好受一些。但是，从此之后，她的病情益重，人也显得神情恍惚了。沈复曾想找医生来给她看病，却被她拒绝了。

嘉庆八年（公元 1803 年）春，就在春暖花开的季节里，陈芸的美丽生命却凄然凋谢了。在弥留之际，她牵挂着丈夫、孩子，她紧紧地抓着丈夫的手，似乎有许多话说想说，却一句也说不出来了，她只是反复地念着："来世，来世，来世……"最终带着眼角未干的泪痕静静地离开了这个给她幸福又让她备尝艰辛的人世间。





陈芸和沈复虽然一生贫困潦倒，却能互相扶持，超然物外，苦中作乐，竟然没有应了贫贱夫妻百事哀的套路，怎不羡煞古今眷侣。男人希望有陈芸这样一位既懂得生活也懂爱情的妻子，而女人也应该能从她那里悟到一些夫妇相处之道。

# 第五章

# 温柔比强悍更锋利

现实生活中存在这样一个现象，那就是，有一些女性在争取摆脱客体地位的时候，由于过度的战斗使自己的女性特质丧失殆尽，成为一个泼妇。

关于女性是否要保持女性特质，向来存在着争论。有一些女权主义者认为，它是被强加的而非天生的。可是，无论如何，女性特质是一种文明素质，是女性魅力的重要部分。女德在柔，柔能克刚。

一个女人如果罩上了“悍妇”的“光环”，那么这个巨大的阴影会掩盖了她可能存在的一切优点。当面对一个悍妇时，人们已经无法注意她们的容貌甚或才能。

## 与儿子成了仇人——武姜

中国历史上，为了权力，父子相残、兄弟相害的事件不少，亲生母子间要心机的也有，但拼个你死我活的并不多见。但是武姜却是个例外，她并没有政治野心，却与亲生儿子交恶，值得心理学家和社会学家研究。

说得这么热闹，武姜何许人也？

她是春秋时期郑国国君郑武公的妻子，也是当时小诸侯国申国国君申侯的女儿。公元前 757 年，她与郑庄公的第一个儿子出世了。这次生产很不顺利，孩子不是头朝下出生而是腿先伸了出来。难产即使是现在也是非常危险的事情，武姜千辛万苦把孩子生了下来，过程一定很痛苦，所以，史书上说武姜因此对这个儿子不太喜欢，还给他起了一个很难听的名字：寤生，也就是不顺的意思。

寤生三岁时，武姜又生了一个儿子段。史书称武姜喜欢这个儿子，原因是“段生易”。

如果真如史书所讲，姜氏是根据孩子出生的难易来决定喜欢程度，那武姜的确不是个合格的母亲。但很可能还有其他的因素，那就是寤生的确不那么讨人喜欢。寤生，也就是后来的郑庄公是春秋霸主之一，性格应该很强势、内敛，这样的人往往不太讨人喜欢。再说，子女多的家庭，父母往往比较宠爱最小的，这没什么特殊的理由。此外，段长得也是一表人才，面如敷粉，唇若涂丹，是郑国两大美男之一，而且力气很大，善于骑射，武艺高强，所以郑妈妈更宠爱他一些也是正常的。只不过，这件事发生在帝王之家，就复杂、严重多了。

武姜曾多次向郑武公提出立段为接班人。这个提议违背了“立长”的礼制，而且寤生也没有什么错误，所以郑武公没有答应。公元前744年，郑武公病重，武姜再次对病危的丈夫提出把小儿子段立为太子，还是没有成功。对于武姜来说，寤生和段都是自己的亲生儿子，哪个人继位，她都是王太后，可是她坚持立幼废长，可见确实非常不喜欢大儿子。同年，武公病逝，寤生继位，即郑庄公。这一年寤生十三岁，而他的弟弟段只有十岁。

武姜见没为小儿子争得王位，就想为他争一块土地。她对郑庄公说："你当了接班人，拥有数百里的地盘，可你的弟弟却连容身的地方都没有，你于心何忍啊！"

郑庄公说："妈妈您想怎么办就怎么办。"

于是武姜狮子大张口，替段要一块叫"制"的封地。制又叫虎牢，是险峻的战略要地，不是随便可以封出去的。于是，庄公找了个借口回绝了母亲的要求，但答应可以给别的任何地方。武姜就退而求其次，为小儿子段要了"京"这个大城。

京是郑国一个非常重要的城市，地位仅次于国都新郑，如今段成了主人，其地位无异于郑国的第二个国君。有个叫祭仲的大臣站了出来对庄公说："京的规模比首都都大，按祖制，大的封邑不能超过都城的三分之一，中等的不能超过五分之一，小的不能超过九分之一。把京这么大的地方封给段，于国不利。"庄公的回答很有意思，他说："姜氏欲之，焉避害？"这是《左传》的记载，《史记·赵世家》称："武姜欲之，我弗敢夺也！"

庄公对自己的母亲直呼其名，显然并不恭敬。这也不奇怪，武姜不喜欢他，并且三番五次劝武公废了他，这些事情他不可能不知道，所以内心不可能尊敬这个妈妈。

祭仲见庄公对自己母亲如此态度，就接着说："姓姜的和你弟弟段太贪得无厌，不如早点解决！"小小年纪的庄公说了一句千古名言："多行不义必自毙，子姑待之。"

庄公以如此幼小的年纪却想出如此阴毒的招数，可见，他是一个极有心计、有城府的人。这可能是他的本性使然，也可能是因为他从小受母亲的伤害太深，所以要报复母亲和弟弟。总之，这个时候的庄公对母亲和弟弟一点亲情也没有了，而是在设套作局，要除掉武姜和亲弟弟。

后世认为，武姜为儿子要京这个大地方，是为了阴谋篡权，其实未必。她最初可能只是想为自己喜欢的儿子争取更大的利益。只是最后还是发生兄弟相残的惨剧。

不知道为什么，武姜总觉得郑庄公会对宝贝小儿子段不利，于是在段来向她道谢并辞行时，她悄悄对段说："你哥哥这人不念兄弟之情，对你相当刻薄。这次我好不容易说服他把京城封给你，但他心中肯定不服气。你到京城后，应该招兵买马，早做准备。等到时机成熟，我发一个信号，咱里应外合，把这江山抢过来！"

段回去后果然明里暗里搞了许多小动作，比如，拉拢或吞并周边的城市，招兵买马，修筑城墙。这些消息让郑国那些大臣们急得不得了，郑庄公却只是微笑不语。

郑庄公当国君的第二十二年，他去周朝国都长安公干，武姜和段以为时机已到，准备夺权。他们哪里知道，郑庄公早就盯着他们了。玩政治，段远不是郑庄公的对手，最后只得哭着抹了脖子。

收拾了弟弟，郑庄公回头跟妈妈算账。他让人将武姜赶出都城，让她搬到乡下去住，并说了一句很绝情的话："不及黄泉，无相见也！"意思是说，我除非死了，否则再也不和你见面。说此话时，庄公将近四十岁，武姜应该有六十多岁了吧。

过了一段时间，庄公对于驱逐母亲这件事后悔了，但是苦于找不到台阶。这时一个叫颍叔考的人出现了。他到国都晋见郑庄公，在招待宴上故意偷偷将一些好吃的东西藏在袖子里。庄公问原因，颍考叔说，我娘没吃过君主赐的饭食，我要带回去让她尝尝。听了这话，老奸巨猾的庄公也难免上钩，他叹息道，你还有母亲可以送给她吃的，我却不能，我说过只有到黄泉才能见她。

颍考叔趁机说："这有何难，您只要叫人挖一个隧道，直挖到见到地下水的地方，然后你们母子在那里相见，就不违反您的誓言啊。"郑庄公一听有理，立刻命颍考叔主持挖隧道。隧道完成之后，母子二人在地下见面，抱头痛哭，两人还各自吟诵了一句临时作出的诗。庄公走进去时说："大隧之中，其乐也融融。"武姜走出来时说："大隧之外，其乐也怿怿（高兴的样子）。"

武姜和她的儿子以地道为台阶，完成了大团圆的收场。但《左传》中对这件事的收尾十分耐人寻味："遂为母子如初。"如初，就是跟原来一样。如果理解不错的话，就是说武姜依然不喜欢这个大儿子。

现实生活中，有武姜这样行为的人不少。比如婆婆破坏儿子与儿媳的关系，妻子挑拨丈夫与公婆的关系。谁都觉得自己是迫不得已，其实，多数情况下只是缘于自私和愚蠢。

聪明的女人一定是能够处理好家庭关系的女人。

## 愚蠢让金屋变草窝——陈娇

陈娇是汉武帝的第一个皇后，她是刘彻的大姑馆陶长公主刘嫖的亲女儿，也就是刘彻的表姐。两人的婚事属于政治婚姻。当年，两人还是小娃娃时，陈娇的母亲馆陶长公主和刘彻的母亲王娡这两个心机女策划了一出“金屋藏娇”，将两个人撮合到了一起。

公元前 150 年，在母亲和姑姑兼丈母娘的共同努力下，年仅七岁的刘彻被立为太子，陈娇成为太子妃。九年后，十六岁的刘彻变成汉武大帝，陈娇成为皇后，此时陈娇应该已经二十三四岁了。

刘彻没想到自己幼时的一句童言，招到了这么一个能帮自己走向皇位的媳妇。他俩的婚后感情如何，史书记载很少，《汉书》只称陈娇“善宠娇贵”。这其实是可以预料的。陈娇本来就有一个“善宠娇贵”的娘刘嫖，她自己又是娇生宠养。可以想象，初期的陈娇，肯定与她母亲刘嫖的做派一样，在家里颐指气使，说一不二。而作为孩子的刘彻，虽然贵为太子，但肯定是把陈娇当成呵护弟弟的姐姐看待的。陈娇的脾气自然也会被惯起来了。

刘彻能得到皇帝之位，可以说完全是出自丈母娘的功劳，更何况奶奶窦太皇太后还在世，因此不用说，初登帝位的他对妻子兼表姐的陈娇是言听计从的。陈娇当然更明白自己的背景雄厚，何况他们也确实是青梅竹马，因此在她看来，刘彻是绝对不敢做出有违她心意的事来的。在小丈夫面前，她神气到了极点。

应该说，陈娇初期还是相当成功的，很长的时间里，她都是名副其实的皇后，除了她之外，刘彻几乎没有接近其他宫人的机会。陈娇不但专宠，而且恃宠而骄，享受着极为奢侈的待遇，将刘彻管得严严实实。

由于窦太皇太后还在世，馆陶长公主也长袖善舞，刘彻作为一个尚未亲政的皇帝，也不得不配合老婆的作风，对于满宫美女，从不敢公然勾搭。然而人算不如天算，不知道为什么，陈娇和刘彻结婚多年，虽然独占了丈夫，却一直没有怀上过身孕。馆陶长公主自然不承认自己的女儿有问题，窦太皇太后本就因为刘彻竟敢妄想取消“老黄”之说尊崇儒术而愤愤不已，也理所当然地倒向了馆陶和陈娇的一方，那么结论就出来了——皇后和后宫嫔妃多年无人生养，问题肯定出在皇帝身上。随着这个结论而来的是：窦太皇太后要以“皇帝无子”的名义，在宗室亲王中另立储君，新选定的储君，竟然是刘彻的叔父淮南王刘安。此时，刘彻所面临的不但是面子问题，还有生死存亡的危机。还好，陈娇的母亲刘嫖并不蠢，她很清楚假如刘彻被废，自己的女儿和自己也不会好过。因此她动员起所有的力量，自己更是竭尽全力去哄慰母亲窦太皇太后。在一番努力之后，本已箭在弦上的危机终于被化解了。然而经此一役，“无子”“无育”的问题便成为摆在刘彻和陈娇面前的现实难题。陈娇自然是想更严密地控制丈夫，将所有的生育机会都留给自己；而刘彻此时不但是因为他疑心陈娇不育，更重要的是好色之心已经开始蠢蠢欲动。

刘彻也有一个类似馆陶公主的姐姐——平阳公主。她为刘彻献上了美女卫子夫。然而满怀期望的卫子夫刚进宫门就遇上了怒气冲冲的陈娇皇后。刘彻对卫子夫本来就不过是图一时的新鲜，不可能为她去开罪表姐与姑妈，因此他很痛快地就将卫子夫丢到了宫女堆中。这一丢就是一年多的时间，卫子夫连刘彻的面都见不着。可以想象，平阳公主绝不会是唯一一个拿女人当礼物送给刘彻的人，像卫子夫那样的女人数不胜数。当卫子夫明白自己的处境之后，她从天堂美梦中一下掉进绝望的深渊。终于，皇宫由于宫女多到人满为患，不得不遣散一批了。已经完全绝望的卫子夫也流着眼泪加入了申请出宫的人群里。本来遣散宫女这样的小事，让皇后或者宦官去处理也就足够了，但是刘彻却鬼使神差地亲自出马。而幸运就这样第二次降临在卫子夫身边。当刘彻看到梨花带雨的卫子夫时，回想起了两人初次相遇的情景，对她万分怜惜起来。为了避免再次被陈娇皇后察觉，刘彻将卫子夫安置在上林苑居住，时常前去看望。而这一次的旧情复燃带给刘彻一个真正的“意外惊喜”：卫子夫竟然立即就怀上了身孕。卫子夫在他眼里顿时成了个活宝贝，身价倍增。背着“难于生育”黑锅的刘彻，对自己终于使女人怀上身孕的事情，自然要迫不及待地广而告之一下。陈娇皇后得知消息后，无论如何不能接受这样晴天霹雳般的刺激，顿时大哭大闹。《汉书》记载，阿娇听说刘彻宠幸卫子夫后，竟然被气死过去好几次。

刘彻这次对表姐不但没有一丝一毫的低声下气，反而大怒斥喝：“你这么多年连个孩子都生不出来，还有脸指责别人？丢人现眼的到底是谁？”骂完了，刘彻掉头就走，连看都懒得多看陈娇一眼。刘彻的反应大出陈娇的意外，更让她羞恨难耐。在众多的宫女宦官面前，陈娇觉得自己丢尽了脸面，她更不能接受丈夫变心，她简直不想活了。于是，陈娇便开始变着法子寻死，但每一次都被高度警觉的侍从制止了。更令她灰心的是，在得知妻子几次三番寻死未遂的消息之后，刘彻不但没有安慰的表示，反倒认为她是在装模作样，故意制造事端。悲苦万般的陈娇哭着去找自己的亲娘馆陶公主诉苦。

对于陈娇失宠，刘嫖很看不过去，多次找刘彻的大姐平阳公主谈话，指责道：“如果没有我，就没有刘彻的今天。如今他坐上了皇位，就把我女儿扔到一边了，这不是忘恩负义吗？”这话说得很有道理，平阳公主也不好反驳，只好替弟弟辩解道：“阿娇不招待见，不就是因为她生不出儿子嘛。”这话也很有道理。陈娇没辙，只好寻找各种育子偏方来治不孕症。《史记》称她花的医药费高达九千万，但依然没有奇迹出现。

就在陈娇苦于无法怀孕的同时，卫子夫却在不停地为刘彻生孩子。这样的情形，比那些苦不堪言的中药汁更让陈娇难以承受。于是她转而乞灵于巫术。在众多巫师中她选中了女巫楚服，希望能够借助神灵的力量挽回丈夫的爱情。楚服不但为陈娇举行巫祭之礼，还把自己打扮成男子模样与陈娇同吃共寝。陷于绝望的陈娇对她言听计从，将她看成了自己各方面的抚慰和依靠。刚开始她还知道掩人耳目，但日子长了，她越来越离不开楚服，而得意忘形的楚服和女徒弟们更忘了皇宫是什么地方，一天天肆无忌惮起来。陈娇的变化是那么明显，就连很少接近她的刘彻最后都感觉到了。于是东窗事发。

元光五年（公元前 130 年），刘彻终于对女巫事件发作了，他将这案子交给著名的酷吏张汤办理，而且下令要穷究到底。这时候，陈娇的外祖母窦太皇太后已去世五年，母亲刘嫖也失势已久，局面大为不利。张汤的追查雷厉风行，很快就有了结果。楚服被定“为皇后巫蛊祠祭祝诅，大逆无道”的罪名，连同受牵连的有三百余人，一起当街斩首。接着，刘彻颁下了废后诏书：“皇后失序，惑于巫祝，不可以承天命。其上玺绶，罢退居长门宫。”——十几年的夫妻情分，至此戛然而止。

有意思的是，这长门宫本来是陈娇母亲刘嫖的私家园林，叫长门园。刘嫖为了讨好武帝，以董偃的名义献出来改建成长门宫。起初这里用作皇帝祭祀时休息的地方，后来专门收养那些废黜的宫女皇妃。刘嫖自己都没想到，自己竟亲手为女儿提前留好了“归宿”。

女儿被废的消息对馆陶长公主来说就像晴天霹雳，她害怕女儿惹下的大祸继续牵扯下去，连忙赶进皇宫向自己一手扶立起来的皇帝侄儿下跪求饶。这时的刘彻还年轻心软，想到从前的情分，承诺绝不追究姑妈和表兄一家，更表态会照办当年“金屋藏娇”的许愿，陈娇虽然不再是皇后，仍然享有和从前一样奢侈的物质待遇。馆陶长公主长吁一口气，哪里还敢再替女儿多说话，赶快返回了侯府。另外她刚刚纳了新宠董偃，根本无暇去关心女儿。武帝对董偃也是非常喜欢，姑侄感情一时间热火朝天，陈娇则变得无人问津了。

陈娇由“金屋藏娇”变做“长门怨妇”后仍不甘落寞。她听说刘彻非常喜欢蜀郡司马相如的文采，便拿出黄金百斤作为报酬，请他为自己做一篇赋，希望能够让丈夫回忆旧情。此时的司马相如与爱妻卓文君正在成都做着酒业生意，收到陈娇的重金后，立即为她写下凄恻动人的名作《长门赋》：“夫何一佳人兮，步逍遥以自虞。魂逾佚而不反兮，形枯槁而独居。言我朝往而暮来兮，饮食乐而忘人……”此赋既哀且悲，又臭又长。

据《长门赋序》称，刘彻还真的看到了这篇赋，他对这篇赋赞赏有加，但对陈娇却没有丝毫回心转意的意思，所以，陈娇还是没达到自己的目的。

老公没了，大笔钱白扔了，曾经不可一世的陈娇怎么可能咽得下这口气？但她还是很快在长门冷宫里咽下了最后一口气，终年也就三十六七岁。

阿娇抑郁而死后，刘彻让她以皇后的名义下葬，算作一种赏赐。

陈娇的故事，实际上是两个蠢女人、一个聪明女人和半个聪明女人的故事。两个蠢女人就是栗姬和陈娇，一个聪明女人是指刘彻的娘王娡，那半个聪明女人则是陈娇的娘刘嫖。

陈娇是一个蠢女人。本来刘彻的皇位是她的母亲帮忙夺来的，所以，只要她有一点智慧，保住皇后的位置应该没有问题；如果陈娇是个明白人，她应该知道，她与刘彻的婚姻更多的是政治关系，注重名分而不是感情。但陈娇年龄不小，智商却颇低，没搞明白这个简单道理。结果，因为她的妒忌、霸道的性格，落得悲惨的下场。

## 黑颜也祸国——贾南风

一般来说，人们会想当然地认为，能成为“祸水”的女人一定是倾国倾城的美女。但这并不是说，丑女就不会祸国。从历史上看，丑女祸起国来一点也不逊色。这其中的“佼佼者”就是黑皮贾南风。

贾南风是白痴皇帝晋惠帝司马衷的皇后。起初，惠帝的老爹晋武帝司马炎想为他娶大臣卫瓘的女儿，贾充急忙走后门请杨皇后劝说晋武帝娶自己家的小姐。司马炎起初不同意，理由是：“卫公女有五可，贾公女有五不可。卫家种贤而多子，美而长白；贾家种妒而少子，丑而短黑。”但他是个时而清醒、时而糊涂的皇帝，终于架不住杨皇后一再坚持，再加上贾充党羽的吹捧，定下了贾家的姑娘。本来从年龄和长相的角度来看，比太子小一岁的贾家二小姐更合适，可是这个小姑娘年龄太小，连礼服都撑不起来，于是就改定了老大贾南风。更好笑的是，司马衷娶了贾南风后还欢天喜地的。看来是活该晋室倒霉，只是晋朝子民从此倒霉了！

人的性格的形成都是有根源的，贾家一门都异于常人，所以多费些笔墨讲讲他们。

先说说南风之父贾充。此人是晋武帝司马炎的得力谋臣，一直任宰辅之职。归结起来，贾充对司马炎有两大功劳：其一，当年魏帝曹髦不满司马昭跋扈，率宫人讨伐，却被贾充挥兵挡住，且杀了曹髦，为司马氏代曹立了大功；其二，司马师死后，弟弟司马昭接过司马家的大权。哥俩感情很好，所以司马昭一直想将世子之位传于哥哥司马师的后人。当时司马炎是司马昭的长子，次子司马攸过继给了司马师，假如要传司马师一脉，自然便是司马攸。贾充等人又力挽狂澜，使司马炎顺利成了继承人，对司马炎有拥立之功。这两点，让贾充一辈子荣宠无比，直至泽及丑女贾南风。

贾家似乎向来就有悍妇的传统。贾充妻子郭槐，是个典型的母夜叉，贾充则是典型的“妻管严”，而且是深度的。郭槐不但不让丈夫见他的结发妻子，就连她自己亲生的两个儿子也间接死于她手。郭槐初有一子，贾充下朝回家，免不得要跑去抚摸一下孩子的头，其时因孩子年小，自然是由乳母抱着。可郭槐不这么想，她怀疑贾充与乳母有私，于是将乳母打死。没想到，儿子不肯吃其他人喂的食物及水，终日啼哭，惊吓而死。等到有了第二个儿子，贾充又到乳母身边去摸孩子头，于是郭槐又嫉妒，结果与前一样，乳母处死，小儿夭折。此后，贾充再无儿子，膝下仅有二女，长曰贾南风，次曰贾午。这两个女儿都非等闲。

先说次女贾午，虽称不上美人，但身材娇小，体态玲珑，再加上年轻，也有三分姿色。相府有一位叫韩寿的文牍小吏，长得玉树临风，而且满腹诗文，口才极好。贾二小姐一日在屏后窥得此君，从此恹恹不食，得了相思病。眼见得小姐日渐憔悴，她的心腹丫鬟偷偷向韩寿转达了小姐的一番情怀。韩寿大喜，遂于当夜四更，翻过矮墙潜入小姐闺中，两人同赴巫山。如此过了几天，韩寿发现自己身上有一种奇香，却找不到藏香之处。贾午告诉他：“这是西域奇香，沾身入味，经月不息，是皇宫的贡品，赶明儿我从老父处偷些给你。”韩寿得了奇香后，每天满身异香，同事们很奇怪，却又找不到香囊，大家免不了就传为奇事。一来二去，此事传到贾充耳朵里。他想这香是宫中所赐，只有自己的妻女才有，这韩寿是从哪里得来的呢？回家观察，见小女儿竟然眉梢含春，一扫原来病怏怏的状态，心下便有三分明白。再一审小丫鬟，真相全部大白。继而向贾午询问，贾午摆出一副非韩郎不嫁，要不就去死的架势。老两口无法，只好将错就错，将女儿嫁与了韩寿。“韩寿偷香”是历史上一个很有名的香艳典故。

郭槐、贾午已够彪悍，本书的正主儿贾南风比二人更强。贾南风的个性极像其父，在贾充这个权欲极重之人的熏陶下，极其了解权力的重要。

太子蠢笨，要接班做皇帝关乎到社稷苍生，于是有几个正直大臣有一天当着晋武帝的而指着龙座说，“此座可惜”，意思是提醒武帝废了弱智太子。当时贾南风已成太子妃，自然不容此议得行。于是急忙忙找幕僚策划，渡过了危险。但贾南风天性残暴妒悍，自己却差一点被废除。原来司马衷有一个叫谢玖的妃子生了一个儿子司马遹，非常敏慧，深得武帝喜爱。贾南风很不高兴，她怕其他妃子再生儿子，于是严加防检。恰巧有一个妃子怀孕，南风知道后，用戟掷刺之，结果一尸两命。杀完人后，南风反倒责怪宫人防护不周，又持刀杀死数人。武帝闻知大怒，想把她废掉。幸亏有大臣替她求情，才好歹保住了地位。

公元290年，晋武帝病死，已经三十多岁的太子司马衷总算熬成了晋惠帝，贾南风顺利成为皇后，从此丑女母仪天下，好不得意。

晋武帝到底不放心自己的傻儿子，立遗诏要杨皇后的父亲杨骏和他叔父汝南王司马亮一起辅政。晋武帝临死时，只有杨骏在身边。杨骏为了独揽大权，就和杨皇后串通，伪造遗诏，指定杨骏单独辅政。

晋惠帝即位以后，国家政事一件也管不了，倒是常闹笑话。最典型的例子是“何不食肉糜”。有一次，臣下汇报灾情，说老百姓闹饥荒，连饭都没得吃了，晋惠帝自以为聪明地问：“为什么不叫他们多吃点肉粥呢？”大臣们听了，个个目瞪口呆。又一次，在宫中游玩，忽听见青蛙叫，便问左右：“蛙鸣为官乎？为私乎？”左右尽皆窃笑，便含混回答道：在官田乃为官，在私田乃为私。由这样一个白痴皇帝执政，周围的野心家们当然不会老实了。

贾南风可不是吃素的，当时贾充已死，蠢丈夫又无能，她不甘心朝政由杨家人把持，于是结交外臣除了杨太后、杨骏及其党徒，同时又除去了其他有威胁的司马王族，从此，朝廷上下便全都成了后党人物，贾南风彻底掌握了朝中大权。

即使床笫之间，贾南风也是个主宰者。贾南风经常将晋惠帝赶到别室自睡，她自己则找些貌美男子来充床笫之虚。最可恶的是，她经常命令宫中仆妇到大街上掳掠一些年轻小伙子，等玩厌了，就杀死了事。这些小伙到死都不知道这个丑女人是何身份。偏有一次，贾南风对掳来的一个年轻小吏舍不得杀害，于是玩弄之后，嘱咐他不要声张，给了些鲜美衣物，放了出来。街坊同事一看，从前的穷小子忽然光鲜的不行，大家都很惊奇。恰巧贾南风的一个亲戚家失盗，就怀疑到这个小吏身上，抓起来一审，小吏只好招出实情。他描述出所遇贵妇模样，南风亲戚心下豁然，当场撤诉，然后捂着嘴忍着笑走了。主审官自然也明白是怎么回事，便嘱托小吏不许到处乱说，当庭就放人结案，回内堂后大笑不止。

这贾南风淫荡也就罢了，偏还要把太子之位牢笼于手。原来贾南风生了几个公主，但没有生儿子。无奈，便立妃子谢玖生的司马遹为太子。贾南风当然不想让别人的儿子当太子，所于她一心要加害司马遹。她一面将他与生母谢玖分开。另一方面，专门在太子身边安插一批黄门阉宦，将太子往邪路上引导。司马遹被立为太子时，只有十三岁，正是容易出问题的年龄，失却教化后，自然如脱缰野马，渐渐养成刁蛮习性。其生母谢玖娘家微贱，是个杀猪宰羊的世家，司马遹似乎得了些遗传，对卖肉非常钟爱。他命人在宫中设立肉市，自己则亲手为客人切肉。客人要多少，他手起刀落，丝毫不差。他还喜欢做生意，在皇家的西园弄些蔬菜鸡鸭米面之类的杂货来卖，交易所得，收归己有。不过得来的利钱随手就又散光了，活脱脱一个“能挣会花”的企业家。太子太傅、太子太保等负责教育太子的人对他很是担忧，但恶习已成，已然无可救药了。太子舍人杜锡时常规劝他远小人，修德进善，他大怒，让人在杜锡的座席上插上钢针，结果杜锡一坐之下，扎得鲜血直流，疼痛不堪。

太子经常的玩伴贾谧，就是那个偷香韩寿与贾午所生的儿子。太子喜怒无常，而贾谧乃贾南风身边红人，当然不把这太子放在眼里。所以两个人时好时歹。当时太子是想娶韩寿的女儿，也就是贾谧的姐姐为妻，无奈贾皇后和贾谧不同意，于是又想娶王衍的女儿为妻。王衍是“竹林七贤”之一的王戎的堂弟，本有二女，其长者美，次者丑。贾谧听说后，先跑到贾南风处，求皇后裁定把美者自己娶了，而把丑者嫁与太子。太子焉得不恨之入骨？二人交恶，贾南风自是偏袒贾谧。

贾谧在当时权势熏天不说，文名亦颇了得。其门下经常聚集着一帮人，号称“二十四友”，如石崇、潘岳、陆机、陆云、左思、刘琨等都是此中之人。当时恰好贾午生了一子，贾南风便偷偷抱到宫中，李代桃僵，说是自己生的。接下来的就是怎样废除太子了。贾南风设计召太子入宫，赐酒将其灌醉，然后拿出一份文字让他照抄。太子眼光迷离也不知纸上写着什么，只是依葫芦画瓢照抄一遍。第二天拿着这张纸公诸朝堂，说太子谋反，要求晋惠帝司马衷废了太子。原来这张纸上写的是：“陛下宜自了。不自了，吾当入了之。中宫（指贾南风）又宜速自了。不了，吾当手了之。”大臣们对这份类似祷告的文字不以为然，反对废除太子。但贾南风何许人也，到晚上就下令把太子废了，先是贬为庶人，不久将之杀害，其凶悍可见一斑。

贾南风把持朝政之后，晋廷已混乱不堪，宗室之间也开始了争权夺利。宗室赵王司马伦是个凶残成性的家伙，他矫诏起兵，伙同齐王司马冏在京城大开杀戒，贾谧、郭彰等贾后一族，包括韩寿夫妇全部被杀，贾南风也被抓了起来。

司马冏带兵进宫逮捕贾南风时，她高喝："你们想干什么？"齐王冏说："奉皇上的诏书，特来逮捕你。"贾后还大声理论说："皇上的诏书都是我发的，哪里还有什么别的诏书！"她不知道，自己可以矫诏，别人也可能矫诏。真够愚蠢的。

贾南风先被囚禁，但司马伦对她很不放心，就端去一杯金屑酒，逼其自尽。至此，一代悍后、误国大丑女贾南风终于撒手人寰，一命呜呼。此时，统一晋王朝已被她毁掉一多半了。赵王伦掌握了政权后，把晋惠帝软禁起来，自己称帝。各地诸侯王自然不甘心让赵王伦做皇帝，他们之间就展开了多年的厮杀，历史上称为"八王之乱"。八王之乱前后延续了十六年，到了公元306年，八王中的七个都死了，留下的最后一个东海王司马越，干脆毒死了晋惠帝，另立了惠帝的弟弟司马炽，这就是晋怀帝，此时，只经历了二世（不算司马伦）的西晋政权就已经奄奄一息。大一统的中国，从此陷入了三百多年的分裂割据局面。而这一切，竟然都跟一个丑女人有关。

俗话说，上天关闭了一扇门，定会开启另一扇窗。人们总期待丑陋的人会拥有一颗善良的心灵，像《巴黎圣母院》里丑陋却善良的敲钟人卡西莫多，贾南风用事实证明并不是所有丑陋的女人都是贤德的。

不过，贾南风如果不是摊上一个白痴晋惠帝，充其量也就是个丑媳妇和悍婆娘罢了，何至于荒淫凶残如此！

## 苛刻亡国——独孤伽罗

独孤伽罗是隋朝的开国皇帝杨坚的皇后，是历史上有名的奇女子之一。

她最奇的地方就在于，自古以来，皇帝都是皇宫中的主宰，三千佳丽都得想着法子哄着皇帝。偏偏在短命的隋朝，出了这么一位独孤皇后，她施展奇才大略严治后宫，连皇帝都不得不惧她七分。

对于独孤伽罗，后世的评价多数都是正面的，因为她除了对丈夫和儿子管得太严外，政治才能和为人处事都是正面的，但是，我们不得不说，隋王朝以如此厚的底子，却在那么短的时间内倒下，独孤皇后的忌妒“功不可没”。

独孤伽罗是北周大司马、河内公独孤信的小女儿。独孤家族是北周最高等级的贵族，八柱国世家，是汉化的鲜卑人。同时，独孤信还是朝中最大派系贺拔岳、贺拔胜派系的第二代首领，北周太祖宇文泰就是凭借着这支军队终成霸业，后来执政的宇文护对独孤家的强大势力坐卧不安，逼死了独孤信，这是后话。独孤信有七个女儿，长女嫁与北周明帝做皇后，四女儿嫁给另一个八柱国的儿子，生下了唐朝开国皇帝李渊，再加上独孤伽罗嫁给隋朝开国皇帝杨坚，独孤家族在北周、隋朝、唐朝三代都有人称帝为后。

杨坚家族也是北方最大的一个门阀家族，只比八柱国低一级，也是胡汉合一。杨坚是一个非常奇特的人物，生就一副与众不同的身材，上身长下身短，比例严重失调，简直是人间怪物，宇文泰就调笑说：“此儿风骨，不似世间人。”这种身材本来有些滑稽，可是，偏偏杨坚整天一副威严不可凛的表情，王侯们见了他，常不由自主地感到手足无措，很少有人和他做朋友。因此，杨坚虽然受到先辈荫庇而少年出仕，却不怎么得志，要不是他有幸娶了独孤家的小姐，他这辈子恐怕就默默无闻地过去了。

557 年，14 岁的独孤伽罗嫁给了 17 岁的杨坚，在婚礼之夜，聪明的独孤小姐逼着杨坚发下重誓："此生永矢相爱，海枯石烂，贞情不移，誓不愿有异生之子。"如果把它理解为夫妻二人忠贞不渝的爱情宣言，未尝不美好；但从以后的情况看，这誓言似乎专对杨坚而发。当皇帝之前的杨坚不仅无缘近女色，就是成了一国之尊的杨坚，也罕有亲近无数后宫佳丽的机会，偶近女色的时候，还酿成悲剧。这个放在后面说。正因为老婆看得紧，所以，杨坚的子女全是独孤伽罗所生。杨坚曾得意地对大臣们说："前代皇帝内宠太多，往往由于嬖爱而废嫡立幼；我没有姬妾，五个儿子都是皇后所生，必然会和睦相处，不会像前朝那样发生争夺。"当然，事实并非如此，祸端源自独孤伽罗的嫉心，这个也在稍后介绍。

婚后二十年里，杨坚凭着自家的背景和妻子娘家势力的庇荫，渐渐爬到朝中重臣的地位。578 年，英明神武的北周武帝宇文邕不幸英年早逝，他那不争气的儿子周宣帝宇文赟即位，杨坚的长女杨丽华成为皇后，杨坚成了国丈。眼看要飞黄腾达了，这时却爆发了一场很大的危机。宇文赟这个人喜怒无常，有一天，他与杨丽华发生小争执。宇文赟希望杨后向自己认错服软，而杨丽华"进止详闲，辞色不挠"。宇文赟大怒，逼杨丽华立刻自杀。这个事情一旦成为事实，则杨氏不但富贵难保，性命也堪忧。独孤伽罗得知消息后，亲自入宫，跪在殿前请罪，直叩得头破血流，终于使宇文赟收回成命。危机还没有完全解除，宇文赟动不动就对杨丽华示威："你若惹火了我，必定诛杀你全家！"幸好，宇文赟只当了一年多的皇帝就因为荒淫而死，杨丽华的儿子宇文阐继位，年仅八岁。在这关键的时刻，独孤伽罗亲自入宫，要女儿下诏令杨坚以大丞相的身份辅政，杨坚一跃而成为朝中最大的实力派。

随后，杨坚夫妻迅速完成了一系列篡位的布置，在小皇帝上台还不足一年就取代宇文氏建立了隋王朝，独孤伽罗顺理成章立为皇后。杨坚上台后尽杀宇文氏诸王，以绝后患，就连大姐独孤明敬的儿孙都没有幸免。随后无论女儿杨丽华怎样哀求，退位的小皇帝也很快就被杀掉，手段之狠辣，令人悚然。这一年，隋文帝杨坚是40岁，独孤伽罗37岁。

独孤伽罗作为皇后是很合格的，她尊礼长辈，官员的父母都得到她的礼遇；她禀性节俭，将宫中买珠宝的钱拿来犒赏将士，自己宫里没有一点多余的服饰；而且她还是个虔诚的佛徒，每逢处决犯人的名单报上来，她总要涕泪交流，恳请杨坚谨慎决狱；她有一个亲戚触犯国家王法，按律当斩，杨坚看在皇后情面，有意赦免其罪，但独孤伽罗不同意，最后还是斩了；她的一个异母兄弟独孤陀因受过她的责备，故而怀恨在心，常在背后以巫术诅咒她，按律当斩，杨坚怒气冲冲地要杀了这个不识相的小舅子，独孤伽罗却整整绝食三天来保这个弟弟的命，最后独孤陀逃出生天，只判了个流放。独孤氏这种公私有别、恩怨分明、通情达理的豁达行为，满朝文武为之折服，故当时宫中称为“二圣”。隋文帝杨坚对独孤皇后又爱又怕。

可是人无完人。这位独孤皇后的嫉妒心是无与伦比的。

当了皇后之后，她从皇帝那里要来后宫大权，大力整饬宫内体制，废除三妃六嫔的惯例，提倡简朴，禁止宫中女子浓妆华服，并且严禁嫔妃随意亲近皇帝，后宫佳丽三千形同虚设。这些嫔妃宫女们虽然心里不满，但谁也不敢惹这位皇后，整个后宫笼罩在一片静谧肃穆的气氛当中。

独孤伽罗毕竟不是一般的女人，她虽然不让其他女人接近丈夫，却不会让他感到有空窗的感觉。她对杨坚的生活起居照顾得无微不至，每餐的食谱，每日的装束等事她都亲自过问，让别人根本无法插足。这还不算，每天早上，她都会小心翼翼地侍候杨坚洗漱穿戴，然后与他同坐一辇一直送到朝阁。皇帝上朝，自己则在殿下静静地等候，待散朝之后，又同辇返回内宫。每至深夜同寝的时候，她常在文帝耳旁回忆往事的情谊，细述夫妻的恩爱，用柔情蜜意来牵系住文帝的心。

独孤伽罗日复一日坚持着这样的行动，使杨坚从不敢怠慢朝政，也没有机会关注其他美女。好在隋文帝正在致力于国家大事，再说，贤惠干练的妻子所推行的种种措施，与他的朝政改革可以密切配合，所以，他对妻子的行动极力支持。

然而，面对那么多绝色美女，杨坚不可能毫不动心。前朝宗室尉迟迥曾起兵讨伐杨坚，后被平定，尉迟迥的孙女作为罪犯被没入宫廷。有一天，杨坚偶然见到这个美女，“见而悦之，因此得幸”。独孤伽罗知道后，妒性大发。在杨坚临朝议政之时，派人乱棍打死了这个可怜的女人。这件事对杨坚来说是警告，对其他美女则是以儆效尤。杨坚下朝后看到尉迟氏的尸体，怒不可遏，心想，自己身为万乘之尊，竟然不能保全所欢女子，这是一种奇耻大辱。但他慑服于河东狮吼之威，什么也不敢说，干脆骑着马离宫出走了。宫中因丢了皇帝，闹得天翻地覆，最后高颎、杨素二位大臣在荒山野林里找到了杨坚。君臣三人面面相视，不发一言，唯有唏嘘。过了好长时间，杨坚才仰天长叹说：“我贵为一国之君，难道连亲近一个女子的自由都没有吗？”高、杨二人也不敢评判，只能劝慰说：“陛下不能因一妇人而轻天下啊！”杨坚还是想不通，在山中徘徊良久，深夜才回到宫中。独孤伽罗虽迎于阁内，置酒相欢，但始终没有为杀死宫女道歉。

独孤伽罗不仅禁止丈夫近女色，对五个儿子也是防范有加。她认为儿子们应该对正妻忠诚，如果哪个儿子的偏妃怀了孕，她一定要想尽办法除掉。这简直有些变态。

她为太子杨勇选定了元氏之女为太子妃，按照仪制另立云氏之女为昭训。元妃生性温婉贤淑，端庄有礼，独孤伽罗认为她十分适合将来母仪天下，对她颇为器重；云昭训相貌俏丽，活泼乖巧，相比之下，独孤皇后嫌她失于轻佻，立她为昭训本就有些勉强。然而，太子与母亲的心意刚好相反，他对元妃更多的是敬重，而对云昭训却十分宠爱，因此，平时多半是与云氏缠绵一处。对此，独孤皇后大为不悦。此外，杨勇生性率直为人宽厚，生活奢侈浮华，内宠很多，这更让独孤伽罗不高兴。

杨勇的弟弟晋王杨广早有夺嫡的心思，此时趁虚而入。为了取悦于独孤皇后，杨广不惜将其他姬妾所生骨肉杀死，只有正妃萧氏生孩子了才禀告父母。他还假装俭朴。有一天，杨坚与独孤皇后去杨广的府第，杨广事先得到消息，便将后宫美姬都藏起来，只留下几个又老又丑的宫女充当侍役。杨广与萧妃也穿得很朴素地出来接驾。他还特意摆出简陋的陈设，架上的诸般乐器都尘堆垢积，意思是远离享乐。杨坚最恨奢华的行为，见到杨广如此心里很满意。独孤皇后见晋王室无美姬，只有丑妇，对杨广也极有好感，从此，文帝夫妻两人对杨广另眼看待。杨广还极力拉拢大臣们，于是，到处都是为晋王说好话的人。

独孤伽罗见杨广努力按自己的要求行事，心中十分喜欢，她常常在杨坚面前夸奖杨广，批评杨勇。由于杨广的有意图谋和独孤皇后的评价，杨勇的太子地位变得岌岌可危了。

事不凑巧，由于太子处境困窘，心存大志的元妃为他担心焦虑，终于抑郁成疾，抱憾而终。偏偏杨勇和昭训云氏都是不太操心政事的人，两个人只醉心于儿女之情，就在元妃死后不久，云昭训就生下了小王子。元妃的死本来就让独孤皇后耿耿于怀，如今太子又违反了她所订下的规矩——“后庭有之，皆不育之，示无私宠”。因此，偏妃生子成了太子杨勇的罪孽，使皇后对他大为不满。





这时候，杨广又趁机挑拨说，太子对他有异心，多次派人去杀他。独孤伽罗本来是一个非常精明的人，稍微理智些就不可能轻信杨广的惑言，但因为她已对杨勇产生了很深的成见，所以不假思索地就听信了杨广的一面之词。结果，杨勇以“情溺宠爱，失于至理，仁孝无闻，昵近小人”的罪名将废为庶人。一个月后，在独孤皇后的授意下，杨广被立为太子。

杨广，也就是隋炀帝，乃是历史上有名的败家子。杨广不过在位十年，就把独孤迦罗和杨坚辛苦一生创下的隋朝基业败个精光，流着她血脉的杨氏儿孙，也都因此再无遗种。假如她死后有知，不知道做何感想？

独孤伽罗不但管儿子，还要管大臣的爱事。高颎是隋国的开国元老，而且是独孤家的两代家臣。高颎的原配夫人去世之后，身为相国的高颎心伤欲碎，曾忧伤地对独孤皇后说：“瑟弦骤断，唯斋居诵经而已。”此言曾深受皇后的赞叹。谁知不久之后，传来相国的爱妾生子的消息。独孤皇后顿时火冒三丈，认为高颎表里不一，表面上痛念亡妻，暗地里却宠爱小妾，竟致小妾生子。结果当政二十年，功绩显赫的相国高颎被安了个“表里不一，不堪信任”的罪名，罢官回乡养老去了。

史称独孤皇后“见诸王及朝士有妾孕者，必劝上（杨坚）斥之。”所谓“诸王”，是指她的五个儿子，“朝士”是指朝中大臣。禁止自己的儿子纳妾生子，外人管不着，可是在多妻制的封建社会中，大臣因为纳妾生子而丢了乌纱帽，实属罕见之事。

仁寿二年（公元602年）八月，独孤皇后逝于永安宫，年仅50岁。

独孤皇后一死，隋文帝虽然感到失去了一条得力的臂膀，但也觉得是解脱了一种束缚，他开始尽情享受声色之娱。他一下子封了两个宠妃，封陈氏为“宣华夫人”，蔡氏为“容华夫人”。“宣华夫人”是南朝陈宫留下的美女，丰姿华容，肌肤润腻，温柔可人；“容华夫人”来自北方，风流娇媚，善解人意。两位夫人各具风韵，迷得文帝神魂颠倒，日日欢宴，夜夜春宵。隋文帝毕竟已是六十开外的人了，哪里经得起如此折腾，不久他就患上了重病。躺在床榻上，他感慨万千地对左右道：“假使皇后在，我不会落到如此地步啊！”

杨坚染病在床，杨广开始原形毕露，他公然调戏老爹的宠姬，杨坚知道说后哀叹道：“畜生何足托大事，独孤误我！”然而此时已于事无补。不久，杨坚被杨广谋杀。

独孤伽罗对隋朝的影响无论是正面的还是负面的都非常明显。客观地说，独孤伽罗铁腕严治后宫，虽然太过于严厉，但是，如果不是她治理出一个秩序谨严的后宫，杨坚也不可能专心致力于朝政。然而，她的嫉妒心过重，甚至有些变态，否则也不会被杨广骗去了太子之位，强大的隋朝也不会只传二世就拱手易人吧？

独孤伽罗的故事证明了一件事，那就是，再聪明的人，如果忌妒心过重，过于苛责，就等于给了其他人可钻的空子。

有人说，聪明的女人要学会“装傻”。任何事情都有它的模糊地带，婚姻、生活、职场都不例外，太较真了，只能产生裂缝。“装傻”并不是忍气吞声，而是换一种思维方式，把生活中的小事儿模糊处理。

# 奶娘升职记





## 从奶娘到贵妃——万贞儿

历史上得宠的妃子很多，但若论情况之离奇谁也比不过万贞儿——以长于皇帝十七岁的年龄，获得皇帝一生的专宠。可谓前无古人后无来者。

话说明宪宗朱见深即帝位时十七岁，正是青春年少的时候。两宫太后为他选择皇后颇费了一番心思，最后精挑细选出吴氏作为皇后。谁知大婚之后，皇帝新郎并不贪恋吴皇后的青春美色，而是常常宿在嫔妃万氏宫中。这个万氏就是万贞儿。吴皇后又气又羞，她不明白，无论姿色才学还是门第修养，自己哪一点不比徐娘半老的万妃强，她更不明白的是，比皇帝年龄大 17 岁的万妃用什么手段把皇帝的心死死拴住？

那么，万妃有什么法宝呢？这其中的故事说来话长。

原来，朱见深两岁时，他的父亲明英宗遭遇土木堡之变，被瓦剌人抓去当了俘虏。为了防止瓦剌人以皇帝为砝码要挟明政府，明朝大臣们立英宗的弟弟朱祁钰为帝，即明代帝。当时，孙太后已经成功地将朱见深立为太子，但她知道即将登上皇位的朱祁钰保不准什么时候会来一个斩草除根，于是，她派出自己的一个亲信宫女万贞儿去保护朱见深。

那一年，万贞儿十九岁，朱见深两岁。

树倒猢狲散，大臣们都认为朱见深被废掉是迟早的事儿，所以没有多少人愿意接近他。他的母亲周贵妃虽然也常常来探望他，但宫中到处都是朱祁钰的耳目，为了不惹麻烦，每次总是来去匆匆。在幼小的朱见深身边，只有这个万姑姑日夜守候在他身边。

事实证明，孙太后的政治感觉是准确的，朱祁钰坐稳皇位之后，就想立自己的儿子为太子。于是他废了朱见深的太子地位，并将他逐出宫门，原来在朱见深身边的太监和宫女们都离开了他，只有万贞儿继续陪伴着他。当时朱见深年仅五岁。

后来朱祁钰在大臣们的强烈要求下向瓦剌人讨要哥哥，瓦剌人见抓在手上的明英宗也没什么用了，就把他放了回来。回来后，朱祁钰没有归还皇位，而是把哥哥供为太上皇，其实就是被闲置了。本来，这可能就是最终的结局了，没想到，朱祁钰得了一场重病，一帮大臣和太监趁机帮助英宗复辟，这样，作为英宗的儿子，原来的废太子朱见深也跟着复辟了。

英宗死后，朱见深即位，就是明宪宗。这个时候，他对当年的万姑姑已经生出深深的爱意。照他心思，真想册立万贞儿为皇后，但以她的年龄和地位根本不可能坐上皇后宝座。迫于礼制，也迫于母命，宪宗只得与吴皇后成婚，而万氏只得了一个小小的妃嫔名号。尽管如此，皇帝对皇后和其他嫔妃根本看不上眼，一心只想着万姑姑。

万贞儿是个有野心的女人，她知道此时的皇帝已完全拜倒在她的石榴裙下，所以，她觉得自己完全有可能坐上皇后宝座。皇帝的专宠也助长了她的骄气，她根本不把吴皇后放在眼里，每次谒见吴皇后时，总是板着脸，甚至故意拿架子。吴皇后非常生气，起先碍着宪宗的面子还隐忍着，到后来实在忍不住斥责了她一顿。可万贞儿非但不知收敛，还对皇后恶语相讥。一次惹得吴后性起，命宫人将她拖倒在地，亲自取过杖来打了她几下。这下可不得了，万贞儿找到宪宗，哭哭啼啼地诉苦。宪宗大怒，要去找皇后评理。万贞儿又故意拦住宪宗不让他去，还假意期期艾艾地说："妾已年长色衰，不及皇后玉女天成，还请陛下命妾出宫，以免皇后生气，妾也省得受那杖刑了！"

这一番话让宪宗对万贞儿更加怜惜，再看到万贞儿身上的杖痕更是怒火中烧，第二天就把册封才一个月的吴皇后废了。

皇后即废，万贞儿以为自己的机会来了，要宪宗替她去向太后说说，但周太后嫌她年长并且出身微贱，始终不肯应允。过了两个月，周太后下旨，册立王氏为皇后。王皇后生性软弱怕事，知道自己不是万贞儿的对手，只得处处谦虚忍让，做个傀儡皇后也就罢了。

宪宗即位第二年，万贞儿生下皇长子，宪宗大喜，立即封她为贵妃，又派出使者四出向山川诸神祷告。谁知这位龙子未等满月竟然短命夭折，万贞儿从此不再有娠。自己没有孩子，她也不允许别的妃嫔生子，只要哪个妃嫔怀胎，她就千方百计逼令其喝药打胎。迫于万贵妃在宫中的权势，妃嫔们只有含泪屈从。在万贞儿的全力阻挠下，宪宗一直没有子嗣，朝野上下为之忧心，宪宗也是愁眉不展。

成化五年，万贞儿把关不严，柏贤妃生下一个皇子，宪宗高兴非凡，大事庆贺，取名佑极，并立即立为皇太子。没想到不到一年，皇太子突然生病，一天一夜后竟夭折了。宪宗哭得死去活来，宫人太监们觉得太子病得奇怪，偷偷查访下来，原来是万贵妃派人毒死了太子。但是，谁也不敢去告发。

光阴似箭，一晃又过了六年。此时的万贵妃不但宠冠六宫，而且威行朝野，连宪宗也制掣不了她了。她内连宦官，外结权臣，太监梁芳、钱能、郑忠、汪直等仗着万贞儿撑腰，大肆搜刮财物，动用国库无数，宪宗也不敢多问。

皇后无子历来是一件很严重的事，宪宗为此事烦愁不已。有一天，太监张敏替他梳理头发，对镜自照，忽然发现头上已有数根白发，不禁长叹道:“朕老了，尚无子嗣！”

张敏一下伏倒在地，连连磕头道:“请万岁爷恕奴才死罪，万岁已有子了！”站在一旁的司礼太监怀恩也跪下说，张敏所言皆是实情，皇子被养育西内密室，现已六岁了。因怕招惹祸患，故隐匿不敢报。宪宗又惊又喜，当下传旨摆驾去西内去见从未谋面的皇子。

这个皇子是哪来的呢？原来，成化三年，西南土族作乱，朝廷派大将前去征讨，平夷之后，带回来一批男女俘虏。其中有一纪氏长得美丽机敏，被充入掖庭。后因性情贤淑，又通文字，被升为女史。不久，王皇后看中了她，命她管理内府库藏。一天，宪宗偶尔来到内藏，问及内藏的情况，纪氏口齿伶俐对答如流，使龙心大悦。又见她生得明眸皓齿，妩媚动人，宪宗便在纪氏住处宠幸了她。过了几个月，纪氏怀了孕。

万贞儿知道这事后，派了一名宫婢去打听实情。那宫婢是个好心人，不忍皇帝子嗣又遭毒手，回去禀报万贞儿说，纪氏不是怀孕而是生了鼓胀病。万贞儿半信半疑，便勒令纪氏退出内藏，住到离自己住处很近的安乐堂，以便监督她。

几个月过去了，纪氏生下一个男孩。对这样的喜事，纪氏却忧愁万分，她知道儿子一定逃脱不了万贞儿的魔掌，假如不设法弄死，只怕自己的性命也难保。她咬了咬牙，把孩子包好，让太监张敏把皇子带出宫去溺死。张敏想皇上年纪越来越大了，至今没有子嗣，我怎能做这种对不起社稷，对不起皇家的事来呢？于是，他冒着杀头的危险，把皇子偷偷藏入密室，取些蜜糖、粉饵之类的食物喂养。由于张敏行事小心，万贞儿一直没有察觉眼皮底下有这么个孩子。不久，废皇后吴氏知道了这件事，便把皇子接到自己居住的西内亲自照料，皇子才安然活了下来。

再说纪氏听得宪宗召见儿子，抱着儿子放声大哭，说道："今日我儿一去，我恐怕性命难保！儿去，若见一穿黄袍，有胡须的人，便是儿的父皇，儿要拜见他！"说完，她替儿子换上一件小红袍，交给了张敏。这时，宪宗正眼巴巴地坐在堂上等候，忽见宫门前一顶小轿停下，一个身穿红衣，胎发披肩的小孩子跳了下来，直奔堂前，一见到他，便双膝跪地，口称："儿臣叩见父皇。"宪宗悲喜交集，一把把儿子抱入怀里，放置膝上，仔细端详。良久，才喃喃说道："这孩子长得真像我，确是我的儿子！"第二天早朝，宪宗命内阁起草诏书颁行天下，并封纪氏为淑妃，移居西内。又替六岁的皇子取名叫祐樘。

大学士商辂担心这位皇子会重蹈皇太子佑极的覆辙，但又不敢明言，只说让皇子母子住在一起，便于照料养育。宪宗准奏，命纪淑妃携皇子居住永寿宫，他自己常常去永寿宫与纪妃欢聚。不仅如此，宪宗还大胆地同其他妃嫔交欢，陆续又生了几个儿子。

万贞儿对这事自然恨得咬牙切齿，发誓要给这些人好看。果然，没过多久，她就设法害死了纪妃。大家都知道怎么回事，但是宪宗不予追究，只是下令予以厚葬，别人也不敢多言。张敏见纪妃被万贵妃害死，料想自己也难逃毒手，便吞金自杀了。

除掉了纪妃，万贞儿担心她的儿子朱祐樘长大后报复自己，所以决定接着除掉这孩子，可是下手并不容易。周太后为了保护孙儿，将祐樘放在仁寿宫亲自抚养。不久，朱祐樘被册立为皇太子。一天万贞儿请祐樘到她宫里去玩，周太后怕她不安好心，叮嘱孙儿，去了之后不要吃任何东西。朱祐樘很听话，万贞儿让他吃饼，他回答说吃过饭了。万贞儿又劝他喝汤，他反问："这羹中有毒吗？"气得万贞儿半晌说不出话来。

这件事让她更加坚定了除掉朱祐樘的决心。这以后，她一有机会，就向宪宗吵闹，要求废掉皇太子朱祐樘，另立邵宸妃的儿子兴王朱佑杬。尽管此时万贵妃已年近六十，可宪宗对她又依赖又害怕，哪敢不听她的话。再加上太监梁芳等人因为大肆侵吞内府钱财，害怕将来太子即位后找他们算账，也帮着万贞儿一起攻击太子。宪宗只得答应废太子。

巧的是，宪宗第二天正想召集群臣们商议废立太子之事，忽报东岳泰山发生地震。钦天监正据天象所测，说此兆应在东宫。宪宗以为是因为废太子惹怒了老天，所以不再提易储之事，这才保住了太子的地位。

万贞儿费尽心机也无法动摇太子的地位，不免肝火攻心，不久便得了肝病死了。万氏一死，宪宗就像失了主心骨，凄然说道："贵妃一去，朕亦不久于人世了！"他下令按照皇后的规格埋葬万氏，并辍朝七日以示哀悼。万氏死于春天，当年八月，郁郁寡欢的宪宗也得了重病，追随他的万姑姑而去。

朱祐樘即位后，有大臣请求削了万妃的谥号，并且请求逮捕当初给纪妃治病的医生以及万氏家属，追究纪妃当时的死状。朱祐樘认为这样做有违先帝的意思，最终没有追究。真是窝囊的可以。

万贞儿的人品算不上太好，但是她的际遇却说明一个道理：浴火的感情最稳固。她以一个卑微的宫女，半老徐娘之身，竟宠冠后宫，做了二十多年无名有实的皇后。个中原因，说起来也很简单。宪宗朱见深之所以全身心地宠爱这个比他大 17 岁的女子，是因为在他孤独无助的幼年时期，只有万贞儿守护在身边，始终如一，不离不弃，使得本来性格柔弱的朱见深对万贞儿产生了极强的依赖心理和爱恋。

糟糠之妻最难忘。虽然现在的人都喜欢说"夫妻本是同林鸟，大难临头各自飞"，但那要看是什么样的夫妻，什么样的感情，什么样的人性。

## 从奶娘到女相——陆令萱

有一部热播的古装爱情电视剧以陆令萱为原型，剧中，陆姑娘被描述成一个勤劳勇敢，历经重重磨难，化解种种阴谋诡计及爱恨情仇，从平民一步步成为女相的杰出女性。历史上真实的陆令萱可不是什么贤人，连好人都算上，可以归为妖女、祸女一类。

陆令萱生活在南北朝时期的北朝。魏晋南北朝是中国历史上最为传奇的时代，也是最混乱的时代之一，发生了太多惊天动地的事迹，有太多惊为天人的奇人奇事，也有太多令人发指的重口味事件。而北齐是这个异类时代中的异类。它是中国历史上唯一一个皇室患有遗传性深度精神病的王朝，在短短不到28年的历史中，充斥着暴虐、血腥、荒淫骄奢，可以说是最禽兽的王朝。陆令萱就是这个变态王朝中的一员。

陆令萱是鲜卑族，她的出身也不差，丈夫骆超本是东魏大将高欢的部将，后来谋反被诛，陆令萱被没入皇宫为婢，年幼的儿子骆提婆也被没为宫奴。公元550年，高欢的儿子高洋自立为帝，是为文宣帝，建立北齐。陆令萱随之易主，拨归到文宣帝的弟弟长广王高湛的宫中为奴婢。

陆令萱能说会道，善于阿谀奉迎，很得高湛及其胡妃的信任。这个胡妃就是后面将提到的喜好做妓女的胡太后。公元556年，胡妃生了一个儿子，取名高纬。据胡妃自己说，高纬乃是她梦日入裙而孕，加之高纬长得眉清目秀，因此，高湛和胡妃对这个儿子特别宠爱。陆令萱作为二人最信任的人之一，特意被派去做高纬的乳母。陆令萱知道自己的荣华富贵与这个小孩子息息相关，所以对高纬照顾的尽心尽力。高纬与她也很亲近，称之为“乾阿妈”。

北齐政权极为混乱，皇位几乎一年一更替。公元559年10月，文宣帝高洋驾崩，其子高殷继位，第二年8月就被叔叔常山王高演和长广王高湛联手废掉。高演称帝，是为孝昭帝。公元561年，高演精神错乱而死，高湛继位，是为武成帝，六岁的高纬为皇太子，其母胡妃为皇后。陆令萱见自己抚养的小孩子是未来的皇帝，对他看护的更加周到。武成帝和胡皇后看到陆令萱将皇太子扶养的茁壮懂事，很是高兴，对陆令萱更加恩宠，于公元563年封她为郡君。郡君是古代贵族妇女的尊贵封号，通常只有皇族宗室公主以及朝廷四品以上官员的妻子才有资格享有这一封号。陆令萱以一介奴婢之身获此殊荣，可谓前无古人。

公元 565 年，高湛禅位给九岁的高纬，是为后主，陆令萱被封为女侍中，相当于二品官员。陆令萱想办法将自己的儿子骆提婆送到高纬的身边。骆提婆继承了其母溜须拍马的能力，很得小皇帝的欢心。两人朝夕相处，小皇帝对骆提婆越来越信任。

公元 569 年，太上皇高湛病死，高纬临政，陆令萱成为宫中一切事务的总管，在后宫占有举足轻重的地位，骆提婆也被委以要职。陆令萱从一个奴才一跃成为具有显赫权力的人物，对权力的追求比一般人更加贪婪。胡太后作为后宫之主，是陆令萱上位的障碍。于是两人从当初的赏识与被赏识的关系逐渐变成对立的关系。两人都想把小皇帝控制在自己手中，在暗中开始争夺权势的角逐。

两人的第一场较量是给高纬送女人。

高纬继帝位时，太上皇高湛出于政治的考虑，为他选择执掌三军的太尉斛律光的女儿为皇后。小皇帝逐渐长大后，却喜欢上了皇后的侍婢穆黄花。陆令萱见状便欲收穆黄花为养女，穆黄花也想借她的势出头，两人一拍即合。为了攀龙附凤，陆令萱无耻地让高纬给自己的儿子赐姓穆，骆提婆就变成了穆提婆。让自己的儿子跟着养女姓，陆令萱无耻的很另类。

胡太后为了笼络小皇帝，将自己哥哥的女儿引进宫中。高纬对小胡氏一见倾心，爱不释怀，立即将她封为弘德夫人，不久进位昭仪。

陆令萱自然不甘落后。公元 570 年，穆黄花生下皇子高恒。陆令萱一面劝说高纬晋封穆黄花，一面设法让高恒成了斛律皇后的养子，使高恒成为太子。此后，穆黄花陆令萱的关系更加亲密了。

陆令萱并不满足于仅在后宫作威作福，她又把魔爪伸向朝廷。后主高纬长于深宫，无才无能无见识，性格还优柔寡断，自幼听惯了陆令萱的话，当了皇帝后对她仍是言听计从。朝廷中的奸臣们见陆令萱如此势大，纷纷投靠。一时间，朝中的奸佞小人大都聚集在她的门下，其中比较有名的奸佞小人有和士开、高阿那肱、祖珽等。侍中（相当于宰相）和士开为了寻求庇护，拜陆令萱为“养母”，一些人有样学样，也拜陆氏为养母。陆令萱也不含糊，不断在后主面前保举这些儿子们。当然，好话不是白说的，是要花钱的。

陆令萱及其同党如此祸乱朝政，使北齐王朝政治日益腐败，引起一些正直的大臣的不满，如太尉赵郡王高睿、左丞相斛律光、琅邪王高俨等。他们纷纷上疏，请求后主处罚这些佞臣。可惜，他们没有遇到一个明主，反倒被陆令萱团伙设计谋害了。

斛律光是皇后的父亲，其家族在北齐王朝是仅次于皇族的大贵族。斛律光本人文武双全，久经战阵，是北齐王朝的支柱，敌国将领因为惧怕他而不敢伐北齐。如今他被害，北齐等于自毁长城。斛律光被害的原因除了陆令萱以及她的不少团伙很怕他之外，还因为穆提婆求娶斛律光庶女不成，反被臭骂一顿令母子心生恨意。

陆令萱这边高奏凯歌，胡太后那边却在自毁。说起来，作为皇帝的亲生母亲，又居太后之位，原本占有很大的优势。可惜，此人智商、人品都拖后腿。此女生性淫乱，武成帝在位时，她就与佞臣和士开关系暧昧，又与寺院的和尚私通。公元 571 年，胡太后的丑事被暴露出来，后主大怒，她在皇帝眼中的地位自此一落千丈。陆令萱补了胡太后的地位后，也起了做皇太后的野心。她让自己的亲信为之请命，但受到朝官的强烈反对，只好作罢。但此时她已经是一个无冕皇太后了。

斛律光于公元 572 年被诬陷而死，斛律皇后随之被废黜。陆令萱极力劝说高纬立穆夫人为皇后，遭到胡太后的坚决反对。后主倒向了亲妈，立胡昭仪为皇后。陆令萱并不死心，以穆夫人的儿子高恒是太子为由，日夜游说，终于使穆黄花被立为左皇后。

穆黄花对这个结果很不满足，整天缠着陆令萱想办法。陆令萱害人很有一套，很快想到了办法。有一天，陆令萱在与胡太后闲谈时，假装不经意地说道："何物亲侄女，作如此语言！"（你的亲侄女竟然说出那样的话，真是人心叵测啊！）胡太后问有何言，陆令萱欲言又止："不可道。"胡太后被吊起了胃口，再三追问，陆令萱才说："你侄女对大家说，太后行多非法，不可以训。"失了母仪的胡太后最怕人揭她伤疤，何况这个人还是自己亲手扶持起来的亲侄女，当下大怒。她命人把胡皇后唤来，不容分说，剃光她的头发，遣送回家。穆黄花成了唯一的皇后。

公元 573 年，穆黄花被立为皇后，陆令萱作为皇后之母，赐号太姬，视一品，品级比长公主（皇帝的亲姐姐）还高。陆令萱终于取得皇宫中的最高权力。没脑子的胡太后自翦羽翼，再也没有与陆令萱抗衡的能力，从此不再过问后宫、朝中之事，待在自己的宫中专心淫乐。

宝贝皇帝高纬和母亲一个德行。他很快又看中了穆皇后的侍女冯小怜（即“玉体横陈”的主角），整日沉迷于淫乐。高纬自称“无愁天子”，十天半个月不上一次朝。陆令萱母子随即掌控朝政。

在投靠陆令萱的人中，有一些人虽无德但有才智，这种人如果上位，有保住政权的能力。祖珽就是这样的人。他的势力渐长后，开始与陆令萱争权夺势。陆令萱利用自己控制后宫的有利条件，不久就占了上风。祖珽被贬，穆提婆接替他的势力，为尚书左仆射，集军政大权于一身。

祖珽是很有能力的，他刚到徐州就遇到南朝陈军的攻打。穆提婆欲借陈军之手除掉他，虽知形势危急，却不派兵去救援。祖珽坚守十余日，打败陈军，穆提婆竟“憾之不已”。

山中无老虎，猴子称大王。无才无德的陆令萱、穆提婆把持朝政后，开始使劲地折腾，卖官鬻爵，贪得无厌，随意诛杀大臣，与此同时，他们极力引诱、蒙蔽后主高纬。北齐的朝政腐败不堪，危机重重。

公元 575 年，祖珽被贬。公元 576 年，北周即大举进攻北齐。北齐兵节节败退，战报频频传来，左丞相高阿那肱压着不报。当北周大军打到北齐邺都城下时，后主正带着冯淑妃，也就是冯小怜打猎，见势不妙，慌忙传位于八岁的太子高恒，两人相携出逃。穆提婆见大势已去，投降北周。北周为了动摇北齐军心，封他为柱国大将军，宜州刺史。有他这个榜样，北齐的将领不断降周，加速了北齐的灭亡。陆令萱也想投降，北周不收。无奈之下，她带着对权力的眷恋和不舍，被迫拔剑自刎，时年 72 岁。其子孙皆弃市。

公元 577 年，高阿那肱降周，将后主、幼主作为见面礼，北齐从此灭亡。算起来，陆令萱操纵国柄仅八年，就让北齐君死国灭，祸国之能罕见。

陆令萱的发迹史不够传奇，倒是有点离奇。究其原因，高家一干皇帝无能，高纬年幼无知不是主因。陆氏善于逢迎，当初全心全意地服侍高纬才是根本原因。

第六章

# 贪婪忌妒是万恶之源

一般来说，贪婪和善忌的女人都让人无法忍受。事实上，不论男女都是如此。

野心永远大于爱心的人，最关注的是如何最大限度地为自己攫取利益，如果她或他是人妻和人夫，非但不会成为丈夫或妻子的得力助手，还可能成为障碍；如果她或他是朋友，非但不会为别人锦上添花，还可能是“引狼入室”。

善忌的人同样如此。如果她是人妻，会让自己和丈夫在人前连半块遮羞布都留不住，搞不好会彻底毁了自己和家人。如果是朋友或家人，会搅得你不得安宁。

我们不惮对贪婪和忌妒给予最不厚道的指责，因为几乎所有的罪恶都来源于这两个恶习。

不可否认，每个人都有欲望，而适当的欲望也是前进的动力之一。不忌妒的圣人也是不存在的。但是，一切皆应该有度，否则，那就是罪恶。

## 忌妒的女人最好骗——郑袖

郑袖是春秋战国时期楚怀王（就是让屈原感到报国无门，投汨罗江自沉的那位）的宠妾，郑国人，但由于郑国在公元前 375 年被韩国所灭，所以说她是韩国人也对。

从名字上来看，就可以看出郑袖应该擅长舞蹈，舞女的身材一定合乎“楚王好细腰”的标准，因此郑袖一直很得楚怀王的宠爱。然而，正当郑袖集万般宠爱于一身时，有人横插了一杠子。

当时魏国国君为了讨好楚国，给好色的楚怀王送来了一个大美人，喜新厌旧的楚怀王开始专宠魏美人。郑袖感到了失宠的危险，但她极富心计，没有流露出忌妒之色，表现出比老公更喜欢魏女的样子。楚怀王看到两美和谐的场面，还暗自高兴呢。他哪里知道，此时郑袖心里的妒火就像即将喷发的火山。

当郑袖确信楚怀王不怀疑她有忌妒之心后，立即着手实施她早就设计好的恶毒、残忍的计划。

有一天，郑袖对魏美人说：“大王的确喜欢你的美貌，但据我所知，他有些讨厌你的鼻子，所以，以后你见了君王，一定要捂住鼻子。”

魏美人哪里想到这是“好姐妹”出恶招啊，她对郑袖的指教感激不尽。此后，魏美人每次拜见楚怀王，总是遮住鼻子。时间久了楚王觉得非常奇怪，又怕直接问魏美人她不说实话，就向郑袖打听。郑袖假装欲言又止，激起了楚怀王的好奇心，最后郑袖装出很不情愿的样子说：“大王不要生气，她好像是讨厌您身上的气味。”楚怀王一听，火冒三丈，立即下令把魏美人的鼻子割掉。从此，郑袖独占专宠。

郑袖这一招堪称是中国忌妒史上最经典的案例，虽然残忍，但也显示了郑袖极高的智慧。然而，忌妒是一个人的软肋，这样的人很容易被他人利用，即使是郑袖这种高智商的女人也一样。史料记载，她不但被骗，而且是被同一个骗子骗了两次。这个骗子就是赫赫有名的纵横家张仪。

张仪是历史上优秀的靠耍嘴皮子成功的人。他到楚国时，还是个穷光蛋。跟他一起去的人觉得跟着他没有前途，想要散伙。张仪说："你们不就是因为穿不上好衣服才想走吗？你们等着，我去见楚王，找他要！"

然后，张仪不知用了什么手段打通了关节，居然受到了楚怀王的接见。见面后，张仪没话找话道："如果大王不用我的话，那我就到北方韩国那里看看。"楚怀王随便回答说："那你就去吧。"

张仪讨好地说："难道大王不想从韩国得到点什么吗？"

楚怀王不耐烦地道："笑话，黄金、珍珠、犀角、象牙这些名贵的东西都产自楚国，韩国能有什么？"

张仪说："大王难道不喜欢美女吗？"

这一下击中了楚怀王的软肋，他有点尴尬地问："你这是什么意思？"

张仪知道楚怀王已经入套，就说："您是不知道，那韩国的少女个个都长得像仙女。"

楚怀王听到这里，谦虚下来："楚国是一个偏僻的国家，我还真没见过如此美丽的中原女子。就请你去给我张罗张罗吧。"说完，赠给张仪许多珍珠、玉器作为经费。

张仪拿到财物后并没有启程。他知道，当时楚怀王的夫人南后和妃子郑袖都受宠而且善妒，她们听到自己要为楚王找美女，一定会来找自己。

果然，郑袖和南后闻讯后十分惊恐，立即派人携带重礼找到张仪，请张仪"消灾"。

张仪倒是很讲信用，他再次求见楚王辞行。辞行宴上，张仪假意请求让南夫人和郑袖出来一起畅饮。楚王心想马上就要见到新美人了，让张仪参考一下旧美人也没坏处，就把南后和郑袖叫出来一起喝酒。张仪一见两人，马上装模作样地叩拜请罪，说："哎呀，我犯了死罪啊！"楚王不解，忙说："这是什么话啊？"张仪说："我走遍天下，就没见过像南后、郑袖这样的美人，我却放言要为您找美女，这简直是欺骗大王啊！"

张仪这话说得太绝妙了，既满足了郑袖、南后的要求，又把楚怀王说得心花怒放，不但不让他去找美人了，还安慰他说：“你就不要过意不去了！我就说嘛，天下哪有美女能比得过她俩！”

这次郑袖（还有南后）因为善妒的弱点，被张仪钻了空子，被骗了点小钱。

后来，张仪来到秦国并且得到重用。当时，西方的秦国对其他诸侯国的威胁越来越大。为了遏制秦国东扩的野心，楚国和齐国缔结盟约。公元前 314 年，秦国想攻打齐国，但又怕楚国相助。张仪自告奋勇，跑到楚国游说楚怀王。他劝说楚怀王与秦国亲近，与齐国断交，并且许诺说，如果楚国不帮齐国，秦国愿意献出六百里土地作为回报。愚蠢的楚怀王觉得这笔生意很合算，就与齐国断绝了关系，并派人入秦受地。没想到张仪根本不认账，说：“我只答应六里，哪里是六百里。”楚怀王闻讯大怒，兴兵攻秦。结果秦国反而与齐国结盟，大败楚军，并取楚地六百里。楚怀王因为这件事对张仪恨之入骨。

两年后，楚怀王的机会来了。当时秦国想与楚国换块地皮，一直想扒了张仪皮的楚怀王说，只要秦国交出张仪，这块地白送。秦王觉得拿张仪换地有些不仗义，但张仪却满不在乎，主动要求去楚国换地。

张仪一到楚国，就被楚怀王关了起来，打算找个吉日把他宰了。张仪心里有底，知道自己死不了，因为他有郑袖这张王牌可以用。

张仪来楚之前已经向楚国大臣靳尚贿赂了大笔银子，让他给郑袖传话说：“秦王很看重张仪，现在大王要杀他，秦国不仅会割让大片土地来赎他，恐怕还会给你老公送来大批美女。如果来这么多美女，必定有人会受到宠爱，你的地位就危险了。所以，你要尽快劝说你老公把张仪放了。”

郑袖对割地不割地并不在乎，但听说要来一群争宠的美女，她可坐不住了。于是，郑袖日夜不休地在楚怀王耳边替张仪说好话。她还一把鼻涕一把泪地拿她和楚王的儿子说事儿：“与其让秦国来杀我们，还不如让我们娘俩现在就逃往江南去。”糊涂的楚怀王居然被说动了，他不仅赦免了张仪，还送给张仪一笔银子做礼物。张仪获释后，继续向楚怀王鼓吹楚国应该亲近秦国的道理，楚怀王信了他的话，与秦越走越近。

就这样，深入虎穴的张仪利用郑袖的妒忌心，不仅自己毫发无损，还带回一笔意外之财，更重要的是，改变了当时诸侯的格局。

郑袖的忌妨心让她的老公走到了意想不到的绝路：几年后，秦王以开会为名将楚怀王骗至秦国，将其扣留。三年后，楚怀王客死异国他乡。而郑袖的结局如何，史书没有记载，想来一个失了势的女人，应该不会有太好的下场。

楚国由抗秦到亲秦的转变，在春秋战国关系史上至关重要。而在造成这一局势的过程中，靳尚和郑袖的作用最大，而其根本原因竟然是一个“妒”字。

从历史上看，女人的品性中，最令人讨厌的不是贪、乱、淫，而是妒。从利益的角度来看，忌妒会让人失去理智，很容易因小失大。可见，妒忌是女人的死穴，害人也害己。

# 全为一张狐白裘——燕姬





战国时代有著名的四公子，他们是齐国的孟尝君田文、魏国的信陵君魏无忌、楚国的春申君黄歇、赵国的平原君赵胜。这几个人都有个爱好，即广招门客。

孟尝君是齐国贵族，据《史记》记载，他的父亲是齐威王的小儿子、齐宣王的庶弟。孟尝君有四十几个兄弟，他小时候很不受待见，但他的嘴上功夫很好，老爹死后，竟把爵位和封地都给了他。

按史书记载，孟尝君早年除了广纳门人，似乎没有什么特别的事迹，但秦昭王却看上了他，为了招揽孟尝君，不惜把自己的亲弟弟泾阳君派到齐国当人质。孟尝君手下那帮门客找出各种说辞，没让孟尝君出国。

过了几年，秦昭王又来延请孟尝君，而且开出了更优厚的条件——让他到秦国当国相。孟尝君实在是扛不住这样的诱惑，于是带着手下的门客浩浩荡荡杀奔秦国。为了表达他对秦王的感谢，他献上了一份厚礼——一件狐白裘。狐白裘是用白色狐狸腋下的皮毛做成的裘皮大衣，珍稀异常。司马迁说这件狐白裘“值千金，天下无双”，应该是可信的。

这件狐白裘有可能是齐国的国宝。据《晏子春秋·内篇·谏上》记载，齐景公在位的时候，有年冬天大雪下了三天不停，景公披着一件狐白裘，坐在殿堂侧边的台阶上，对进宫拜见的晏婴说：“好奇怪啊！大雪下了三天，却一点都不冷。”晏婴回答说：“哪里是天气不冷，是您老的裘皮大衣好呀！”景公脸上挂不住了，立马吩咐拿出衣物和粮食，发放给饥寒交迫的穷人。在这段记载中，齐景公穿的那件珍贵的狐白裘，很可能就是孟尝君拿来讨好秦王的那件。

至于他是怎么把老祖宗的宝贵遗产弄出来的，就不得而知了。

孟尝君在秦国待了一段时间，秦王并没有起用他。这时有人开始打孟尝君的小报告，说让一个齐国人掌管秦国的政务，必是大患。于是，秦昭王把孟尝君囚禁起来，准备找个借口把他宰了。

就在孟尝君生死攸关的时刻，秦昭王的一个宠妃救了他。《史记》中没有记载这位妃子的名字，但其他书中将她叫作燕姬，意思是来自燕国的妃子，我们权且这么称呼她。

孟尝君知道燕姬对秦昭王的枕边风非常管用，于是，他派人找燕姬帮忙。燕姬是个典型的现实主义者，重财不重义。她的回答很干脆，帮忙可以，但要回报。她提出的回报就是一件狐白裘。

这个要求让孟尝君犯了难。这狐白裘天下只有一件。秦王知道它的珍贵，自己也舍不得穿，把它锁了起来。可是，燕姬态度明确，没有狐白裘，就不会帮忙。而燕姬不出面，孟尝君的小命就难保。无奈之下，孟尝君把手下的门客召集起来询问对策。大家面面相觑，谁也没招儿。就在这时，坐在最后面的一位搭腔了，说他可以拿到狐白裘。司马迁称这位为“狗盗者”，是位惯偷。

这天夜里，狗盗者潜入秦宫，像狗一样钻进库房把狐白裘偷了出来。孟尝君拿到裘皮后，立即送给燕姬。燕姬确实是非常讲信用的人。狐白裘一到手，她就立即履行合约，不断在秦昭公枕头边吹风，说孟尝君的好话。秦昭公本来就是反复无常、毫无主见的人，竟然听信了宠姬的话，给孟尝君发放通行证，准许他离开秦国。

孟尝君怕秦昭王变卦，连夜带着一群门客逃跑，路上还更姓改名，生怕被人认出。半夜时分，孟尝君跑到函谷关，但关门大闭。按照当时秦例，鸡叫时才打开关门。这时，孟尝君手下一个能学鸡叫的门客又派上了用场，几声鸡叫后，守关的兵丁以为时辰已到，打开关门把孟尝君一行放了出去。秦昭公果然后悔了，但他派来抓孟尝君的人马赶到函谷关时，已经晚了一步。

这就是著名的“鸡鸣狗盗”的故事。

孟尝君这次万幸逃得命来，后来怒而率齐韩魏联军攻秦，打得秦昭公割地求和。也不知道秦昭公知不知道，他吃了这个大亏，只是因为他喜欢的女人贪图一件狐白裘。

贪婪是人的一个死穴。假如这个女人的位置举足轻重，贪婪的杀伤力就是毁灭性的。不少倒台的贪官就是从老婆、情妇收贿开始的。人可以惜财，但不可以贪婪，因为贪婪是致命的毒药。

## 粗鄙女人霍显和倒霉蛋淳于衍

霍显是西汉大臣霍光的妻子。霍光是汉武帝刘彻的托孤大臣，刘彻的儿子刘弗陵做皇帝时，他作为辅政大臣，位高权重。刘弗陵21岁就死了，因为没有儿子，皇位的继承人绝了。当时国家最高领导人有两位：宰相张敞和大将军霍光，实权都在霍光手上。他们商量的结果是：拥立刘彻的孙子刘贺登基。想不到刘贺极不争气，只二十七天工夫就让大臣们受不了了。于是，仍由霍光带头，把他罢黜。

前一个皇帝走了，下一个皇帝的人选还没着落。刘彻的子孙中，刘贺是唯一比较有人样的，还是这副德行，其他的就更不必提了。就在以霍光为首的统治集团为继承人问题大伤脑筋时，深被霍光信任的光禄大夫丙吉向他推荐了刘彻的曾孙刘询。刘询是废太子刘据的孙子，皇后卫子夫的嫡系曾孙。前面介绍卫子夫时已经提到，在巫蛊之难中，卫子夫一族以及刘据及其家人全部受到牵连，当时刚三个月的刘询也被投进大牢。后来刘彻省悟到自己错怪了儿子，却没有释放刘询，或许他根本就忘了这个曾孙的存在。刘询五岁时出狱，被送到祖母史良娣的娘家，后娶了宫廷特别监狱管理员许广平的女儿许平君为妻。刘询虽然说起来是皇族，但是在当时连喂饱肚子都成问题，比平民百姓还不如。所以在当时看来，许平君嫁给他应该是下嫁。

但是，咸鱼也可以翻身，霍光选择他当了皇帝。

刘询既当了皇帝，接着而来的便是选谁当皇后。以现代人看来，当然由他的妻子许平君当皇后。可是在当时，皇室的血液是尊贵的，而许平君却是一个卑贱的狱吏的女儿，岂能配得上皇后这个尊号。大臣们以及皇太后都主张由霍光的小女儿霍成君当皇后。这是一项来势汹涌的运动，多少靠霍家吃饭的人都希望这件婚事成功。可是刘询却不肯忘记岳父和妻子的恩情。但他不敢公然跟霍光对抗，于是他改用一种迂回战略表达他的意见，下了一道圣旨，寻找他寒微时的一把宝剑。当然寻剑是假，暗示他的怀旧之情是真。大家知道皇帝的意思，为了怕留下后患，也就见风转舵，联合奏请立许平君当皇后。

事情发展到这里，人们不禁为这一对在患难中相知相爱的年轻夫妇祝福。然而，许平君虽然当上了皇后，却也种下了大祸种子。因为霍光的妻子霍显愤怒了，她一听说许平君以一个狱吏的女儿当上皇后，而她的女儿霍成君，以托孤大臣兼大将军之女的尊贵身份却落了空，气得咬牙切齿，铁了心要给许平君好看。

事实上，霍显的出身也高贵不到哪里去，甚至还不如狱吏的女儿。狱吏的女儿毕竟还是一个自由人，而霍显却是霍光前妻东闾的贴身丫头，属于奴仆阶层。霍显既漂亮，心眼又多，有时候连霍光都心服口服，就把她收作小老婆。霍显很有一套，能使霍光对她又敬又爱，言听计从。所以，东闾去世后，霍光没有另娶正妻的，而是把霍显擢升为正妻。

霍显把霍光套牢后，开始插手政治。问题是，霍显没有智慧，只有小聪明，而且是不顾大体的小聪明。不顾大体的小聪明根本没有智慧，甚至是愚蠢。愚蠢的霍显竟想靠她霍家的力量，发动政变。结果引起一场全族的屠杀，霍家全族一个不留。这是后话，此时霍显正一心要为女儿争到皇后的宝座。

虽然第一回合失败，但她并不罢手，铁了心要为女儿夺取皇后宝座。霍显就像一头饿狼，目不转睛地注视着皇宫，寻找机会。公元前 72 年，机会终于来了。当时许平君第二次怀孕，身体有些不舒服，刘询召御医诊治，同时还召请了一些有医学常识的妇女进宫担任特别护士，这其中有一个人叫淳于衍。

淳于衍是掖廷户卫，也就是皇宫警卫淳于赏的妻子，她的出身和真实姓名不得而知，但是，她却以卑微地位与高高在上的大将军夫人霍显有交情，常到霍府走动。当她得知自己要去皇宫侍奉皇后时，她的老公淳于赏灵机一动，让她以辞行为借口去霍府转一趟，顺便为自己谋个更高的职位。淳于衍觉得可行，就去拜见霍显。没想到就此为自己惹上了麻烦。

霍显把淳于衍领到密室，亲切地叫着淳于衍的小名道："少夫呀，你教我代谋的那个差事，都包到我身上。可是我也有一件小事麻烦你，你可答应我？"淳于衍受宠若惊，哪里还能拒绝。只见霍显笑着道："你是知道的，大将军最爱他的小女儿。想使他大富大贵，有劳少夫成全。"大将军的女儿已经够大富大贵了，还有什么更大富大贵的事情要一个警卫的妻子成全？淳子衍当时就待在那里。霍显接着说："女人生产，跟死亡只一纸之隔。现在皇后许平君怀孕而又有病，正是除掉她的好机会。她死了，皇帝一定再娶皇后，小女儿就十拿九稳。少夫啊，你如果肯为我们霍家出力，将来一定让你共享荣华。你可千万不要推辞。"

倒霉的淳于衍只不过为了替丈夫谋一个较好的差事，现在却一下子掉进谋杀的陷阱，而对象又是皇后。她十分害怕，却无路可退。如果拒绝，肯定不能活着走出霍家大门。答应杀人，还可能有活路。权衡之下，她选择了害皇后。淳于衍回到家里，没有将此事告诉丈夫。她秘密地把一种名叫附子的毒药捣成粉末，缝在衣袋里，带进皇宫，准备寻找机会下手。终于，她逮着没人的机会偷偷将附子粉末掺到药丸里。

附子并不是强烈的毒药，不过产妇们绝对不能下肚，否则就会使血管急剧硬化。许平君吃了药丸之后，感到气喘，问淳于衍道："我觉得头部沉重，是不是药丸里有什么？"淳于衍答道："药丸里能有什么，你可千万别多心。"一直拖着不请御医。等到御医到时，许平君脉已散乱，很快一命归西。至此，许平君只当了三年皇后就被毒死，死时才 19 岁。她是如此的善良、纯洁，却不明不白地死于宫廷斗争。

霍显听说皇后死了大喜若狂，并且重谢了淳于衍。不过，毒死皇后的阴谋还是泄漏了。泄漏的来源，可能出自淳于衍之口，史书上记载，淳于衍总是在人前显摆自己是霍家的"功臣"，再加上她在皇后死后突然暴富，明眼人一看就知道她立了什么功，效了什么劳。当然，秘密也可能是霍显为了显示自己的法力无边，不经意说出去的。更大的可能的是许平君死时的惨状引起了刘询的注意。于是刘询下令彻查。包括淳于衍在内的有关人员全部被捕，投入监狱。消息传到霍显耳朵，她开始发慌。杀人灭口已经来不及了，走投无路之际，她只好把内幕告诉霍光。霍光一听就汗流浃背，质问她为什么不先跟自己商量。霍显泣道：“生米已煮成熟饭，懊悔也没有用。你大权在握，只有赶快想办法挽救危局，第一件事就是马上释放淳于衍，她如果被囚得太久，认为我们不照顾她，抱着同归于尽的决心，我们霍家就完啦。”

这个时候，霍光再正直无私也只能这么做了。假如他自己主动地揭发这场罪行，他的妻子必死无疑，更重要的是，这会让他的政敌作为攻击的把柄，到时候自己也可能牵连在内。于是，他晋见刘询，一脸正直地建议刘询放了那些人。刘询毕竟年轻，一方面慑于霍光的权势，另一方面一时也找不到皇后被谋杀的迹象，只好放人。霍显的女儿霍成君在母亲和父亲的努力下当上了皇后。

刘询和霍成君的感情很好。霍显看在眼里，喜在心头。一心盼着女儿生下儿子，就是正式的皇太子，而她就是未来皇太后的娘。然而，就在霍成君当皇后的第三年，霍光去世。对国家而言，是巨星陨落；对霍氏家族而言，是靠山倒塌。始终在霍光权威笼罩下的刘询终于解脱了。他先是封许平君的父亲许广汉为侯，又立许平君生的儿子刘奭当皇太子。霍显得到消息后，“恚怒不食，呕血”。她不但为自己当不成未来皇帝的祖母而生气，更重要的是，如果许平君的儿子日后当了皇帝，并发现自己的母亲是被毒死的，一定会追根究底，到时霍家就要大祸临头。想起来这种可能性，霍显不由得毛骨悚然，索性一不做、二不休，为了斩草除根，她要女儿去毒死刘奭。

刘奭当时只有八岁，要毒死这样一个毫无防范之心的孩子本来是易如反掌的，可是，这桩谋杀案并没有成功。一是因为 20 岁的霍成君还不足以担任杀手的“重任”，二是刘奭的保姆忠心耿耿，不让刘奭吃别人的东西，如果非吃不可，保姆先尝，试验是否有毒。结果，霍成君几次下手，都归失败。

然而，阴谋一经发动，就会露出蛛丝马迹。事情终于传到刘询的耳朵，他察言观色，也看出霍成君对刘奭不利，再联系到前妻许平君的暴毙，以及宫廷内外的传言，他几乎可以确定其中必有可怕的内幕。此时他还不敢公开与霍家作对，但已决心采取行动。

当时霍光虽死，但他的家族势力已经深入到整个中央政府的每一个重要角落，尤其是他们掌握了军权和领尚书事。领尚书事是一个关键角色，凡是呈送给皇帝的奏章，都要领尚书事先过目，如果认为它可以，才把正本拿给皇帝看，否则就会被退回或扣留。皇帝就像瞎子，只能看到"领尚书事"想让他看的东西。再加上，皇帝没有兵权，想动摇霍氏家族几乎是不可能的事。

可是，外力虽然对霍家没辙，但其内部却先腐烂了。长期富贵和权势使霍氏家族彻底腐化。首当其冲的就是霍显，她公然与家奴冯子都私通，并且在京城大肆修建家宅。霍家的生活穷奢极欲，所用的马车都用黄金作为装饰，轮子用丝棉包裹，坐在上面，毫不颠簸。

更要命的是，霍显及其子女、女婿们，都自负地认为他们的权势是钢铁铸成的，就连皇帝他们也不放在眼里。霍家的奴仆，也狗仗人势。有一次，霍家的奴仆跟御史大夫魏相的奴仆为了在路上争道，起了冲突，霍家的奴仆火冒三丈，认为简直是奇耻大辱，乃大发神威，一直打到御史府，要拆掉大门，那些可怜的御史们，只好跪在地下，向他们叩头求饶，才算罢休。

霍氏家族已跟所有非霍氏系统的人为敌，其中包括皇帝刘询。刘询明里暂时无法与之抗衡，便慢慢架空霍家，将霍家的人从重要职位上一一移走。如果霍氏家族够警觉的话，他们应该发现形势的严重，赶紧收敛，还有苟延残喘的可能。可是恰恰相反，他们愚蠢地采取了报复行动，想重新获得权力。可惜，霍家这帮纨绔子弟根本没有这个能力。

霍家的失势是显而易见的，于是，弹劾和揭发霍家的奏章、报告越来越多，霍氏家族大为恐慌。这时有个叫张赦的人给霍家出主意，让他们说服太皇太后废了皇帝刘询。太皇太后是霍光前妻女儿的女儿，论起来，也是霍显的外孙女。问题是，当霍氏家族掌握兵权的时候，这主意是好主意，如今，这主意便是馊主意。更糟的是，这个馊主意竟被霍家的马夫听了去，不小心泄露出去，并且传到了刘询的耳朵里。虽然这事因为牵连到太皇太后，最终不了了之，但留下了不利于霍家的口供，刘询趁机再削霍家的权力，至此，霍氏家族几乎全都被逐出权力中枢。

刘询也开始在言语上透露杀机了。有一天，刘询质问霍光的儿子霍禹：冯子都是谁？仗着谁的权势，竟敢在长安欺善凌弱？问得霍禹哑口无言，浑身大汗。

霍家感觉到了大难要临头了。霍显身为一家之主更是忐忑不安，她曾梦见霍光警告她："你知道不知道，就要逮捕儿辈乎？"霍禹也梦见成队的骑兵和囚车，前来执行逮捕。而且，怪异的事，层出不穷，《汉书》记载说：家里的老鼠忽然增多，窜来窜去，有时竟撞到人身上，猫头鹰在庭院树上筑巢，发出毛骨悚然的叫声。大门无故塌掉，有人仿佛看见鬼魂就坐在房子上，掀起屋瓦，扔到地下。

公元前 66 年，刘询将他的两位舅父都封了侯爵。按照开国皇帝刘邦的遗令，凡是没有战功的人不能封侯，而刘询一连将自己的外祖母史家、妻子许家以及祖母王家都封了侯，这是违反皇室规矩的。霍显认为这是一个反攻的良机，就在那一年召集了一个霍家高阶层秘密会议。霍显的本意是想借此指责宰相魏相没有尽阻止的职责，以图扳倒魏相。可是会上有人提到传言霍家毒死皇后许平君一事，认为是血口喷人。霍显不得已，只好承认确有这回事。霍山、霍禹一听，面无人色，叹道："完啦，完啦。"为了彻底解决问题，他们决心发动宫廷政变，直接除了刘询，由霍禹当皇帝。

这是第二次大阴谋，并且再度泄密。到了这种地步，刘询不反击也不行了。他的反击是全面而恐怖的：下令把霍家一网打尽。有人飞骑奔向霍家报警，霍山、霍禹平常大言不惭，现在却六神无主，手足失措。正在这时，家奴来报霍显的府第已被人马团团围住。霍山、霍禹见大势已去，只好服毒自杀。霍家其他人以及相关联的人，除了一位在紧急关头把妻子遗弃的金赏外，全部被绑赴刑场，毒死许平君的淳于衍也在其列。史书上记载，这次屠杀受牵连者达一千多家。一个当权四十载，威震全国二十年的巨族一夕之间几乎全部覆灭。唯一没死的，只剩下二十一岁的皇后霍成君。她不可能幸免于难。不久，皇帝废后的诏书到了，霍成君只当了五年皇后就被打入冷宫；十二年后的一天，刘询忽然想起了她，又把她送到一个名叫"云林馆"的小屋中，加强禁锢；只禁锢似乎仍不能消他心头之恨，于是下令让她自杀。霍成君终于惨死，死时才三十三岁。

贪婪、妒忌、无知、粗鄙集一体的女人可以说是家庭的灾难。霍光的可悲之处在于摊上了一个非但不能帮助自己，反而以实际行动损坏自己声誉的无知女人，结果因“后院”起火，身败名裂不算，还家破人亡。

## 不是不报，时辰未到——郭女王与甄洛

说起甄洛或许有人不太熟悉，但提起曹植的《洛神赋》，估计大家都会恍然大悟。甄洛就是洛神的原型，她是曹植的嫂子，她还有一个名字叫甄宓。

甄洛是一个拥有传奇身世和结局的美女。她是中山无极（今河北省无极县）人，东汉宰相甄邯的后裔，父亲甄逸担任过上蔡（今河南省上蔡县）县令，生有三男五女，甄洛是甄家最幼的女儿。

史书上称，甄洛小时候就有很多异相。比如说，她睡觉时不小心把棉被踢掉，这本是稀松平常的事，但她的家人却仿佛看见有人牵起锦衣给她盖上，于是大为惊奇。她三岁的时候，相士刘良应邀为甄家子女看相，看到其他人时都没说什么，等看到甄洛时不禁脱帽说：“这个女孩，贵不可言。”

甄洛果然从小就与众不同。八岁时，有一天，门外锣鼓喧天玩马戏，姐姐们都兴高采烈地跑出去看，只有甄洛没去。姐姐们不解，问她为什么不去？她说：“这种抛头露面的事，岂是我们好人家女儿做的？”九岁时，甄洛向哥哥要书看要笔墨用，在那个“女子无才便是德”的时代，甄洛的行为看起来有些不寻常。

这还不算，甄洛的见识也非比寻常。她出生的时候正值东汉末年，天下大乱，到处饥馑，小老百姓只好变卖家产换取果腹的粮食。甄家是富家，就趁机低价大量收购。当时才十岁的甄洛警告老妈说：“现在不是太平盛世，社会秩序混乱，而我们却大量买入稀世宝物，势必引起别人的杀机。况且人人贫寒饥乏，我们一家在怒涛骇浪中，岂能独存？依女儿之见，最

好是将仓库里的粮食救济亲戚朋友和左右邻居，广结善缘，一旦有变，可能避免灾难。”她的家人听了大梦初醒，接纳了她的建议。

甄洛的父亲和大哥很早就死了，到她十四岁时，二哥也死掉，她跟二位寡嫂同住，无微不至地照顾侄儿们。以上种种事迹让这位美女的聪明贤淑传播乡里。这事一传十,十传百，就传到了袁绍的耳朵里。

袁绍是东汉末年，各路混战的军阀中势力最大的一支。当时谁都不敢预料鹿死谁手，不过袁绍兵强将广，所以人们都认为袁绍成功的可能性最大。袁绍不断听到甄洛的美貌和贤淑，更听人说她自幼种种大贵异象，就想娶给老二袁熙为妻。

可惜好景不长，袁家因为内讧，曹操趁机发难，攻下了袁家的大本营邺城(今河北省临漳县)。曹操念及跟袁绍是多年老友，下令对袁家不得有任何侵犯，这才保住袁家没有受到蹂躏。可是，他的儿子曹丕不理这一套，他手提利剑，闯入袁绍的官邸。进入内堂，猛然看见与婆婆刘氏抱在一起，战战兢兢的甄洛，顿时一佛出世，二佛升天，宝剑当啷落地，他说了些赞美安慰的话就晕晕乎乎地起身告辞了。临走时告诉军士要严密保护。刘氏这才喘一口气说:“我们不会死了。”

曹操听到这件事后，就把甄洛迎接过来，作了曹丕的妻子。那年甄洛21 岁。甄洛进入曹家后，先后生下一男一女。男孩名曹叡，就是后来的魏明帝。

甄洛知道自己不但曾是曹家对头之媳，而且是再嫁之妇，除了美貌，几乎没有资本跟曹丕其他小老婆竞争，可是，哪个小老婆不是美貌如天仙？所以，她决定寻觅更强大的后台，这个人就是曹丕的母亲卞氏。她在卞氏身上下足了功夫，而她的孝心和诚恳让卞氏和周围的人都深深感动。

公元 220 年，是中国历史上重要的一年。这一年曹操去世，他的儿子曹丕迫不及待地把东汉最后一个皇帝，已 41 岁的刘协赶下宝座，建立了曹魏帝国。紧接着长东以南的孙权建立东吴帝国，加上刘备建立的蜀汉帝国，中国分裂成三个国家，三国时代开始。

按照常理，曹丕既成了皇帝，甄洛作为原配夫人，而且是长子的母亲，再加上婆婆卞氏的喜爱，皇后的宝座本该非她莫属，然而，曹丕却没有行动。稍微有点政治嗅觉的人都会看出有点不对劲。事实上正是如此，一场宫廷夺床斗争突然白热化。

当时曹丕已有六位妻子，其中最具竞争力的是郭女王。她比甄洛更年轻，更漂亮，更具有政治智慧。史书上有“后有谋”的话。想当初，曹丕在曹操诸子的世子之位争夺战中，郭女王发挥了相当大的作用。而且曹丕在登上帝位时，甄洛远在邺城，郭女王则跟在身旁。当时曹丕虽封了太子，却让皇后宝座虚悬，说明他无意让甄洛当皇后。依当时的情况看，郭女王几乎已经十拿九稳可以当皇后了，但甄洛终究是个拦路石，所以她要向甄洛下手。

郭女王的父亲郭永在东汉末年曾任南郡太守，据说郭女王从小也是与众不同，因此很为父亲看重，说她有“女中王”的气度，因此便在闺名之外，为她取字为“女王”。因为生逢乱世，她的家人死于黄巾起义中，她由官宦人家的小姐沦落为婢女，被当作礼品送给了曹丕。郭女王的聪明智慧很快引起了曹丕的注目，并且崭露头角。有趣的是，郭女王比曹丕大三岁，甄洛比曹丕大五岁，这个曹丕似乎有点恋姐情结。

在郭女王刚刚得到曹丕的重视的时候，甄洛已经在后宫有了稳定的地位，但是由于郭女王长期在曹丕身边，所以曹丕的天平慢慢向她倾斜。

郭女王用了什么恶毒的手段陷害甄洛，说法不一。《三国志》中说，甄洛因为不能马上当皇后，口有怨言，还写了一首诗，结果让郭女王抓住把柄，向曹丕打小报告，惹来杀身之祸。这个说法不太可信。甄洛具有温柔机警的性格，也是一个极有心机的人。她了解当时妇女的地位，更了解自己是再嫁之身，她很能克制自己，所以史书上特别强调她从不忌妒。面临是否能当上皇后的重要时刻，她可能忍不住表露出失望和抱怨，但是，即便如此，也不至于激烈到激起丈夫杀机的地步。所以，一定还有更恶毒的原因。有史书上说，郭女王不但举报甄洛口出怨言，还说了一番要命的话——她暗示曹丕说，甄洛的儿子曹叡可能是前夫袁熙的儿子。她对曹丕柔情蜜意地说：“我倒不是真的相信她怀着袁家的孩子，虽然有那种可能性。七八个月生产，也没有什么不对。可是，假如这种消息传播出去，而万一曹叡继承帝位，到时候有人以此为借口不效忠于他，就会影响帝国的安全。”曹丕信以为真，亲自到邺城向甄洛求证。甄洛大哭：“你当了皇帝，有权选择皇后，但你不该血口喷人，诬蔑自己的亲生儿子。”

无论怎样，甄洛难逃一死。曹丕忘了昔日“痴立落剑”的恩情，逼甄洛服毒自杀，年仅 40 岁。此时距曹丕称帝还不足一年。甄洛死后，曹丕和郭女王恐惧她向阎罗王控告，所以下令把甄洛的尸体特别处置，头发披到脸上，用糠塞住她的嘴，让她上告无门。杀人不过头点地，曹丕以如此残忍的手段对待自己的发妻，连尸体都不放过，堪称一个混蛋。还有一种可能，对甄洛尸体的侮辱是郭女王一人的主意。在那个年代，皇帝杀死妃子是常见的事，曹丕不可能因此惧怕阎罗王，所以此事纯粹是郭女王做贼心虚的结果。

这件事做得非常隐秘，除了当事人和一些核心服务人员外，没有他人知道。甄洛的儿子曹叡当然也被瞒着。本来曹叡没有机会继位，但是一次围猎中他获得了转机，成为太子。

郭女王是一个相当有心机的女人。她自己没有生育，所以当了皇后后，收养了曹叡，并且视如己出，很是疼爱。而曹叡也投桃报李，将郭女王当作亲生母亲一样侍奉，母子俩就这样相亲相爱地过了十几年。曹丕死后，曹叡继承皇位，并尊继母郭女王为皇太后。

曹丕去世三年后，太皇太后也去世，郭女王在这世上的保护伞都消失了。此时，一个了解秘密的核心服务人员——曹叡的奶妈李氏告诉了曹叡他亲生母亲的死亡秘密。有一天，曹叡问郭女王：“我娘死的时候，头发披面，用糠塞口，可是你的主意？”郭女王大惊，她所恐惧的事情终于发生了，她只好哀号着说：“是谁拨弄是非，挑拨我们母子的感情？”没想到曹叡举出人证。在无可闪躲的情况下，她分辩说：“是你老爹干的，为什么问我？”到最后，不断的旁敲侧击和彼此心照不宣的恫吓让郭女王崩溃了，她冲着曹叡喊：“你身为人子，难道仇恨亲爹，枉害继母吗？”然而，这不是枉害，而是复仇。不久，曹叡派出杀手，强逼郭女王喝下甄洛当年所喝的毒药，再同样地让她头发披面，用糠塞口。这一年，郭女王 50 岁。

郭女王之死也和甄洛之死一样秘而不宣，对外宣称的是她因病去世，曹叡仍旧以孝子的面目大办丧事，以国礼将其下葬。

回头再说说甄洛。她虽冤死，但在文学史上却留下佳话，那就是她跟她丈夫的弟弟曹植的一段爱情。这桩奇异的宫廷感情因曹植的一篇赋而流传下来。这篇赋写于甄洛去世后一年，在作品中，曹植当然不敢明目张胆指出跟他相恋的人就是自己的嫂嫂，他用洛水女神宓妃代替她，命名为《宓妃赋》《感甄赋》，后来被曹叡改为《洛神赋》。曹叡显然不知道那位风情万种的女郎就是他的母亲。否则，曹植纵是叔父，也要人头落地。

史书中并没有详细叙述曹植和甄洛怎么相识，怎么幽会。但可以想象，这位弟弟初睹嫂嫂容颜时，一定跟他哥哥一样神魂飘荡。《昭明文选》中介绍说，邺城陷落时，甄洛被不解风情，只知道肉欲的曹丕生生霸占，曹植“殊不能平，昼思夜想，废寝忘食”。曹植文学方面的造诣跟气质，远胜于浑身流氓气息的哥哥曹丕，假如当初第一个闯进袁家的不是曹丕，而是曹植，甄洛或许会有更好的命运吧。

郭女王也许本性是善良的，一生只干过陷害甄洛一件坏事，只是这件坏事太过于残酷。世上万事都有因果报应，不是不报，时候未到。所以，就算拖了15年，她终于还是为自己的行为付出了代价。

## 没有约束的欲望就是灾难——太平公主

太平公主是武则天的小女儿，她的权势、能力和野心不在其母之下。只不过，比起她的母亲来说，她的结局要差得多。

太平公主的具体名字没有留下来，她上面有四个哥哥，其中三哥李显即后来的唐中宗，四哥李旦即后来的唐睿宗。关于她的长相，《旧唐书》上说“丰硕，方额广颐”。武则天曾说太平公主“类己”。这可能有两个意思，一是说女儿长得像自己，另外就是说女儿的性格爱好与自己类似。太平公主“多权略”，喜参政，这与武则天相似；她在武则天晚年将张昌宗推荐给母亲作男宠，这种情趣与武则天也是一致的。

太平公主第一次亮相就非常特别。《新唐书·公主传》里记载说，太平公主小时候办的第一件事就是替她的母亲武则天尽孝，去当了女道士。原来，武则天的母亲杨氏也是一个有政治手腕的女人，对武则天的成功没少帮忙。她去世后，武则天悲痛不已。当时李唐王朝自认为是道教的始祖太上老君的后裔，所以官方宗教是道教。按照道教的说法，如果家中的晚辈能够献身宗教，就能够让去世的前辈在阴间过得更好。按照这种逻辑，武则天为了表示对母亲的孝顺，应该去出家当女道士。但是，武则天当时已是国母，是二圣之一，不可能出家当女道士。于是她让自己的小女儿代她去当女道士。这个小女儿就是7岁左右的太平公主，“太平”是她的道号。太平公主当女道士当然只是走过场，她并没有住进道观，只是在重大的仪式时才露一露面。

太平公主16岁的时候，吐蕃前来求婚，并点名要太平公主。当时吐蕃日益强大，与唐朝的几次战争都以唐军的失败而告终。李治和武则天不能得罪吐蕃，又不舍得女儿远嫁蛮荒之地，便修建太平观让她入住，想借此拒绝和亲。但是太平公主不愿为道士，吐蕃的要求又一直没有收回，唯一的办法就只有尽快为太平公主找一个驸马了。这个人就是薛绍。

薛氏是李唐家族的传统姻亲。薛绍的父亲就是驸马，母亲就是唐太宗李世民与长孙皇后的女儿城阳公主。武则天后来的男宠薛怀义本不姓薛，只是武则天想让他冒充大族，令他改姓薛，与薛绍合族，并令薛绍以季父事之，可见薛氏家族在唐皇室中的地位。选择薛绍作驸马恐怕是唐高宗的意思，武则天对薛绍并不十分满意，原因是薛绍的嫂嫂萧氏和和氏出身不够高贵，武则天说过："我女岂可使与田舍女为妯娌邪！"（《资治通鉴》）但最终还是迫于形势同意了这门亲事。

太平公主与薛绍的婚礼非常隆重，照明的火把烤焦了沿途的树木，为了让宽大的婚车通过，甚至不得不拆除周围的围墙。由此可见武则天和李治对太平公主的宠爱。这次婚姻持续了七年，太平公主安分守己，两人育有两男两女。到武则天执政的垂拱四年（公元 688 年），因薛绍的哥哥参与唐宗室的谋反事件，薛绍受到牵连，被"杖一百，饿死于狱"（《资治通鉴》）。薛绍之死或许与武则天当年就对他兄弟不满有关，也可能因为她要改"唐"为"周"，她需要找一个武家的女婿。

武则天一开始为太平公主挑选的女婿是侄子武承嗣，后来因为有病，又选择了她的另一个堂侄武攸暨。武攸暨此时已有妻室，武则天暗地使人杀掉他的妻子，强行将他配给太平公主做丈夫。太平公主嫁给武攸暨两个月后，武则天称帝，改"唐"为"周"，封武氏子十四人为王，武攸暨被封为千乘郡王。随后武则天大举清除李唐子氏，太平公主因与武氏联姻，避免了李氏子弟可能遭到的不测。武攸暨与太平公主育有两男一女，比太平公主早死一年，两人一起生活了二十二年。

太平公主的两次婚姻都是父母安排的政治联姻，她与这两位丈夫的感情如何，史书没有记载。但是从史料记载看来，太平公主在经历了失去第一任丈夫的悲剧之后，她逐渐明白了作为公主，她是逃脱不了政治的。于是，从选择第二个丈夫开始，太平公主就积极参与政治，投身于母亲武则天的麾下，并且很快展露出了多权谋的特点。

武则天执政时期，并没有允许太平公主公开从政。但这不妨碍她的政治影响。

太平公主一生参与了三次大的政治斗争，并且卷入的程度一次比一次深，起的作用也一次比一次大。

太平公主参与的第一次政治斗争是支持张柬之等起兵诛杀张易之、张昌宗兄弟。张易之兄弟是武则天晚年的男宠，而且是太平公主向母亲推荐的。太平公主自从第二次结婚之后，对感情就看淡了，所以就开始包养男宠。她看到母亲既没有丈夫，也没有一个男宠，就非常体贴地把自己的一个男宠让给母亲，这男宠就是莲花流郎张昌宗，不久张昌宗又无耻地引进了自己的兄弟张易之。此事让武则天对太平公主的满意度又提高了一步。没想到，张氏兄弟倚仗武则天的宠爱，昏了头脑，大有顺之者昌、逆之者亡的势头。两人将私自议论他们的邵王李重润、其妹永泰郡主、妹夫魏王武延基下狱逼死。李重润兄妹都是唐中宗的子女，武延基则武家人。张氏兄弟此举不仅得罪了李氏，也得罪了武氏，无异于找死。李武二族联合起来反对二张。神龙元年（公元 705 年），张柬之等人联合起兵诛二张，迫武则天传位于中宗，并改“周”为“唐”。太平公主参与了这次斗争，斗争胜利后，她因功被封为“镇国太平公主”。太平公主参与此事的原因可能有二：其一是她作为李氏女、武氏媳，不能容忍张氏兄弟掌权。再一个可能是私人原因，即张昌宗诬陷她所爱的情人高戬，把高戬投入了监狱。

太平公主参与的第二次政治斗争是李隆基起兵诛杀韦后。太平公主的三哥唐中宗即位后，皇后韦氏想效仿武则天，也来个皇后执政，她的女儿安乐公主也同时大力培植势力，俨然与当年的太平公主一样。这时候，武则天已死，太平公主从后台走到前台，开始开府置官属，培养自己的势力集团，发展到与唐中宗的女儿安乐公主“各树朋党，更相谮毁”的地步。太平公主政治才干出众，让韦后一系非常忌惮。这样一来，太平公主以及她的四哥相王李旦（后来的唐睿宗）、相王之子李隆基（后来的唐玄宗）都成了韦后和安乐公主图谋权力的最大障碍。

景龙四年（公元 710 年），皇后韦氏与女儿安乐公主合谋毒死了唐中宗。韦氏立温王李重茂为皇帝，自己临朝摄政，并打算逮个机会害死小皇帝，除掉相王和太平公主，革了唐王朝的命。在这种情况下，李隆基联合陈玄礼等起兵，杀死了韦后和安乐公主，迎接自己的爹李旦即位。太平公主积极参与了这次斗争，不仅事先参与谋议，而且派儿子薛崇简直接参加了行动。太平公主在这次斗争中还起了一个重要作用，即她出面将小皇帝李重茂从“御座”上赶下来，让四哥李旦坐上了帝位。太平公主在变幻的政治风云中，一直选择保卫李唐宗室的态度，多次捍卫李姓王朝，这使她的政治地位日益提高，权倾人主。她的三个儿子封王，其余的也居祭酒、九卿等高职。当时宰相七人，五个出于她的门下。当年权极一时的安乐公主，也不过是“宰相以下多出其门”。朝中军国大政，如果没有她的点头就不能决定。太平公主俨然成了“武则天第二”。而她的目标正是效仿母亲武则天称帝。这个时候，她曾经的得力助手李隆基就成了最大的障碍。

于是，她发动了自己生命中第三次政治斗争——与太子李隆基之间的斗争。

当初唐睿宗李旦称帝，儿子李隆基出力最大，所以他被立为太子是理所应当的事。但是，如果他是太子，太平公主是不可能夺到皇位的，她必须选一个弱小者为太子。于是，她不仅造舆论说李隆基不是长子，不当立为太子，甚至召集宰相要求将太子换掉。在这些行动中，唐睿宗是站在太平公主一边的。到睿宗末期，“在外只闻有太平公主，不闻有太子”，左、右羽林将军也都投靠了公主。太平公主的势力几乎覆盖了整个朝廷。只不过，她的对手李隆基不太好对付。

公元 712 年，天空中出现彗星，太平公主乘机叫术士对睿宗李旦说：“彗星出现在天上，地上就要除旧布新，而且帝坐星和太子星都有变化，皇太子想当皇帝了！”她的本意是要挑唆睿宗相信太子想篡位，一怒之下改立太子。没想到睿宗早就不想当皇帝了，当即表示让李隆基即位。太平公主见弄巧成拙，和手下的党羽激烈反对，李旦执意不听，但碍于太平公主面子，只让太子监国。太平公主见情况不对，暗中加快了政变的步伐。公元713年，太平公主准备起兵废掉李隆基，没想到李隆基先发制人，首先举兵发难，太平公主一方失败，她本人逃入山中的寺庙躲了三天才出来，一回到家中就被李隆基赐死，死时还不到五十岁。

说起来，太平公主的能力比其母武则天有过之而无不及，其政治能量更是空前绝后，她参与推翻了一个皇帝，拥立了两个皇帝，地位至高无上。然而，从历史的角度来看，她的夺帝位之战注定要失败。

一方面，当年武则天将李姓王朝改姓“武”，让朝野上下对女人干政有一种本能的警惕。在这种大背景下，任何“女人干政”的企图都是注定要失败的。韦后、安乐公主如此，太平公主也不例外。

另一方面，太平公主自身的原因也注定了她的失败。太平公主的生活非常奢侈，她的收入可敌国家收入的百分之二十左右，这无疑是国家经济的一大祸害。太平公主只想掌权，却不考虑民生，无疑会引来一班正直之士的反对。她还纵容手下夺民财产、与民争利，很不得民心。再说，太平公主主要靠金钱收买来扩充势力，手下的士人大多品性不正，这些人跟李隆基手下的宋王景、姚崇、张说等人根本无法相比。因此，最终只能香消玉殒于三尺白绫。

世上没有常胜将军。无论多么强势的人，如果一直处于风险的旋涡中，不知道急流勇退，最终必然都会死在沙滩上，因为后浪总会变成前浪。然而，对有些人来说，权力会像吸毒一样令人上瘾。这些人喜欢斗争和拼搏，而且不斗则已，斗则求胜。

太平公主就是一个典型。如果她没有那么大的野心，或者她能够驾驭野心，及时隐退，结局不会那么悲惨。只可惜，欲望就像一个疯狂飞车，上了车的人往往不舍得下来。

## 玩火自焚——上官婉儿

在讲上官婉儿之前，不能不感叹一下武则天的榜样作用。她的成功不但颠覆了只有男人才能当皇帝的传统观念，同时也刺激了身边一大批宫廷贵妇的野心。这些女人亲眼目睹武则天的伟大成功，她们也渴望拥有这样的辉煌，于是一个个就像飞蛾扑火般前仆后继地去追逐最高权力。她们中最重要的有四个人：武则天的女儿太平公主，武则天的儿媳韦皇后，韦皇后的女儿安乐公主，还有一个就是武则天赏识提拔起来的才女上官婉儿。

上官婉儿自追随武则天起，一直处于权力的中心，尽管没有明确的封号，实际属于手握实权的“女宰相”。一方面，她资质绝佳，是历史上最有才气的女子，令后人高山仰止。史书说她博学多才，文学修养堪比汉时的班昭、晋时的左芬，政治才华则远非那两个才女可比。

然而，上官婉儿虽然才华横溢，却奸诈阴险，一生玩弄权术，驾驭政治，石榴裙下掩藏着极为淫荡的私生活。如此看来，此姝确是一个罕见的奇女。

据《旧唐书》记载，上官婉儿的出生非比寻常：

上官婉儿的母亲郑氏在生她前，梦见一个巨人送来一杆秤，嘱咐说：“持此，称量天下！”称量天下，岂不就是位高权重？郑氏想大概要生儿子吧。孰料，呱呱坠地的却是个女婴，郑氏对做梦的事只能姑妄一笑了。接着，上官家的遭遇让这个梦更像是个失误。

上官婉儿的爷爷是唐高宗时的宰相上官仪，位高权重。他对武则天专权极为不满，替高宗起草了废武则天的诏书，结果却被武则天所杀，还连累整个上官家族都遭了殃，男人们都掉了脑袋，刚刚出生的上官婉儿则与母亲郑氏一同被发配到掖廷当了奴隶。当然，就算是败落的官宦人家也很有见识，郑氏千方百计让婉儿接受教育——这可是将来安身立命的资本。小姑娘太聪明了，四五岁时就能出口成章。

是金子总会发光的。十四岁时，上官婉儿被武则天召入宫中，当场命题。结果小姑娘文不加点，须臾而成，且辞藻华丽，语言优美。武则天看后大悦，当即下令免其奴婢身份，让她担任掌管诏书的贴身秘书。从此，婉儿涉足政坛，一步一步接近当朝的权力核心。上官婉儿与武则天本是仇人，却能够在事业上密切合作，可以想见这两个女人，一定是既相互仇恨，又惺惺相惜。武则天的胸怀自不必说，这件事说明上官婉儿也是个有远见、事业心很强的女人。

畅游宦海之前总是要经过艰苦的历练。上官婉儿刚入宫的时候，没有经验，因为不听话，差一点被武则天宰了，但终因爱才，武后只判她“黥面”之罪，在额头上刺了一个乌黑的犯罪标志。虽说额头不完美了，上官婉儿依旧是光彩照人的大美女，更重要的是，她还一个最厉害的武器——头脑。十九岁的时候，这个小女孩已经成了除武则天以外最具权柄的女人，百官奏牍都由她先行过目，并加批示，武则天只在上面批个字就可以了。当时，别说文武百官，就是皇帝唐中宗李显也得给她几分面子。

上官婉儿是非常懂得“政治投资”的。16 岁时，她就妩媚地倒在还是皇太子的李显怀里。李显第一次登基后没多久，因为惹恼了武则天，被发配到钧州、房州。上官婉儿立即易帜，改投了武则天的亲侄子武三思。

风水轮流转，705 年，李显咸鱼翻身，重新从武则天手中接过皇权，上官婉儿随即重新投靠这位老相好。李显对她很看重，册封她为“昭容”，地位仅次于皇后和三个贵妃，并且让她专掌起草诏令，位同宰相、爵同诸王。

李显虽然贵为皇帝，但实权都在韦皇后的手中，于是上官婉儿开始积极向韦皇后靠拢。她用的手段很奇妙——引荐情人，而且是自己的老情人武三思。对此，天性懦弱的李显，总是睁一只眼、闭一只眼，有时候还为他们创造机会，甚至跟着鬼混。

这一时期，是上官婉儿红得发紫的巅峰阶段。她对政治的搅和也到了疯狂的地步。李显掌权第二年，武三思依靠韦后和安乐公主等人的支持，相继设计贬杀了张柬之、桓彦范等五王，权倾人主，不可一世。上官婉儿又在起草的诏令中，推崇武氏而排抑皇家，致使太子李重俊气愤不已。后来，李重俊忍无可忍，假传圣旨，率左羽林军杀了武三思及其亲党十余人，又领兵搜捕上官婉儿。上官婉儿急忙逃到唐中宗和韦后处，对他们说："观太子之意，是要先杀上官婉儿，然后再依次捕杀皇后和陛下啊。"李重俊不是韦后的儿子，她早就想废了他，这正是个好机会，中宗又是个窝囊废，于是在两人的挑唆下命右羽林军救驾。李重俊所带的羽林军听说是矫诏，回头杀了他。





除了太子以后，上官婉儿更加放肆。她劝说中宗大兴文学之风，在皇宫里举办各种各样的赛诗会。当时，宫内官员可以随便出入皇宫。诗会上，文采飞扬的上官婉儿每次都同时替中宗、韦后和安乐公主代笔，数首并作，诗句优美，时人大多传诵唱和。中宗又令上官婉儿对大臣所作之诗进行评定，名列第一者，常常赏赐金爵，贵重无比。一时间，朝廷内外吟诗作赋，蔚然成风。

上官婉儿成为炙手可热的人物，投机钻营的人便纷纷投靠，婉儿也毫不吝啬地随手提拔这官员，就像朝廷是她家的。

此一时期，上官婉儿的私生活也糜烂到极点。身为皇帝的昭仪，她不但和武三思私通，还秘密购买私宅，在宫外和一些不三不四的纨绔子弟以及市井无赖鬼混于其间。《新唐书》说："邪人秽夫，争候门下，肆狎昵……"

她最著名的情人就是崔湜。两人初相识时，崔也就二十三四岁，婉儿已是四十多岁的半老徐娘。为了报答婉儿的垂青，崔湜厚颜无耻地引荐了自己的三个亲兄弟：崔莅、崔液、崔涤。为了表示对崔湜的喜欢，婉儿给他不断加官晋爵，最后这样一个绣花枕头竟然升到了宰相的高位。

上官婉儿是一个极会见风使舵的主儿。景龙四年（公元 710 年），武则天的女儿太平公主势力日盛，上官婉儿又靠了上去。这年六月，野心极大的韦后和她的女儿安乐公主毒死了中宗李显。接着，上官婉儿与太平公主一起草拟遗诏，立温王李重茂为皇太子，韦后知政事，相王李旦参决政务。七月的一个晚上，时任临淄王的李隆基发动宫廷政变，杀了韦后及其党羽。上官婉儿不但不逃，反而带着宫人执烛迎接。她把自己与太平公主所拟遗诏拿了出来，因为相王李旦是李隆基的爹，她希望李隆基念在她在遗诏中支持李旦而免她一死。但李隆基不许，说："此婢妖淫，渎乱宫闱，怎可轻恕？今日不诛，后悔无及了。"当即将她斩于旗下。至此，上官婉儿总算闹到头了，时年 47 岁。

李隆基虽然杀了上官婉儿，但也不能不佩服此女的才华。开元初年，李隆基派人将上官婉儿的诗作收集起来，编成文集二十卷，令张说作序。此集今佚，《全唐诗》仅收其遗诗三十二首。

上官婉儿曾用非凡的政治智慧"称量天下"，她总能让自己在身边人的生活中显得无比重要。不过，貌美如花，才高八斗，太有思想，让她的欲望汹涌而出。以她的聪慧，何尝不知道位高遭人嫉，可是，聪明人往往很自负，总以为自己可以玩弄世界于股掌之中。最终，太多的欲望，让她把持不住自己，坠入万劫不复的深渊。

## 第七章

# 生命中不止一棵树

许多女人认为，爱一个人就要为他粉身碎骨，比如下面要讲到的绿珠、薛涛。有这种想法的女人道行再深也是枉然，因为，这个世界上值得你为他粉身碎骨的人，不会忍心让你去牺牲，而让你牺牲的人则根本不值得你这么做！

历史上身居险境，及时抽身的美女不是没有，比如名垂千古的大美人王昭君、才华横溢的班婕妤。只是，要做到众人皆醉我独醒，需要有过人的智慧。

## 去塞外寻找幸福——王昭君

王昭君是美女界的一个异数，集美貌、智慧与胆识于一身，实在难得。

前文说过，王昭君与埃及艳后是同时代的美女。她是西汉南郡秭归（今属湖北）人，名嫱，字昭君，晋朝时避司马昭讳，改称明君或明妃。名列我国历史四大美人之一。

王昭君的故事在中国流传甚广。无数文学作品、艺术作品，都以她作为主角。几乎所有的文学作品都从大汉民族以及大男人沙文主义的立场出发，一口咬定王昭君在塞外受苦受难。甚至还有文学作品称，王昭君被放逐蛮荒，在呼韩邪单于死后，不愿再嫁而自杀。更有其他版本说，王昭君在去塞外的途中就投水自尽了。

这些传说不过是中原人士一厢情愿的杜撰，事实上，王昭君嫁入匈奴汗国是自愿的，在那里所受到的是顶级享受，并且幸福地死去。

我们先来看一个流传最广的传说。

传说昭君是她的父母许愿而得的。当时夫妻俩因多年未孕，便到附近的屈原庙进香许愿，祈求得到一个像屈原那样忠于国家、热爱人民的后代。结果真的很灵验，八月十五夜里，一轮明月投入昭君母亲的怀中，不久比天仙还标致的昭君出世了。昭君从小聪明伶俐，勤奋好学，心地善良，为乡亲们做了不少好事，因此得到乡亲们的喜欢。

后来昭君被汉元帝选做后妃，前往长安。王昭君到京城后，和其他被选的秀女一样，先到画师毛延寿那儿画像。有的美女为了得到皇帝的青睐，重金贿赂毛画师，毛就将她们画得美貌非凡。王昭君不信这个邪，没有给毛延寿金银财宝，毛画师就有意在王昭君眼睛下面点了一点，结果没入汉元帝法眼，被冷落在后宫。

这时候发生了一件事，改变了昭君的命运。

早在汉宣帝时，匈奴发生内乱，五个单于分立，相互攻打不休。其中有一个呼韩邪单于，被别的单于打败，逃到汉朝来，向汉宣帝请求援助。因为呼韩邪单于是第一个到中原来朝见的单于，因此，汉宣帝亲自到长安郊外去迎接他，并为他举行了盛大的宴会。呼韩邪单于在长安住了一个多月后，汉宣帝派了两个将军带领一万人护送他到漠南，同时送给他三万四千斛粮食。呼韩邪单于非常感激。西域各国看见汉朝对呼韩邪单于这么好，也都争先恐后地同汉朝打交道。

汉宣帝死后，他的儿子刘奭，即汉元帝即位。公元前 33 年，呼韩邪单于再一次到长安，自愿要求当汉朝的女婿，汉元帝同意了。以前匈奴强大，汉朝和匈奴和亲，都是挑选公主或者宗室的女儿，现在呼韩邪的匈奴已成了汉朝的附庸，于是元帝决定挑五个宫女给他。他吩咐人到后宫去传话：“谁愿意到匈奴去的，皇上就把她当公主看待。”民间选来的宫女，进宫后就像鸟儿进笼一样，都希望出宫，但听说要离开本国到匈奴去，却又不乐意。这时候王昭君挺身而出，自愿到匈奴去和亲。呼韩邪临辞之前，元帝召见五女。只见“昭君丰容靓饰，光明汉宫，顾影徘徊，竦动左右”。汉元帝虽然见美女无数，也大为震惊，昭君一见汉元帝也是脉脉含情，两个情意相投，但是事情已经没法改变，两个只好依依不舍地分别了。

送走昭君，元帝立即翻那美人画册，终于在不起眼的地方找到了，细细一看，原来昭君眼下多了一个疵点，掩盖了昭君的容貌。皇帝大怒，下令将那个弄虚作假的画师毛延寿杀了。再说元帝，因为思念昭君，一病不起，五个月后就死了。

以上就是民间广为流传的昭君出塞的故事。

关于王昭君的传说中，一切“悲剧”的源头来自宫廷画师毛延寿这个“奸臣”。京剧上就有“骂一声毛延寿卖国奸臣”“你不该投番邦丧尽了良心”。并且认为他被杀得恰到好处。

不过，在正史中根本找不到毛延寿这个人。《汉书》只说“昭君入宫数岁，不得见御，积怨”，并未提毛延寿作伪的事。事实上，皇宫是美人窝，如果没有特殊的际遇，从民间选来的王昭君见不到皇帝是非常正常的事。而史书中也根本看不到王昭君对西汉宫廷和皇帝的恋恋不舍，相反，却看出了她的大彻大悟、自愿脱离。

汉元帝时，宫女为取宠皇帝，用重金贿赂画工，画工向宫女索赂的情节，来源于西晋葛洪写的笔记小说《西京杂记》。这笔记是好事文人掇拾而成的杂记，不一定符合真实历史。《西京杂记》等文学作品将毛延寿与王昭君联系在一起，可能因为当时西汉政府恰巧处决了一批宫廷画家，毛延寿是其中之一，而毛的画技又最高的原因吧。





关于王昭君的结局，有一种说法是，王昭君到了塞外后，日日思念中原、思念皇帝，郁郁而终，甚至自杀而亡。

事实上，王昭君是享尽了顶级待遇。她与呼韩邪单于非常恩爱，被封为“宁胡阏氏”，二人所生的儿子伊屠智牙师被封为右日逐王。婚后三年，呼韩邪去世，嫡子雕提模皋继位，依旧匈奴汗国的风俗和律法，嫡子有跟庶母结婚的义务，于是王昭君再嫁给新皇帝。二人年龄相当，新单于更加爱慕王昭君。两人共同生活了十一年，王昭君继续当皇后，跟新单于又生了两个女儿，分别嫁给了匈奴贵族。

由于王昭君的原因，匈奴和汉族和睦相处，有六十多年没有发生战争。后来因为王莽篡权，匈奴单于认为他不是刘氏子孙，于是边疆再起战端。

关于昭君的结局，在汉民族的版本中都是悲剧，理由是：王昭君被毛延寿这个小人所害，被迫远离故土。就算她赢得了单于和匈奴牧民的尊敬和爱戴，但是，一个聪慧的水乡女子怎么可能和野蛮人有共同语言呢？而汉元帝与王昭君之间则是一种回肠九转的爱情故事。千百年来，人们就是在这种心结中感叹着王昭君的悲惨命运。

然而，我们不得不打断延续了千百年的一厢情愿的意淫。首先，王昭君与汉元帝之间的爱情根本没有可信度。汉元帝面对绝世美女，产生刹那间的眩晕是可能的，但绝不可能产生爱情。并且，就在王昭君辞行之后五个月，汉元帝就死了。如果王昭君留下，哪有幸福可言。

事实上，王昭君嫁给呼韩邪单于，她的幸福才真正开始。在广阔的塞外，她获得了丰富的爱情和温暖的人生。

王昭君的幸福是她敢于舍弃得来的。她的故事告诉仍在为了争夺一个男人而苦战的女性们：只要不在一棵树上吊死，手里就是一盘活棋。

## 逼曹操离婚的彪悍女人——丁夫人

曹操作为一代枭雄，一生纵横捭阖，当时全天下恐怕没有一个男人能让他束手无策，汉献帝是他手中的工具，被他推许为“天下英雄，唯操与使君尔”的刘备被他追来赶去，让他发出“生子当如孙仲谋”叹息的孙权被他逼得出不了江东，智计百出的诸葛孔明虽然让他头痛，但也没到束手无策的地步。然而，他的糟糠之妻丁夫人，不但不怕他，反而逼得他离了婚，让他抱憾终生。

这是个让人眼前一亮的女人。

丁夫人是曹操的正房，出身并不显赫，婚后也一直没有生育。曹操的一个妾氏刘夫人却是硕果不断，先后生下了长子曹昂、长女清河公主和另一个儿子曹铄。然而，这些儿女还没长大，刘夫人就早早去世了。她在临终之际，将三个子女托付给了丁夫人。丁夫人说话算数，把三个儿女视若己出，亲手扶养照顾。其中，她在长子曹昂身上花费的心血最多。曹昂果然是块好玉，十九岁那年就被举为孝廉，一身戎装，成了曹操帐下的少年将领。眼看儿子长大成材，丁夫人十分欣慰。然而，她还没享天伦之乐，这个儿子就因为老公曹操的失误而死了。

作为男人，曹操不贪财、不贪酒，但有些好色。他一生纳妾无数，战果也辉煌，光儿子就有二十五个。曹昂之死，就是因为曹操好色所致。建安二年（公元 197 年）初，曹操出兵南阳，攻打当地的土皇帝张绣。张绣顶不住曹军的猛攻，只好投降。张绣有位寡居的婶婶长得貌美动人，曹操仗着自己是胜利者，直接就把她据为己有。张绣也是堂堂七尺男儿，长辈被欺，自然非常愤恨，愤怒之余，他率军夜袭曹操大营。曹操一点防备也没有，被杀得丢盔卸甲，一路狼狈跑到舞阴（今河南泌阳）才喘了口气。

这次失败，曹操损失不小，自己的亲兵队长典韦战死，长子曹昂、侄子曹安民也命丧乱兵之中，就连曹操本人也中了一箭。而曹操之所以能够成功逃脱，还是多亏了曹昂让给他一匹好马“绝影”。

噩耗传来，丁夫人又悲又恨。悲的是自己辛苦培养的好儿子就这么没了，恨的是儿子的死竟然是因为曹操的行为不检所致。这件事让丁夫人和曹操的婚姻开始出现裂缝。后来，官渡之战前，张绣再次向曹操投诚。当时正是用人之际，曹操从大局着想对张绣既往不咎，封他为扬武将军。作为政治家，曹操的行为可以理解，作为母亲，丁夫人却无法不计前仇。她以汉献帝都没有的勇气指着曹操的鼻子骂：“将我儿杀之，都不复念！”翻译过来就是：“你害死了我儿子，连一点思念自责的意思都没有！”丁夫人一次次给曹操难堪，曹操好歹是大汉朝的宰相，忍了一段时间终于受不了了，要丁夫人回娘家去反省。丁夫人一听此话扭头就走。

曹操原本以为丁夫人过一段时间会主动认错，结果左等右等，就是没等到。曹操毕竟与丁夫人伉俪情深，过了些日子他觉得想念丁夫人，于是在四处征战的间隙，屈尊大驾，前往丁夫人的娘家去探望她。

丁夫人家里不太富有，所以她平时需要自己织布贴补家用。曹操到来时，丁夫人正在织布。侍从先进的门，他见丁夫人没有任何反应，生怕曹操下不了台，便轻声提醒丁夫人，说曹操特地来看望她了。丁夫人像没有听见一样，依旧织布，眼皮都不抬一下。曹操走到织布机旁，多情地看着丁夫人，伸出手抚摸着她的后背说：“和我一起回宫好吗？”丁夫人充耳不闻，依旧坐在那里，一丝不苟地织她的布。

曹操讨了个没趣，愣了半天神，不知该如何是好。最后只好苦笑着摇摇头，无声地离开了。临上马时，多情的曹操又朝茅屋看了一眼，恋恋不舍。于是，他又一次走进柴门，来到丁夫人身边，恳切的再问丁夫人：“可以和我一起回去吗？”丁夫人置若罔闻，织布依旧。曹操见丁夫人如此冷漠、绝情，大失所望，仰天长叹道：“真是决绝啊！”然后怏怏不快地离开了。

回到府中，曹操觉得既然离婚不可避免，就别耽误了人家，传话给老丈人，任凭丁夫人改嫁他人。丁夫人虽然不把曹操当一回事，她的父兄可是非常怕曹操，唯恐曹操哪天改变主意找自己的麻烦，因此，丁夫人此后也就一直没能改嫁。当然，也可能丁夫人根本就没想改嫁他人。几年后，丁夫人孤独而平静地去世了。

后来，曹操统一北方称王，封另一位夫人为王后。他曾无限怀念地对这位美人说:“这本该是我丁卿的座位啊！”多年后，曹操难抵天命，即将离开人世，回想自己的一生，叹息道:“我这一生最放不下的人就是丁夫人，对她始终未曾当真负心，可是做错了事却难以挽回以致决裂。假如人死后当真有灵魂，我在阴世里遇到昂儿，如果他问我:‘我的母亲在哪里？’我该如何回答呢？”

失去了丁夫人，这大概是曹操一生中难得的一次终生遗憾。

如果夫妇没法再相处，应该分开，还是勉强忍耐，继续维系一个外表看来幸福完整的家？这是一个现代夫妻最常见，也最苦恼的话题。

对于性格坚强的女性，离婚是最好的选择，就像丁夫人。对于性格懦弱的女性来说，有个名分也是好的，否则就会垮掉。只不过，名存实亡的婚姻所带来的煎熬也是难以忍受的。最好的办法是寻找新的感情寄托，与其像一条没有养分的枯藤死在一棵树上，不如寻找另一棵能够给自己注入生机的大树。

话又说回来，夫妻感情是需要精心呵护与养护的，如果你不愿意付出热情，婚姻当然就变成了一杯温开水。

## 从来上台榭，不敢倚阑干——绿珠

作为历史文献来看，绿珠是用来陪衬石崇的，可一旦把历史当作人生际遇去解读、演绎，她的形象就大放光芒，远超过男主角。

绿珠殉情是一个大悲剧，杜牧《题桃花夫人庙》的末句“可怜金谷坠楼人”，便是对她的悲悯。

绿珠是西晋时期的大美女，是晋代四大美女之一。传说她本姓梁，家乡在今天的广西博白。古时候当地盛产珍珠，以珠为上宝，生女称为珠娘，生男称作珠儿。绿珠尽得山水灵秀之气，出落得分外妖娆，令人有一种明艳圆润的感觉，所以被称为“绿珠”。

绿珠能歌善舞，尤其以善跳《明君》舞出名，明君就是大美女王昭君。石崇曾让她吹奏此曲，她又自制新歌，词意凄凉婉转，其才情亦可见一斑。

与石崇见面是在西晋太康年间，当时石崇途经绿珠的家乡时见到她，一见之下惊为天人，以十斛珍珠将她聘为小妾。回到京都洛阳后，石崇在他的别馆“金谷园”里面特意造了一个百丈高楼，让绿珠可以站在上面远眺，以慰思乡之愁。金谷园的装修极其豪华，是用珍珠、玛瑙、琥珀、犀角、象牙等装饰，连马桶都是金子做的。有一次一位客人如厕，见两旁美女侍候，香风习习，以为走错了地方。可见其穷奢极丽。石崇和当时的名士左思、潘岳等二十四人曾结成诗社，号称“金谷二十四友”。每次宴客，必命绿珠出来歌舞侍酒，见者都忘失魂魄，因此绿珠之美名闻于天下。

看到这里，大家是不是为绿珠的好运气而艳羡不已？可惜的是，随后的结局却不太美妙。根源就是石崇这个人不怎么样。

石崇是西晋渤海南皮（今河北南皮东北）人，字季伦。他在出任荆州刺史时，搜刮民脂，劫掠客商，靠不义之财成了巨富，与土匪无异。石崇在朝廷里投靠的是贾谧，他为逢迎贾谧无所不用其极，甚至贾谧出门，他站在路边，望车尘而拜，深为时人不齿。

石崇很懂得享受。他的金谷园里每天都是大排筵宴，宾客川流不息，人人以作客金谷园中为荣。

据说石崇宴客，常让美女劝酒，倘若宾客拒绝不饮，便被认为是劝酒者诚意不够，慢待了客人，立刻喝令家丁推出去砍头。有一次有位客人执意不肯饮酒，石崇竟然连杀了三位劝酒的美姬。如此待客之道，骇人听闻，其兽性比野兽有过之而无不及。

石崇不知道“匹夫无罪，怀璧其罪”的道理，不但喜欢炫耀财富，竟然还与皇帝国戚竞奢赛宝。其中与晋武帝的舅舅王恺争的更是如火如荼。王恺家中用饴糖水洗锅，石崇就命令自家厨房用蜡烛当柴火烧；王恺在他家门前的大路两旁，夹道四十里，用紫丝编成屏障，石崇用更贵重的彩缎铺设了五十里屏障。有一次晋武帝赐给舅父王恺一株珊瑚树，高二尺许，王恺以为是天下至宝，兴致勃勃地跑到金谷园中向石崇夸示，谁料石崇却漫不经意地用铁如意敲击，三下两下被打得粉碎。

王恺大惊失声，继而勃然大怒道：“为什么击碎我的宝贝，你这是嫉妒！”

石崇却心平气和地说：“不必紧张，照原样赔偿你就是了！”于是命仆从把家中藏的珊瑚树全部取出来罗列在桌子上，高三四尺的就有六七株，二尺左右的就更多了。王恺看得目瞪口呆，随便抱了一株，快快地回家了。在财富上斗败王恺之后，石崇又忍不住向外炫耀自家的绿珠盖世无双，因此绿珠的芳名极为响亮。

后来石崇的靠山贾谧被诛，石崇作为同党被免官。当时赵王司马伦专权，依附于赵王伦的孙秀暗慕绿珠，过去因石崇有权有势，他只能意淫一下。现在石崇一被免职，他就派人上门向石崇索取绿珠。那时石崇正在金谷园里享受人间之乐，忽见孙秀差人来要索取美人，石崇将其婢妾数十人叫出让使者挑选。使者说：“这些我家大人都不要，点名就要绿珠。”石崇勃然大怒：“绿珠是我所爱，想要，没门！”使者说：“君侯博古通今，还请三思。”其实是暗示石崇今非昔比，应审时度势。石崇坚持不给，使者只好回报孙秀。孙秀一见石崇如此不识抬举，大怒，立即跑到司马伦面前，说石崇与齐王结党谋逆。石崇因此获罪。

临捕前，石崇对绿珠叹息说：“我是因为你而获罪的啊。”绿珠流泪说：“愿效死于君前。”说完转向跳下高楼。绿珠一死，孙秀大怒，将石崇和潘岳等人斩首。后人感念绿珠，将她跳下去的那个楼称为绿珠楼。

石崇临死之前对旁边的人说：“这些人，还不是为了贪我的钱财！”押他的人说：“你既知道人为财死，为什么不早些把家财散了，做点好事？”看来他临死也不明白自己为什么死。

绿珠之事后代还有效仿者，唐代乔知的宠婢窈娘有姿色，且善诗文歌舞，深得乔知宠爱。当时武承嗣娇贵，强迫乔知以金玉赌窈娘。乔知输了后，武承嗣便派人去乔知家抢走了窈娘。乔知深以为悔，他不怪自己做错了事，反倒怨窈娘不忠，写了一首《绿珠篇》以叙其怨：“石家金谷重新声，明珠十斛买娉婷。此日可怜无得比，此时可爱得人情。君家闺阁未曾难，尝持歌舞使人看。富贵雄豪非分理，骄矜势力横相干。辞君去君终不忍，徒劳掩面伤红粉。百年离别在高楼，一旦红颜为君尽。”乔知私下让武承嗣家的家奴传诗于窈娘。窈娘得诗悲泣，投井而死。武承嗣从井里捞上窈娘的尸体，从衣中得到此诗，便鞭杀家奴，罗织罪名杀了乔知。

石崇死得其所，而绿珠为一个对自己的同行姐妹恣意蹂躏、无情残害的野兽一样的暴徒去死，不论她是为了爱情还是只为了报知遇之恩，她的死都显然不值。我们更希望她的死是对于命运的抗争，而不只是廉价的殉情。

虞姬拔剑自刎，光芒万丈，绿珠纵身一跃，却轻如鸿毛。遇到石崇这样的男人，绿珠倒了八辈子霉。

## 杀了皇帝——张贵人

这个故事有点短，却是本书最具震撼力的一个。

东晋皇帝司马曜是一个没有什么作为的皇帝，也是一个倒霉的皇帝。他的第一个皇后是酒鬼，第二个皇后颇为淑媛，可惜早逝。此后他开始宠宠幸贵人张氏。司马曜自从迷上张贵人后，自己也常常以酗酒打发时光。特别在他统治的后期，面对东晋王朝出现的种种矛盾，无可奈何的司马曜成天只知道喝酒，喝醉了就睡，睡醒了又要拉上宠爱的张贵人，让她陪着自己继续喝，很少有清醒的时候。史书中未说张贵人是否嗜酒，但想来一定好酒，否则也无法与司马曜臭味相投。即使如此，也架不住不分昼夜地喝。有一天，司马曜又一大早就让张贵人陪着喝酒。张贵人实在喝不下去了，已经有些醉意的司马曜半开玩笑地对张贵人说，你要是再不喝，我就要另找年轻美貌的女人。其实像你这样三十多岁的女人，我早应该不要了。

这句话一说不打紧，心眼很多的张贵人心里就活动开了，她可不认为这是一句玩笑话，而是坚信这是酒后吐真言。到了傍晚，面对醉意蒙眬的司马曜，张贵人想起早上的事情，越想越觉得生气，越想越担心。想到自己容貌将衰，司马曜已经厌弃，一时又气又恨，顿时起了杀心。于是，她故意拉着当值宦官、内侍们，陪着已经有点糊涂的司马曜继续喝酒。等司马曜终于抗不过酒力，昏昏沉沉地躺下不醒时，那些陪酒的人也喝得醉意大发，这时候，张贵人将他们一个个支走，然后关紧房门，让自己的心腹用被子将司马曜活活地捂死在床上。

张贵人的手段在今天看来，残忍了一些，但是在那个皇权至上的年代，一个女人处于疯癫的皇帝身边，且又没任何人可以掣肘皇帝，此时，要想活命，最好的方法可能就是先下手为强了。今天这种把女人当衣服的男人还大量存在，幸运的是，女人可以不用杀人就可以离开他了。

# 为爱情而生——薛涛





唐代宗年间，薛勋与妻子裴氏从长安到成都为官。过了不久，裴氏生下一个女孩，取名薛涛，字洪度，意指她是在惊涛骇浪的洪流中度过的。薛涛是个天才儿童，八岁那年，其父让她以院中梧桐树为题，吟诗一首，薛涛念道："庭除一古桐，耸干入云中；枝迎南北鸟，叶送往来风。"薛勋听了大惊，这"迎送""往来"太不吉祥了。

果然，一语成谶。薛涛十四岁时，父亲去世，薛涛迫于生计当了一名以诗乐娱人的诗伎，很快就凭借一流的才艺和美丽的容貌扬名于成都。

薛涛善于作诗，《全唐诗》说她的诗"有林下风致"。所谓林下风致，是指女子娴雅大方，也就是大家闺秀的风范。用这个词形容薛涛，无非是说，她虽身份卑下，但诗作却有幽僻、典雅的气质。

不但如此，薛涛还是个发明家。她最著名的一项发明是薛涛笺，类似今天的便笺。薛涛的书法很好，她喜欢把诗写在深红色的纸笺上，但她的诗多是四句小诗，当时流行的纸幅很大，浪费且不美观。她就把纸都设计成小幅的，小巧雅致，又很适用，当时风靡一时。薛涛笺在今天看来再普通不过，在唐朝那会儿却是神乎其神的人间珍品，小户人家根本买不起。

唐朝虽然诗人多如牛毛，但像薛涛这样兼具诗人和发明家身份的女子实属凤毛麟角，更不用说她的才貌一流、精通音律。因此，她不但在唐朝，即使在整个历史中都是一位卓越的女诗人。

当时的剑南节度使韦皋欣赏薛涛的才华，经常让她去府中侍酒赋诗。后来见她文采出众，就让她做一些文字工作。他试图向朝廷为薛涛要个名分，没有成功，但人们都习惯于称薛涛为女校书。

韦皋是改变薛涛命运的重要人物，他对薛涛有一种父亲和情人混杂的感情。当时的四川既是军事要塞，又是人文气息浓郁的地方。得到薛涛后，韦皋经常邀请各方官员前来消遣，薛涛负责跟士大夫文人们写诗唱和，俨然成为文化圈里的一朵炙手可热的交际花。薛涛在跟文化人的唱和中，表现得机智敏捷、幽默风趣，每每使在座客人惊叹不止。

有一次一个黎州的小县长作了《千字文》令，须带鱼禽鸟兽，先云："有虞（与鱼同音）陶唐。"薛涛答："佐时阿衡。"县长道："语中并无鱼鸟等字，须罚。"薛涛笑答："衡字内有小鱼字，使君的'有虞陶唐'，一鱼也没有。"薛涛的幽默擅辩，让县长大人很没面子，但却十分佩服这个机智的女人。

还有一次，著名诗人刘禹锡来访，薛涛作陪，韦皋让薛涛当场讨教。薛涛信口吟出一首七绝，让刘禹锡大惊，于是也回复一首。这件事让薛涛的名头更加响亮。当时来蜀地巡视的官员都以见薛涛一面为快事，而薛涛表现得很狂逸，常常跟一些人出双入对。这让韦皋大吃其醋，不许她与别的官员接触，并且让她到外地去。薛涛醒悟到自己玩得过火了。那些王公子弟再怎么赞美留恋她，终会绝尘而去。真正和自己朝夕相对，能够掌握自己生死的，是这个韦皋。聪明非常的薛涛，冷静地收敛起自己的悲切，在赶赴松州的途中写下了十首著名的离别诗，差人送给韦皋。这十首"十离诗"分别命名为《犬离主》《笔离手》《马离厩》《鹦鹉离笼》《燕离巢》《珠离掌》《鱼离池》《鹰离鞲》《竹离亭》《镜离台》，薛涛以犬、笔、马、鹦鹉、燕、珠、鱼、鹰、竹、镜来比自己，而把韦皋比作是自己所依靠着的主、手、厩、笼、巢、掌、池、鞲、亭、台，说自己太过出格所以惹得主人不快而厌弃。十首诗写的情致动人，韦皋重又将她召回。

薛涛 35 岁时，韦皋暴卒，薛涛继续以艺妓兼清客的身份出入节度使府。后来的剑南节度使都对她十分青睐和敬重。当时与薛涛交往的名流才子甚多，白居易、牛僧孺、杜牧、刘禹锡、张祜等都与薛涛有诗文酬唱，建立起深厚的友谊。

薛涛虽说跟很多男人有过极为特殊的关系，但她一生只爱过一个人，那就是唐朝著名诗人元稹。当时薛涛在诗坛已久享盛名，元稹一直想见见这个才貌双绝的女子。唐宪宗元和四年（公元 809 年），元稹终于有机会到成都会见薛涛。当时薛涛近四十岁，元稹三十岁。

元稹长得很帅，白居易在诗中夸他“仪形美丈夫”。另外，他在诗坛名头极响，他的诗歌非常走俏，每写出一章一句，马上就会流传，比珠玉转手还快。跟他相比，薛涛就显得像个文学女青年了。

初见面时，元稹以一副文学大师的样子，取出笔墨纸砚，让薛涛以此为题现场赋诗。薛涛从容不迫，走笔疾书一篇《四友赞》：“磨润色先生之腹，濡藏锋都尉之头。引书媒而黯黯，入文庙以休休。”此诗写得妙，每一句是一项实物，分别喻指砚、笔、墨、纸。元稹当下就被薛涛的书法、才思以及诗作折服。薛涛对元稹也是因崇拜而生爱，当晚两人就同居一室。

薛涛不可能没想过嫁给元稹，但她也知道元稹是有妇之夫，两人地位悬殊，一个是朝廷要员，一个是官妓，这样的恋情是不会有好结局的。但是恋爱中的女人不可能理智地规划自己的未来。

一年以后元稹离开四川。薛涛明白她和元稹之间的感情就像露水情缘，朝生暮死，于是她决定静静地了断了这场情缘。但元稹寄给她的一首诗又让她生出希望，诗中写道“别后相思隔烟水，菖蒲花发五云高”。薛涛苦等着元稹实现他的承诺，但一直没有结果。元稹是一个放纵多情的人，他不可能对比自己大将近十岁的薛涛坚守爱情。再加上元稹后来因为官场失意，意气消沉，最后竟至色、贪具备，晚节不保，早将薛涛抛诸脑后。

薛涛终于明白自己与元稹是不可能有结果的，她在寄给元稹的《春望词四首》的第三首中，沉痛地抒发了自己爱情理想破灭后的悲愤心情：“风花日将老，佳期犹渺渺。不结同心人，空结同心草。”

此后，虽然也有别的男人伸出橄榄枝，但薛涛终生未嫁。到了晚年，她过起了隐士般的生活，身穿道袍闭门不出。唐文宗太和五年（公元831年），薛涛走完了一生，时年六十二岁。

遇上元稹时，薛涛近四十岁。她将自己全部的热情和崇拜献给这个男人，爱情对她来讲，无异于一种新生。但是，元稹负了她。当元稹一去不回头时，薛涛心中没有恨而是宽容，因为她早已尝够了世态炎凉。然而，她还是受到了深重的伤害。

她终生未嫁，致使后人有“孤鸾一世，无福学鸳鸯”（樊增祥《满庭芳》）之叹。事实上，她并不缺乏追求者。或许有才情的女子是不需要倚靠某棵树的，她需要的是一个能够并肩同行、产生共鸣的灵魂。如果没有，孤独或许是更好的选择。

薛涛是幸还是不幸？我们无法评说。

## 嫉妒折命——鱼玄机

鱼玄机生于唐武宗年间，原名幼薇，字慧兰，长安人，是中国历史上一个有名的女诗人。她的人就像名字一样，兰心蕙质，秀外慧中，五岁能诵诗，七岁能作文，十一二岁就已经小有名气了。

鱼玄机的父亲去世后，为了谋生，她和母亲搬到平康里居住，平日里做一些浆洗的工作。平康里是当时的妓院聚集地。大诗人温庭筠慕名而来，找到鱼玄机，让她当场以“江边柳”为题赋诗一首，结果小姑娘不慌不忙地口占一首，让温庭筠大为折服，自愿做她的老师。不久温庭筠离开长安，但二人一直保持着亦师亦友的关系。

鱼玄机的性格狂放，她的诗大气磅礴而又情色并存，是一般诗人都比不了的。来本她应该有一番作为，可惜遇人不淑，碰到了李亿。

唐懿宗年间，温庭筠回到了长安。一天，他和鱼玄机到城南风光秀丽的崇贞观中游览，见到一群新科进士在争相题作。鱼玄机羡慕不已，悄悄在墙上题诗一首：

云峰满月放春晴，历历银钩指下生。
自恨罗衣掩诗句，举头空羡榜中名。

这首诗被初到长安的名门之后李亿看到，他非常倾慕鱼玄机的才华，而且他又与温庭筠有一面之识，于是找到温庭筠，请他帮忙引见。温庭筠非常欣赏李亿，有心成全他们。在温庭筠的帮助下，李亿将这个才女娶进了家门，并把她安置在林亭别墅里。不料李亿的原配裴氏闻讯赶来，一进门，不由分说就把鱼玄机鞭打了一顿，没过两天，就逼李亿写下休书，把她轰了出去。无奈之下，李亿只好将鱼玄机悄悄地安置在僻静的咸宜观里，又捐了一笔数目不小的油钱，“玄机”的法号就是观主给起的。

鱼玄机在道观之中苦苦等候李亿，无奈李亿摆脱不了夫人的制约，没法前来。几年之后，李亿干脆抛下鱼玄机，带着一家老小去扬州做官去了。此时观主已死，观中只有鱼玄机一人，她所受到的打击和寂寞可想而知。在愁肠百解之时，她写下这首留芳于后世的《江陵愁望有寄》：

枫叶千枝复万枝，江桥掩映暮帆迟。
忆君心似西江水，日夜东流无歇时。

自此以后，鱼玄机性情大变，她在观中收了几个徒弟，充当侍女，在观外贴出“鱼玄机诗文候教”的告示。鱼玄机本就在长安赫赫有名，虽然过了几年，但号召力依旧不减当年。道观里顿时宾客盈门，香客文人与鱼玄机整日品茶谈诗，相貌英俊者则被她留宿观中。清修之地的道观俨然成为开门纳客的烟花之所。

鱼玄机对李亿的记忆是刻骨铭心的，客人中有一个落第书生左名扬因为长得酷似李亿，鱼玄机对他青眼有加，时常留宿在她房中。另有一位叫裴澄，对鱼玄机十分爱慕，但鱼玄机却对他敬而远之，因为他与李亿的夫人裴氏同姓。

由这一点可以看出，鱼玄机具有偏激的性格。

有一天，观中来了三位贵公子和一位乐师。鱼玄机对几位公子倒是没什么感觉，独独对那位身材魁梧，举止清雅的乐师陈韪大动芳心。谈话期间，她频频以眉目传情，陈韪哪能不明白呢，第二天夜里就悄悄前来。两个很快就好得如胶似漆。

鱼玄机在观中有几个徒弟，每天耳濡目染，学到了不少鱼玄机的妖媚本事。其中一个叫绿翘的侍女与陈韪有了瓜葛。一天，鱼玄机从外面归来，绿翘对她说：“陈韪来找您，见您不在，就走了。”鱼玄机心中有些狐疑，陈韪每次都等她回来，今天为什么走了？再仔细一看绿翘，见她面颊微红，头发蓬松，心下顿时明白是怎么回事了。于是她把绿翘叫进房内，令其脱下衣服仔细检查，发现胸前有指甲的抓痕。于是拿起藤条，一边打一边严厉责问。没想到，绿翘不但不认错，反而反唇相讥，历数鱼玄机的风流韵事。鱼玄机一气之下抓住绿翘的脖子把她的头往墙上猛撞，等到她松开手时，发现绿翘已经气绝身亡。鱼玄机趁着天黑把绿翘的尸体埋在院子里。

几月后，一位客人在院中发现许多苍蝇聚在泥土之上，觉得非常可疑，于是报官。官府派人来挖开浮土，见到了绿翘的尸体。鱼玄机被带至公堂，问案的竟是当年遭她拒绝的裴澄，可想而知，她被判了死刑。二十六岁的生命就这样结束了。

中国历史上著名的女诗人寥寥无几，而手染血迹并命丧刑场的恐怕只有鱼玄机一人。





鱼玄机作为一个才貌双全的才女却饱受正室欺凌，因为李亿的怯懦，她甚至不能像大多数小妾一样正大光明地做一个面目模糊的女人，最后还被丈夫无情地抛弃。这个时候的鱼玄机是不幸的。而这种不幸激发了她性情中的恶，最后竟然和一个侍女为一个不值得的男人争风吃醋，最终断送了年轻的生命。这个时候的她是堕落的，是可惜的。

## 妙尼思凡——陈妙常

陈妙常的故事最早见于南宋初年张孝祥的《张于湖记》中，后来被明代的高濂写成传奇故事《玉簪记》，于是这个尼姑名声大噪，历代关于她的小说不少，并且被改编成各大剧种，著名的京剧《思凡》、昆曲《情挑》等就是代表。

陈妙常是南宋高宗绍兴年间人，出生于官临江的官宦之家，只因她自幼体弱多病，被父母送入空门。古时候，人们认为，将体弱多病的孩子送入寺院是可以消灾的。此后，陈姑娘就在临江青石镇郊女贞庵里当了一个小尼姑，妙常这个名字是观主为她起的。陈妙常天资聪慧、好学，加上空门多暇，小姑娘成为一诗词歌赋无所不精的才女。长到十五六岁以后，陈妙常出落成一个秀艳照人的美女，宽袍大袖的袈裟不但不能掩盖其美色，还平添一种飘飘欲仙的感觉。

陈妙常的空门偷情与南宋初年的大名士张于湖颇有关系。张于湖，就是张孝祥，淮西人，进士出身。相传他曾在抗金名将张浚的席上赋一首《六州歌头》的词，让张浚深为感动，并为之罢席。

话说，有一年张于湖奉派出任临江县令，一路溯江而上，有天晚上夜宿女贞庵中，准备歇息两天，然后走马上任。唐宋的时候，佛教在中国盛行，寺庙庵刹大多备有洁净雅室，以供远道而来的香客住宿祈梦，和尚庙里可住女客，尼姑庵内也可供男客过夜。

张于湖入住时正是初秋季节，入夜月白风清，张于湖漫步花间，忽闻琴声铮铮琮琮，循声走去，不觉眼前一亮，见月下一妙龄女尼正在焚香弹琴，眉目如画，姿态秀逸，心中颇有所感，于是朗吟一词，其中有两句很轻佻的句子：

有心归洛浦，无计到巫山。

这个月下抚琴的尼姑自然便是陈妙常了。她在张于湖入庵时打过照面，知道他是个名士，没想到他竟然如此唐突地以艳句撩人，陈妙常心中很不高兴，于是当即口占一词，边弹边唱：

清净堂前不卷帘，景幽然，湖花野草漫连天，莫胡言。
独坐黄昏谁是伴，一炉烟，闲来月下理琴弦，小神仙。

张于湖碰了一个软钉子，自然不便相强，他可是饱读诗书，深明礼义的。更何况此地又是自己即将上任的地方，怎么能放荡不羁而贻笑大方呢？于是急急抽身而退，第二天一大早就离开了尼姑庵。在工作之余，她还时常想起这个妙尼。

一日，他的昔日同窗好友潘法成游学来到临江县，故人相见，把臂言欢。张于湖忽然话题一转，谈到前些时候见到的妙龄女尼姑来。潘法成听得心旌摇曳，决心一访。就这样潘法成住进了女贞庵中。

潘法成比张于湖要持重得多，他找个机会，一本正经地问陈妙常："人言，非经大难，不入空门，姑娘才貌才人，何事看破红尘。"陈妙常答道："人思病时，尘心自减；人想死时，道念自生。皈依佛门，乃获永生，又何必一定要经过大难呢？"就这样两人建立了联系。

一日晨起，潘法成兴冲冲地去找妙常，说是夜来填词一阙，烦请斧正。陈妙常接过松花笺，只见上面写道：

清风明月女贞庵，方外地；物我两忘好修行，活神仙。
绝世容颜琼姬态，倾城国；淡妆全无半点俗，荆山玉。

这词一半写佛地，一半用辞典雅地形容美女，陈妙常大为欣赏，从此也就对这位潘公子多了一份好感。两人开始经常谈诗论文，弈棋品茗，彼此间快速地熟稔起来。一天，他无意间在妙常的禅房中看到夹在经卷中的一阙艳词：

松院青灯闪闪，芸窗钟鼓沉沉，黄昏独自展孤衾，欲睡先愁不稳。

一念静中思动，遍身欲火难禁，强将津唾咽凡心，怎奈凡心转盛。

潘法成看后，大大地出乎意料之外，原来她的情感防线也不是很坚实啊。于是展纸濡毫，也填词一阕：

玉貌何须傅粉，仙花岂类几品，终朝只去恋黄芽，不顾花前月下。

冠上星移北斗，案头经诵南华，未知何日到仙家，曾许彩鸾同跨。

写完后将这首词放在陈妙常的案头。陈妙常看后，埋怨潘法成枉读四书五经，不该逾越礼法而填写淫词。潘法成便单刀直入地讽刺道："出家人都'强将津唾咽凡心，怎奈凡心转盛'了，读书人难道就不许问问'未知何日到仙家，曾许彩鸾同跨"吗？陈妙常一听就知道自己的思凡被偷看了，顿时羞红满面。秘密一旦被戳穿，陈妙常的情感防线上露出一个巨大的缺口，潘法成乘机蹈隙，这位貌若天仙的美貌女尼，就成了潘法成爱的俘虏。

不久，陈妙常珠胎暗结。潘法成知道后不禁大吃一惊，当天便赶往临江县城，准备到药铺配一帖堕胎药，先解决目前的困境，以免当众丢人出丑。继而一想，即便解决了眼前的难题，终究不是一劳永逸之计，为了釜底抽薪，决定与老友张于湖商议之后再作计较。

潘法成见了张于湖，一五一十地将来龙去脉和盘托出，结论是务请老友设法成全。张于湖哈哈大笑，说道："此事不难料理，你可以到县衙捏词说你与陈妙常自幼指腹为婚，后因战乱离散，而今幸得重逢，诉请完婚，我自有处置之道。"

潘法成欢天喜地地回到女贞庵，向陈妙常说明了一切，陈妙常经过一夜的思考，终于在别无选择的情况下，硬着头皮随着潘郎来到县衙，呈上了状纸，惶惊万状地跪在堂下听候发落，只听堂上厉声道；"卷帘抬头！"

衙役们连忙卷起窗帘，潘法成与陈妙常也缓缓地抬起头来。只听堂上又道："你曾说'清净堂前不卷帘'，如今却为何事告到官里。"

陈妙常一听堂上言出有因，知道自己落到旧日冤家之手，吓得魂不附体，心想这下完了。没想到县官接下来并没有为难他们，看过状纸，问明原委，立即执笔判道：道可道，名可名；空即是色，色即是空。清者浊之源，守不住炼药丹炉；动者静之机，熬不过凡情欲火。大都未撞着知音，多半属前生注定。抛弃了布袍草履，再穿上翠袖罗裳；收拾起纸帐梅花，准备着罗帏绣幔。无缘处青蒲黄庭消白日，有情时洞房花烛照乾坤。

于是乎，张于湖法外施仁，成就了一段美满姻缘。有人戏作一诗以记这事：

短发蓬松缘未匀，袈裟脱却着红裙。
于今嫁与潘郎去，省得僧敲月下门。

陈妙常空门偷情一事，一传十十传百，被历代文人墨客渲染夸张，故事情节也越来越复杂。到明代高濂的《玉簪记》时，达到了高潮。作为文学作品，男主人公的名字和身份也变了，潘法成成了庵中住持，男主人公是她的落第的侄子潘必正。

当时，陈妙常的面前有两条道路：要么留在庵中，在思念和孤独中度过一生，要么还俗，追随潘法成享受人间的美满幸福。后一条路显然危机重重。在当时的年代，一个尼姑想着思凡，并且还做出在世俗眼中有违伦常的事情，一个不小心就会丧命。最终，她选择了跳出这隔尘绝世的墙。幸运的是，她做到了。

人的命运是可以通过努力改变的。我们应该为妙尼追求幸福的勇气鼓掌。

第八章

# 容许你的另一半有窝囊的时候

势利是女性追求幸福途中最大的障碍。如果自己的丈夫事业有成，女人们会百依百顺，觉得很有面子；假如自己的丈夫不幸事业不成，又没有有权有势的老爹，那就惨了，女人们会在各种场合数落他们，直至他们无法忍受。许多不幸的婚姻就是这样造成的。

多数女性不具备识英才于草莽的智慧，只会向钻石级人物靠拢，结局自然多数是被弃之如履，而终成怨妇。

# 慧眼识英雄——红拂

红拂姓张，是隋朝大臣杨素的家伎，因为常常拿着一个红色的拂尘，所以被称作红拂。

杨素因为助隋炀帝杨广登上王位有功，很得炀帝赏识。杨素骄横惯了，对大臣往往倨傲无礼。每次有公卿入见，他都是坐在床上，令美人侍婢罗列周围，连皇帝都不如他的气势。

有一天，当时还是一介布衣的李靖向来自负豪气，常有“大丈夫若遇主逢时，必当立功立事，以取富贵”之类的豪言壮语。他进谒杨素时，杨素仍旧坐在床上接见。李靖坐了个揖说：“天下方乱，英雄竞起。公是帝室重臣，应以交纳豪杰为上，不应在床上见宾客。”杨素一听，忙敛容站起，向李靖道歉。

李靖是隋朝名将韩擒虎的外甥，不但长得容貌俊秀，而且具有文武材略。他与杨素畅谈时事，没有注意到，侍立在杨素身边一个手执红拂的美女频频看他。这个美女就是红拂。

杨素当时只顾着享受，根本不顾及国家大事，所以李靖这次拜访并没有得到重用。他怏怏地离开杨府。不曾想，那个持红拂的姑娘已暗中托门吏打听到他的住址。等夜半时分，李靖听到有人敲门，开门一看，有一个手持行囊的少年闯进来，催促李靖赶快闭门。然后少年解开紫色的衣衫，脱下皂色的帽子，竟变成一个十八九岁玉质冰清的绝世丽人。李靖大为惊异，那丽人问：“你还认识我么？”李靖审视了良久，认出她就是白天站在杨素身后那个手持红拂尘的美女。李靖问她为何深夜来此。红拂女说：“我侍奉杨素多年，阅人无数，今日一见到你就知道你不是个寻常人。丝萝不能独生，愿托乔木，因此深夜来奔。”李靖一听，不由变色说：“杨司空在京城里位高权重，若被他知道，岂不是惹祸？”红拂女说：“杨素已是尸居余气，有什么可怕的？现在他的侍女多半都离他而去，他也无心追究。我来之前已经做了周详的计划，你不用担心。”李靖问她的姓氏，红拂女回答说姓张，是家里的老大。

李靖请红拂女就坐，交谈之下，发现红拂女不但人长得漂亮，谈吐也不俗，于是心生爱慕。两人结成了伉俪。李靖怕杨素追捕，便与红拂女同赴太原。

红拂有一头迷人的长发，她自己也非常爱护。有一晚，李靖和红拂二人投宿在灵石旅邸。第二天早晨，红拂女长发委地，在窗边梳妆。这时候，有一个赤髯如虬的陌生人骑着驴进了客栈。他看到红拂女后，就跳下驴子，枕着行囊躺在地上看红拂女梳头。李靖当时正在刷马，看到一个陌生的男人这么肆无忌惮地看自己的妻子，不禁怒起，但一时想不出用什么办法惩治他，所以只好忍着继续刷马。

红拂女是个见惯大场面的人，她仔细地看了看这位不速之客，一手握着头发，另一只手悄悄向李靖摇摆，意思是说冷静，别动怒。她匆匆梳完秀发，然后盈盈下拜，问虬髯客的姓名。虬髯客自称张姓，红拂女说：“妾也姓张。”虬髯客大喜：“今天真幸运，遇到一个小妹。”说完跃然而起。红拂女叫李靖过来相见，彼此行过了礼，三人环坐共饮。这个虬髯客可是个奇人。据异侠传之类的说法，李靖后来能够运兵如神，就是靠红拂女的这个干哥哥所赐。可见，红拂识人的眼光确实不一般。

关于虬髯客我们多说几句。

据说当时乱世纷纷，虬髯客原来打算与群雄逐鹿的。虬髯客腰缠万贯，大有本事，而且善于相术。后来见了李世民，觉得李世民是真天子，于是决定退出角逐，领千艘海船，十万甲兵，去海外发展。走的时候，送给红拂女和李靖许多价值连城的宝物，包括他的豪宅，此外还有兵书数箧。李靖乘闲暇阅览，不想功力大长，后来能够料事如神，成为李世民手下的核心助手。李世民称帝后，李靖被封为卫国公，红拂也成为卫国公夫人，官居一品诰命夫人。

据说虬髯客对红拂颇为仰慕，但他知道红拂的选择，所以最终将功名和美女一起放下，云游去了。

唐太宗贞观年间，东南蛮夷奏称，有一个海外客攻入扶余国，杀扶余国主自立，这个人就是虬髯客。世人称李靖、红拂女、虬髯客为风尘三侠。贞观十五年红拂女去世，贞观二十三年，李靖也去世。

红拂对李靖来说，是不折不扣的福星。唐人传奇中记他曾到华山卜卦，看自己有无天子之分，结果两卦都直立于地。他由此愤怒为何阴阳不分，再扔一次，那卦在地盘旋半日，才是个阳卦。按这个故事，他的机缘就在碰到了红拂。另外，李靖得到虬髯客的帮助也多靠红拂的关系。

这些故事半真半假，但是李靖的好运确实是从与红拂私奔后开始的。说起来，李靖后来功成名就，红拂的功劳或许比他自己的还大。





泱泱数千年历史长河中，像红拂这样，出身风尘，却身居一品诰命的奇女子，恐怕绝无仅有。而红拂私奔可谓千古绝唱。

红拂的传奇自然跟美丽有关，如果不是美女，李靖怎么肯冒着被杨素追杀的风险收留她？虬髯客又怎会为她惊艳，继而对李靖爱屋及乌。但是，想成就红拂这样的传奇，光有美丽还不行，还要有眼光；一般的眼光也不够，而是要目光如炬，一眼就能识辨庸才与英雄；目光如炬也还不够，还要敢于追求。这三个缺少一个都可能导致悲剧。

我们不排除有决绝的独身主义者，但是一个有智慧的女人，如果不想过得太凄凉，那么，她的最大任务就是像红拂那样，找对那棵大树。从某种意义上讲，嫁人就是嫁给了一种命运。

## 浊世异数——李娃

历史上有两人有名的女人叫李娃，一个是岳飞的妻子，是个渔家女。另一个就是本节要讲的这位。

李娃原名李亚仙，是唐代天宝年间京都长安的一位烟花女子。史书称赞她抛弃繁荣，助其所爱，更能谨守妇道，严整治家，因而被朝廷封为妍国夫人。

一个出身卑贱的妓女竟能获此殊荣，在当时引起了轰动。要解其中缘由，还需先从郑元和讲起。

郑元和是唐玄宗天宝年间，常州刺史郑仁仰的独生子，天资颖慧，相貌堂堂，他的文章诗赋自幼就在当地堪称一绝。郑仁仰每当同僚聚宴酒酣时，常会指着儿子得意地说："这是我家的千里驹！"还常拈须自乐："我儿青出于蓝而胜于蓝也！"

父亲对郑元和寄予重望，等待着他早日金榜题名，名传天下。郑元和也争气，不到二十岁，就以第一名的成绩通过了常州地方的科举初试，取得了入京参加礼部会试的资格。

天宝七年中秋过后，郑仁仰为儿子准备了丰足的盘缠，送他进京赴试。郑元和一副少年不知愁的模样，意气风发地告别了家人，踏上进京的路程。

郑元和九月底便到达了繁荣热闹的长安城，此时距礼部的考试日期还有近两个月时间，郑元和便在长安布政里客栈住了下来。金秋十月，是长安市区和近郊最美的季节，郑元和日日打马出游，饱览京师周围的风光。这样过了一段时间，一日他闲坐客栈中无事，盘算着去什么地方玩。这时他听到客栈院中有两个商人模样的旅客在聊天，说起他们前日在长安花街柳巷中的风流韵事，神情十分陶醉。郑元和在家中因受家规约束，从未涉足过这些风月场所，如今听他们说起京都中的风花雪月似乎津津有味，因而也决定去试上一试。

黄昏时分，郑元和漫步来到长安的红灯区平康里，忽然在一所装饰华丽的房屋前停下脚步。原来，他被临窗坐着的一位姑娘吸引住了。这个女子就是李娃，约莫十五六岁，极为脱俗，郑元和看得呆立当场。屋内善于察言观色的鸨母见屋外立着一位穿戴华丽，仪表堂堂的公子哥儿，立刻意识到发财的机会来了，于是连拉带拽地将郑元和拉进屋里。

这天是李娃头一遭接客，郑元和见她身段小巧玲珑，年龄显得不大，而那一举手、一投足之间，却分明显示出一种优雅的韵致，与别的烟花女子绝然不同，不觉心倾神迷。两人娓娓叙谈，原来李娃本为高门闺秀，本名李亚仙，因父亲仕途失挫，家道中落，一年前才被迫沦落风尘。那收买她的鸨母见她资质绝佳，便视为上品，一心想把她培养成一颗摇钱树，因此买下她后，为她改名李娃，经过一年的悉心调教，今天才让她开始接客。

李娃出身名门，教养甚佳，精通诗书，与郑元和相谈得十分投机。郑元和由怜生爱，由爱生恋，他索性抛出重金，长住妓院了。他把李娃视作是娴雅贞洁的世家小姐，立誓此生决不相负；李亚仙更是感激涕零，保证此身只属郑郎，海枯石烂，贞情如一。

此时，郑元和早已把礼部会试的事忘到了九霄云外，日日醉倒在温柔乡里。时光飞逝，春去秋来，转眼到了第二年秋天，郑元和所带来的丰厚盘缠，经过这一年的挥洒，已经一文不剩，只认银钱不认人的鸨母开始对他冷眼相待。碍于一年相交的情面，鸨母没有直接赶走郑元和，而是趁他外出之际，强行派人把李亚仙转到别的妓院去了。待郑元和回来，已是人去楼空，鸨母对他冷言相讽，绝口不露李亚仙的去向。此时郑元和身无分文，而李仙亚毕竟不是自己名正言顺的妻子，也就无法与鸨母论理。

此时，郑元和想到自己前来京城的初衷。现如今不但功名无成，而且败落到这般地步，他根本无法回家向父母交代。于是他只好厚着脸皮去找长安城中的亲戚朋友，先找一个落脚和吃饭的地方。大家虽然客客气气地对他，但谁都知道他那段荒唐的历史，心中对他十分鄙夷，因而也没有谁愿意收留他长住。他只好流浪长安街头。

最后，郑元和凭着他的一点才识和仪表，谋到一份“凶肆歌者”的差事，勉强解决了温饱之需。所谓“凶肆歌者”，就是殡仪馆里的司仪人员，负责撰写祭文、表礼司仪、悲唱挽歌、执绋送葬等一整套丧事。因古人忌讳死人，所以这种职业被视为下贱之职，一般正经的读书人没人愿意做这件事。郑元和堂堂一个官家弟子，现在来做这种事，实在也是迫不得已。

再说郑元和的父亲郑仁仰虽然风闻儿子在长安风花雪月的事情，但他认为，青春少年偶尔都会做点荒唐事，所以没怎么放在心上。他深信儿子不久就会有好消息传来。后来新科发榜了，他从前看到后，从后看到前，不但没有儿子的名字，竟然没了一点点儿子的音讯。于是他以入京觐皇上为由，来到长安，寻找宝贝儿子。经过几天的奔波、四下的探访，最后竟然在一个送葬的行列中找到了郑元和。

郑仁仰几乎不敢相信自己的眼睛，他没想到自己堂堂刺史的儿子却在做着这样一份下贱的工作。待他回过神来，不由分说地命左右把郑元和从队伍中拖出来，挟持到一个偏僻的地方，扬起皮鞭，对儿子一顿没头没脑的抽打，边打边怒骂。发泄之后，郑刺史带着随从转身离去，临走时丢下一句话：“从今以后，我没有你这个儿子，你也没有我这个老子！”

郑元和被打得遍体鳞伤，加之又羞又悲，只剩下悠悠一线气息。后来被好心的过路人勉强救活，但伤处一直未愈。当时正值盛夏，他的伤口腐烂生蛆，臭不可闻，没人愿意靠近他，昔日的郑公子成了一个不折不扣的乞丐。就这样一直到了冬初。

再说李亚仙被软禁了一段时间后，鸨母渐渐放松了监视，她便设法四处打听郑郎的消息，却一直杳无音讯。有一天，她乘车路过东城门，忽闻一阵哀乞声，那声音很熟悉。她不由心中一沉，于是轻轻掀开车幔，寻声望去，见那蜷缩在墙角的乞丐竟然正是她朝思暮想的郑郎，顿时泪如泉涌。她不顾路人惊疑的注视，冲到郑元和身旁，脱下身上的披风，裹在郑郎身上，也不嫌弃他身上的污秽和腥臭，把虚弱的郑郎抱在怀中，呜呜咽咽地大哭了起来。

随后，李亚仙把郑元和带回妓院，用自己积攒下来的全部积蓄为自己赎了身，又在城外买了一处勉强可以容身的小屋。安顿下来之后，李亚仙悉心体贴地调治好郑元和的疾病，并鼓励他重新树立信心，努力上进。郑元和经过这一番挫折，立志痛改前非。于是由李亚仙织布维持生计，郑元和关在小屋中埋头苦读。终于皇天不负苦心人，天宝十年，郑元和参加礼部会试，中进士及第，接着又应试直言极谏科，名列第一，朝廷授职为成都府参军。

郑郎荣获功名，李亚仙先是喜不胜收，继而又暗想：自己出身青楼，历尽风尘，郑郎在官高位显之后，想必会另择名门淑女婚配。到这里，她不敢往下再想，索性先发制人，垂泪对郑元和道："妾身卑贱，不足以事君子，请从此去，君当自爱！"

郑元和明白李亚仙的心事，他含着泪劝慰说："我有今天，全拜你所赐。我贫贱时，你不嫌弃我；今天我富贵了，你怎么忍心离我而去？倘若不能同往成都，我当自刎而死，以报你的大恩大德！"听到这一席话，李亚仙彻底放心了。

就在郑元和从长安赴成都的同时，其父郑仁仰也被朝廷调遣为成都府尹。父子两人重逢在成都，郑仁仰对前事觉得惭愧无颜，郑元和虽然也懂得父亲的斥打事出有理，但对他的绝情还是心有余恨。这时幸亏李亚仙出面调和，才使郑氏父子放弃前嫌，恢复了父子关系。之后，郑元和向父亲禀明李亚仙的身份和情深义重之举，郑仁仰大为感动，为两人举办了隆重的婚礼，李亚仙成为郑元和正式的妻子。李亚仙作为儿媳妇，一面殷勤地侍奉公婆，一面悉心地相夫教子，谨守妇道，端庄贤淑，一家人其乐融融。蜀中官民对她无不交口称赞。

唐玄宗天宝十四年，安史之乱爆发，唐玄宗西行到成都避难，郑氏父子护卫得宜，深得唐玄宗赞赏。后来唐肃宗收复长安，唐玄宗以太上皇名义返京，郑氏父子均被加官进爵，李亚仙则以其妇德可风，被封为汧国夫人。

"干得好不如嫁得好"似乎已经成为现代多数女性的共识。怎样叫"嫁得好"？不是钓个现成的金龟婿就行，而是能够在金龟还像个土鳖的时候就钓到他。这需要眼光。李娃就是一个典型范例，她能不惧老鸨的拘束，选择她要走的路，是她成功的要件。而她有慧眼识珠的见识，让她的成就优于其他同伴。路是人走出来的，信然。

## 几个错失良婿的女人

### 朱买臣的老婆

朱买臣是西汉汉武帝时期的人。早先，朱买臣还蛰居在乡间，虽然年逾不惑，他对自己的未来仍然充满了清明乐观的构想，他坚信自己绝非池中之物，早晚有一天，会青云直上，一飞冲天。只不过，现实却并不怎么美妙。

朱买臣家里穷得叮当响，朱买臣自己除了读书没有其他爱好，对种地、经营等一窍不通，平时只有靠打柴为生。每次打柴回来的路上，他背上背着柴，嘴里还不停地大声背书。朱买臣的老婆跟在他背后，觉得一个卖柴的农民还背什么书，真是丢人。朱买臣说："卖柴只是为了救贫贱，读书可以求富贵。"时间长了，老婆提出离婚，说这种日子我可受够了。朱买臣说："算命的说我五十岁当富贵荣华，现在已经四十多岁了。你跟我已经苦了那么多年，难道剩下的几年就熬不住了吗？等我富贵的时候一定好好补偿你。"老婆更气了："像你这种人，最终只会饿死在路上，还谈什么富贵？"朱买臣实在留不住，只好写了一封休书，让她去了。老婆很快就改嫁他人。过了几年，朱买臣因为别人的推荐被汉武帝召见，后被拜为会稽郡太守，衣锦还乡。地方官发动地方民众清道相迎，朱买臣的前妻和她的丈夫刚好就在这群人之中。买臣召见了他们，给他们衣食。前妻羞愤难当，一个月后就上吊自尽了。

以上是《汉书》中的记载，非常简洁，但在民间，故事就精彩、复杂得多。有一出经典戏剧《朱买臣休妻》是民间最通行的版本：话说朱买臣

“被妻休”后，发奋读书，后来衣锦还乡。而他的前妻在荡尽后夫的家财之后，与其反目，再次离家。想是恶名远播，再没有人愿意娶她，而她除了嫁人以外，又没有什么谋生的本事，于是潦倒落魄，靠行乞为生。一个偶然的机会，她知道前夫发达了，回想当年朱买臣对自己言听计从的光景，一厢情愿地认定自己的机会来了，于是找上门去，要求重修旧好。结果朱买臣将一盆清水倾倒在地，意思是覆水难收，你别做富贵梦了。看到这里，观众都会长出一口气，感觉总算清除了郁结于心的那口闷气。

当然，关于朱买臣的故事，还是以正史为准。我们这里作为例证的朱买臣前妻，更多的是指民间故事中的人物。

如果以史书的记载来看，朱买臣的妻子跟他闹离婚没什么错。俗话说，人活一张脸，树活一张皮。一个大男人整天在大街上疯疯癫癫地吟诗或唱歌，作为他的发妻感到耻辱并愤而离去，并无不妥。根据《汉书》的记载，这位妻子再婚后看到朱买臣仍然落魄，依然很有人情味地接济他；更让人肃然起敬的是，当朱买臣得意洋洋地回到故里时，身为平民的她虽然不得不与现任的丈夫一起接受前夫的施舍，却很快毅然地自绝，表现出一位有骨气的女性的人格尊严。





## 姜子牙的老婆

姜子牙 70 岁出山，在渭水边用直勾钓鱼，“钓”上了周文王，接着，又以 90 岁高龄助周武王打败商纣王，建立了周王朝。这么一个半人半神的人物，婚姻生活却非常不顺利。

根据野史的记载（正史中没有记载姜子牙的婚姻情况），姜子牙师从元始天尊修道 40 年，72 岁下山，准备有一番作为。进入俗世后，他的一位结拜兄弟宋异人给她介绍了一位 68 岁的老处女。这两个倒也堪称绝配。宋异人是富甲一方的大财主，人又义气，供养他们夫妻一点问题也没有。不过这个老婆很有些见识，她劝姜子牙去做生意，自力更生。姜子牙空有一肚子学问，却偏偏什么讨生活的生意都不会做，做什么什么不行。他先是编笊篱去卖，结果一天下来一个也没卖出去，倒是把肩头压肿了，被老婆一顿数落。卖笊篱不行，姜子牙又改行卖面。好不容易卖出去一文钱的面，不幸附近的军营放炮，一匹马受惊，踢翻了姜子牙的箩筐，紧接着一阵狂风，将面刮了个干净，回去照例又被老婆骂得狗血喷头。自己做生意不行，他就帮宋异人管理几十间饭店。也怪，只要姜子牙在，鬼也不上门，肉都臭了。义兄怕自己的生意黄了，又怕子牙面子上过不去，就给了他五十两银子，叫他去贩卖牛马猪羊。活物总不会臭吧。可照样不幸。当时恰巧赶上求雨，全城禁止屠宰，姜子牙刚赶牲口进城，就全部被没收了。

由此看来，找到适合自己的领域多么重要。姜子牙也意识到自己做一般的营生是不大可能成功了，于是拿出看家本领，去商朝首都朝歌城算命，果然立住了脚跟。不久，他又施法收了琵琶精，被商纣王封为大夫。姜子牙认为纣王无道，不足以辅佐，于是逃离朝歌。

之前那么多次生意上的失败，老婆还可以忍受，现在放着富贵不享，却要去亡命天涯，子牙的老婆不愿意了。她提出离婚，逼子牙写休书。子牙说："这算什么官，不日我就要官居一品，到时候你就是一品夫人了。跟我走吧，等待机遇，我会给你幸福。"老婆奚落他说："放着现成的官不做，还想什么官居一品。你这种假清高的人还想做官，做梦吧！"子牙说："你这个女人家眼光短浅。要知道，天数已定，迟早有期。你跟我到西岐，等时机一来，自然富贵不浅。"老婆不听，说我从小在首都长大，不可能跟你去西岐那种地方，要去你自己去，我们之间的夫妻缘分到此为止。姜子牙不死心，想说服老婆跟自己一起去享富贵。老婆说，我没那种命，也受不起大福分，你做你的一品官吧，我宁愿在此受苦。没办法，两人只好离婚了。姜子牙到了西歧后又落拓了十年，为了引出贤君，他整天在渭水河边唱歌、钓鱼，终于被文王拜将入相，成了周王朝的开国功臣。姜子牙的老婆如果还活着，听到这个消息不知道会怎么想。

## 苏秦的老婆

苏秦是我国战国时期，和张仪齐名的纵横家，他曾经在著名的谋略学大师鬼谷子门下混了不少年。他起早贪黑地卖力苦读，并非是想救乱世中的黎民苍生于水火，而是为了自己能有出头之日。最后他终于靠一副三寸不烂之舌混得荣华富贵。但是，从籍籍无名到飞黄腾达的这一过程却是非常艰难的，苏秦不但在周游列国时受尽白眼，在家里也受够了老婆、家人的气。

话说苏秦师从师鬼谷子学成后，踌躇满志地开始了争取权势的行动。他盯着地图看了几天之后，决定将秦国作为迈向成功的突破口。他变卖了洛阳家中的家产作为去秦国的盘缠。临走前，他还特意买了件名贵的黑貂皮外衣穿上，好让秦惠王知道他苏秦并不是因为缺银子花才跑到秦国来的。

秦惠王还真接见了苏秦。在会谈中，苏秦滔滔不绝地把早已准备好的一番大道理讲了出来。他以高超的口才，高瞻远瞩、口若悬河地大谈天下的大势，极力怂恿秦王凭借自己强大的力量和优越的地理条件发动统一天下的战争。无奈秦惠王对他这番空头理论一点也不感兴趣，他婉言回绝了苏秦，认为秦国现在谈统一战争还为时尚早。此后苏秦待在咸阳，先后十次上书秦王，大谈他武力强国的理论，无奈秦惠王就是不为所动。时间一长，苏秦可惨了，名贵的黑貂皮衣服穿破了，口袋里的银子也花光了，几天吃不上一顿饱饭，脸庞又黑又瘦，后来连鞋子都破得穿不了了，他只好自己编双草鞋，背着又脏又烂的行李打道回府。

回到洛阳家中，苏秦的老婆见他一副穷困潦倒的倒霉蛋模样，连正眼都不瞧他一下，父母也懒得跟他说话，嫂嫂更是不给他做饭，苏秦只好像老鼠一样垂头丧气地蹲在墙角唉声叹气。

苏秦是个不服输的人，他咬牙从头开始，发愤读书。在整整一年的苦读期间，为了防止自己打瞌睡，他用绳子将头发拴在房梁上，每当打瞌睡的时候，就拿铁锥子扎自己的大腿。“头悬梁，锥刺骨”说的就是他。一年后，苏秦对时局已是了若指掌，并且制定了一系列针对时势的战略。他自己得意地说：“这真是能够说动当世君侯们的策略啊！”

苏秦再度出山了。这次他改变了观点，不是让秦国统一天下，而是鼓动其他国家统一对抗秦国，也就是“合纵”。他先跑到北方弱小的燕国，针对时弊向燕王提出了使燕国强大的方针政策，同时强调只有齐楚燕韩赵魏六国合纵联手，才能够解除强大秦国的威胁。这次，苏秦一路顺畅。他得到燕王的赞赏，并资助他车辆与金帛前去游说赵国。在赵国，苏秦的一番理论使赵王大喜过望，他马上封苏秦为武安君，给他 100 辆豪华车辆、白璧百双、黄金万镒及数不清的绫罗绸缎，让他带着去向其他的国家宣扬“合纵术”，一起联合起来抗击秦国。

苏秦这个贫民窟里长大的洛阳无业游民发达了，他威风凛凛地周游列国，“以三寸之舌为帝王师”，说得各路诸侯怦然心动，言听计从。很快，苏秦的腰间便挂上了六个国家的相印。在苏秦当政期间，秦国的军队 15 年不敢东出函谷关一步。

有一次，苏秦被浩浩荡荡的车马簇拥着路过故乡洛阳。他的父母听说儿子回来了，赶紧雇人来粉刷房子，把路打扫干净，准备了音乐、宴席，跑到十几里外的地方去迎接。他老婆见到他时毕恭毕敬，不敢抬头正眼看他一眼。当初虐待他的嫂嫂从地上爬过去，跪在他的面前向他道歉、请求他原谅自己当年的怠慢。苏秦倒是没有计较这些，只是对世态炎凉感慨不已，也深深地感受到了富贵权势的重要性。

苏秦大权在握，风光了很长一段时间。然而最聪明的人也难免有马失前蹄的时候，后来苏秦玩得过火了，他在燕国同王太后发生了暧昧关系。消息传到燕王的耳朵里，苏秦不敢在燕国待下去了，跑到齐国去把持那里的朝政。岂料齐国有个大臣对苏秦瞧不顺眼，他暗地里收买刺客，实施了刺杀行动。结果苏秦身负重伤，眼看就活不成了。齐王对他被刺非常震怒，但苦于无法抓住凶手。苏秦就给齐王出了个主意，他让齐王在他死后宣布将他的尸体进行车裂，并对外宣布苏秦是个大坏蛋，是燕王派到齐国来卧底的。谁刺杀了苏秦将受到重赏，这样做就可以抓住凶手了。齐王照着苏秦的话去做，刺杀的主谋大臣果然跑来领赏，结果自投罗网，被齐王所杀，替苏秦报了仇。

说起来，以上几个妻子也并非没有苦衷。有几个女人能够具有识得金镶玉的眼光？又有几个女人受得了贫贱夫妻的生活？只不过，夫妻本该共患难同甘苦的，不能够太现实、太势利，也要学会体谅丈夫。当他失意归来，需要安慰和鼓励的时候，至少不要做第一个向他头上浇凉水的人。

第九章

# 世俗是一堵超高的墙

互联网曾流传过一张妙龄女子穿着用安全套串成的裙子拍摄的照片。这位女子声称自己每次和男人发生关系后，便把安全套保留下来，就如集邮一样，而该条“裙子”正是她用这些“战利品”制成的。

她坦言，感情到了一定程度发生关系也很正常，现在是个性的年代，只要自己高兴就好，大家高兴就笑笑，大家不高兴只当过眼云烟就好。

关于这种现象，中国男性的态度很暧昧，他们都认为，只要不是自己未来的老婆，怎么开放都无所谓，自己却不会找这样的女人做老婆。事实也正向这个方向发展，有人做过一个调查，结果适婚年龄的男性清一色地希望未来妻子的过去单纯一些，并表示不会娶那种性经历丰富的女人为妻；有相当一部分男性并不反对与女性发生一夜情，但要娶进门却是万万不愿意的。

看来，无论如何开放，流传几千年的世俗观念、道德标准不可能全部消除。女性朋友们，为了自己的幸福，千万要守住自己的尊严。

## 错在得罪了孔子——南子

南子是春秋时期，卫国国君卫灵公的妻子。南子是宋国人，她在嫁到卫国前就有一个叫子朝的情人，是当时著名的美男子。后来两人虽然相隔遥远，却依然藕断丝连。让人匪夷所思的是，卫灵公知道后不但不生气，反而将子朝召来，精心安排他与妻子约会。虽然春秋时期，世俗礼法还比较宽松，但南子这个事还是招来了不好的反响。

南子的儿子蒯聩有一次出使齐国，途经宋国时，听到有人对着他唱淫秽的歌曲："既定尔娄猪，盍归吾艾？"意思是说："你们的母猪已经得到满足，何时归还我们英俊的种猪啊？"这显然是挖苦蒯聩的母亲南子。丢人丢到国际上了，蒯聩感到莫大的耻辱，准备雇凶杀母。没想到杀手一见南子的美貌就傻了，站在一旁的蒯聩几次暗示他动手，但他根本不舍得辣手摧花。后来，南子感到不对劲，惊叫道："太子要杀我！"这时候，被戴了绿帽子的卫灵公及时出手，拉着她跑了出来，南子逃过一劫。蒯聩见阴谋败露，只好逃命。

南子除了男女关系比较混乱外，在其他方面倒也没有太大的瑕疵。甚至还值得称赞。

一天晚上，她与卫灵公闲坐聊天，门外传来马车行驶的声音，但到王宫门口时，车声没有了；过了宫门，车声又慢慢响起。卫灵公问南子："你猜这是谁的马车。"南子答："如此懂礼数的人，只可能是蘧伯玉。"蘧伯玉是当时卫国声誉最高的重臣，他的最大特点就是能够及时反省自己，"行年五十而知四十九年之非"。

卫灵公跑出去一看，妻子说得果然不错。不过，他有意骗南子说："你猜错了。”南子一听立即端起酒杯要敬灵公。灵公不明就里。南子说：“我原来以为卫国只有一个蘧伯玉，今天又发现了一个与他品德同样高的人，您有了两个贤臣了。好官儿越来越多，这是国家的福分哪！”

卫灵公一听，顿时泄了气，只能心里嘀咕，哪来那么多好大臣。

如果只是上面这些事迹，估计南子的“名声”不会太大，当她惹了孔子之后情况就改变了。不用史书记载，单《论语》时的“子见南子”就够把后世搞得沸沸扬扬了。事情的经过是这样的。

孔丘也就是孔子在当时周游列国，已经有了不小的知名度。他是鲁国人，与卫国是邻居，所以到卫国的次数很多，而且在卫国待的时间也很长。他在卫国结识了蘧伯玉，二人都有贤名，关系很铁。南子很看重蘧伯玉，也听说过孔子的事迹。所以听说他在卫国就想见见他。

关于这次会见，从历史记录上看没有什么不对的地方。会面时，按礼制在两人间挂了一道帷帐，南子身着接见国家礼宾的盛装出场。孔子行礼后，南子在珠帘后跪拜还礼。两人具体谈了些什么，史书没有记载，估计也没有不妥之处。一切看起来都很平常，可是孔子的学生子路却不高兴了。《论语·雍也》中这样记载：子见南子，子路不说（同“悦”）。夫子矢之曰：“予所否者，天厌之！天厌之！”老师见了漂亮的国君夫人，学生不高兴，不知说了什么重话，害得孔子跳着脚发毒誓：“我要是做了什么不正当的事，天打五雷轰啊！天打五雷轰啊！”

也就是这段语焉不详却又让人浮想联翩的十三个字，让后代搞历史的人打得热火朝天。最普遍的说法是，子路是指责德高望重的老师不该去见名声不好的南子。这个说法有点牵强。因为如果是这样的指责，孔子既已见过南子，又怎会说“予所否者”，再者说，这样的指责，以孔子的口才，不至于激动到只会发誓的地步。那么，剩下的可能就是子路的话说得很重，比如“为什么吃独食，不带上我们啦”之类的。只有这种话，才会让孔子老脸挂不住，说出那么激烈辩解的话。这种怀疑，早有人提出过，但差点闹出人命。

虽然师徒之间闹得很厉害，但可以肯定，这一次南子还没有得罪孔子。在这一次会见之后，南子在与卫灵公同车出游时也叫上了孔子，孔子也去了。南子没有让孔子上主车，而是把他安排在另外一辆车上，在主车上陪卫灵公和南子的是一名宦官。这次可把孔子得罪了，扔下了一句千古名言“吾未见好德如好色者也！”然后，拂袖离开了已经待了一个多月的卫国，与南子也彻底绝交。

从南子和孔子的交往来看，南子实在没有什么过错，坏就坏在她有一个坏名声。所以，当与孔子这个圣人发生纠葛时，脏水自然只能往她身上泼了。

## 欲望毒花——夏姬

夏姬与和西腊美女海伦是同时期的人，两人有着同样的魅力，使智力正常的男人陷入全体的疯狂。二人在当时已知世界的东西两端各自引发了一场影响世界命运的国际战争。海伦引发了伟大的特洛伊战争；夏姬不但毁灭了她的家庭和她的国家，还使当时的超级强国楚王国陷入不可挽回地衰落。杜牧说："夏姬灭两国，逃作巫臣姬。"虽然史书上把苏妲己、陈喜妹等人描述成祸国殃民的害人精，事实上，从客观的角度去看，她们担不起如此沉重的帽子。相比较而言，夏姬更适合这个称号。

几千年来，夏姬几乎就是"荡妇"的代名词，基本被当作妖孽看待。刘向在《列女传》中说她擅长"淫术"："其状美好无匹，内挟伎术。"所以老而余韵犹存，迷惑了一批男人，"盖老而复壮者。三为王后，七为夫人。"夏姬以年已半百的身份还能倾国倾城，也算是创造了一个传奇。

那么，这是怎样一个女人呢？

夏姬是春秋时期郑穆公的女儿，还未出嫁前就与公子蛮私通，后嫁给陈国一位御史大夫夏御叔，按当时的习俗从了丈夫的姓，被称作夏姬。婚后两年，夏御叔就死了，留下一个还在襁褓中的儿子夏征舒。

夏姬有多美丽不知道，反正无论怎样精明强悍的男人在她面前都会丧失力量和理智，几乎所有心理不健康的男人都在这个年轻美丽的寡妇身上打主意。夏姬乐滋滋地欣赏那些臭男人为了她大打出手，并把胜利者拉到自己的床上作为对他的奖赏。最后的胜利者属于陈国的两位高级文官孔宁和仪行父，他们成了夏姬的长期情夫。这两位本来要进行生死决斗的，多亏一位高人及时提醒他们，说夏姬不是一个男人满足得了的，于是两只斗鸡握手言和，共同享受夏姬的肉体，有时两男一女还同睡在一张床上。

孔宁和仪行父的空前好运令那些失败的男人嫉妒得发狂，他们把二人的桃花运和夏姬的美貌送到陈国国君陈灵公的耳中。为了平息心中的嫉妒，陈灵公不断找两人的岔子，并威胁说要杀掉他们。当二人得知自己的危险和国君发怒的原因后，积极在国君和夏姬之间牵线搭桥，让陈灵公也参加进来分一杯羹。于是夏姬的情夫队伍中又多了一位。夏姬很有本事，把君臣三人管理得就像后宫一样整齐有序：他们具有推荐新情人给夏姬的“贤淑”和“美德”，仨人不仅不妒忌，还常常一起饮酒作乐，一起讨论共同的情人夏姬，穿着夏姬送的内衣上朝谈论风月。

夏姬能够和三个男人同时调情做爱，说明她容貌的美丽和心灵的丑陋是同等的。这样的女人要想不给她的亲人和她的国家带来巨大的伤害是不可能的。首先受害的是她的儿子夏征舒。这个淫荡女人在和情夫调情时居然不回避自己的儿子，陈灵公等在夏姬之子面前也毫不介意地宣扬自己与夏姬之间的复杂关系，这一切使夏征舒蒙受了极大的羞辱。更糟糕的是，三个奸夫当面戏谑夏征舒是他们共同的儿子，这把一个男人的忍耐加速度地推向极限。公元前 599 年，夏征舒把正在寻欢作乐的陈灵公杀死在母亲的床上，孔宁、仪行父从狗洞里钻出来逃得性命。二人在陈国不能立足，就跑到当时最强大的楚国向五霸之一的楚庄王告恶状。楚庄王本来是一个英明的君王，否则他在竞争激烈的国际社会也当不了霸主，但一面之词有很大的迷惑性，楚庄王听信了二人的一面之词，而且适逢他正要展示他的霸权，而声讨“乱臣贼子”恰是一个理想的发动战争的堂皇理由。于是他调动大军去陈国讨回“公道”，弑君的青少年夏征舒被逮捕，在他母亲面前被酷刑处死，情形惨不忍睹。

夏征舒死后，跟着遭殃的是陈国，楚庄王并没有在陈国另立新君，而是把陈国取消，土地和臣民并入楚国的版图。

一个好端端的陈国就这么间接地毁在了夏姬的手中，而陪葬的是她的亲生儿子。

悲剧还没有结束。

此时夏姬已三十多岁，可看上去仍像一个情窦初开含苞待放的妙龄少女，楚庄王一见之下，也顾不得什么帝王的尊严了，准备把她带回皇宫。

他的智囊巫臣斗胆向他提出警告："大王仗义兴兵，全世界谁不尊敬。如今却把祸首收作妃子，人们就会抨击你贪色好淫，恐怕对霸权有不利的影响。"若是别的君王听了这样的逆耳忠言一定会大大地不以为然，但靠自身努力当上霸主的楚庄王毕竟不同于一般君王，他认为巫臣的话很有道理，于是打消了纳夏姬为妃的念头。王子熊侧也被夏姬的美貌弄得神魂颠倒，请求父王把夏姬送给他，巫臣又阻止说："这女子是不祥之物，为了她已死了一个国君，灭了一个国家。如果娶她，一定会给王家带来祸患。"爱子心切的楚庄王深以为然，断然拒绝了王子的涕泣请求。

如果不是后来发生的事，谁也不会怀疑巫臣是一位直言敢谏的大忠臣。只有熊侧看出了他的私心，也许是恋爱中的男人比常人更为敏感的缘故，他发现巫臣看夏姬的眼睛燃烧着火焰。他当着父王的面回击巫臣："我不要她可以，但巫臣也不能要。"巫臣用一种委屈万状的声调说："这是什么话，我怎么会有这种邪恶的念头，我只是一心为我们的国家。"这时庄王的另一位武将连伊襄老碰巧死了妻子，庄王就把夏姬送给他作续弦。连伊襄老的前妻留下一个儿子，刚好到了思慕异性的年龄，看见继母那性感的身段和挑逗的眼神，早已失魂落魄，很快他就成了夏姬的裙下之臣。两年后，连伊襄老死在战场上，据说那天连伊襄老从喝多了酒的战友口中得知家里的丑事，愤怒之下，拿起长矛孤身一人冲向敌阵，被敌方的乱箭射死。而他的儿子有了后妈，连亲爹的尸体都不去接了。楚国人对夏姬的不祥和坏名声十分反感，她成了过街的老鼠，只好离开首都郢都，蒙上面纱返回她的娘家郑国。但郑国宫廷不愿接纳这个臭名远扬的亲人，下令城门守卫不许她进城。这时巫臣发现机会来了，派人通知郑国国君姬坚迎接他的姐姐，姬坚自然听从霸主国的命令。

公元前 589 年，晋国与齐国在鞍邑（今山东历城）会战，齐国大败，向楚国求救。楚庄王派人去齐国缔约，巫臣自告奋勇前往。巫臣在经过郑国的时候，宣称奉了楚王的命令前来跟夏姬结婚。国君姬坚正想把这个招惹是非的祸水推得越远越好，欣然为他俩举行婚礼。巫臣得到夏姬后，连齐国也不去了，缔约的事更抛到脑后，他知道不能再回到楚国，就带着夏姬双双投奔楚国的敌国晋国。巫臣是楚国有名的智囊人物，以富于谋略闻名国际。晋国大喜过望，把他当作上宾招待。巫臣为了夏姬，可谓是想尽办法。

巫臣跟陈灵公一样，也付出了可怕的代价，王子熊侧和巫臣的另一位政敌熊婴齐，在听说巫臣娶了夏姬后，把巫臣留在楚王国的家族不分男女老幼全体处斩。

推算下来，夏姬此时至少已有四十八岁。一般的女人到了这个年龄已是招人讨厌的半老徐娘，可夏姬仍能使楚王国的一流谋士痴心不改，为了她背井离乡、家破人亡，真是一个不平凡得可怕的女人，不仅仅是驻颜有术而已。

噩耗传到晋国，巫臣痛苦得发狂，他撕裂身上的衣服，倒在夏姬怀中失声恸哭，夏姬则像哄小孩一样拍着他的身子安慰他。巫臣痛心地写了一封信给二人说："我固然有罪，但我的家族是无辜的，他们并没有背叛国家，你们如此屠杀，我要使你们马不停蹄地死在道路之上。"两位王子对巫臣的警告嗤之以鼻，他们低估了巫臣的智慧、能力和复仇的决心。

巫臣选中了吴国作为复仇的工具。当时吴国还十分落后，在百年之内应该不会对中原有任何影响。但巫臣看出这个新兴王国在地缘政治上的无比价值。这个王国位于楚国的后方，如果强大起来将对楚王国构成致命的威胁。而楚国正是倚仗后方高枕无忧，才得以集中力量问鼎中原，而其他诸侯国在对付楚国的挑战时还要留相当大的兵力来防备来自后方的威胁。假如吴国与楚国为敌，楚国的这种优势就没有了。楚国的疆土很大，一旦吴国和楚国处于战争状态，陷于两线作战的楚王国将在国土的东南和西北两端调动军队，两地相距一千五百公里。别说远水救不了近火，军队经过这么长距离的急行军也会失去战斗力。

巫臣向晋国政府献出"联吴制楚"的战略，晋政府立即接受，派遣巫臣的儿子巫狐庸率人前往吴国，教授他们政府管理以及训练军队现代化等各种先进的技术。吴国在晋国的帮助下很快强大起来，不但阻止了楚国的东进，更成为楚国背后的致命敌人。

十年之后，已经强大起来的吴国开始向楚国用兵，而且保持连续不断的攻势，使楚国每年都要出兵七八次之多，貌似强大的楚军团反而败多胜少。吴国的疆界一步步地向西推进，楚国边界的三个军事重镇相继陷落，东南边境全部残破。这时晋国乘机向楚国发起军事攻势，两国大军在河南鄢陵决战，被吴军团拖得筋疲力尽的楚军团一战即溃，首领熊侧惭惧自杀。另一位王子熊婴齐运气也好不到哪里去，他死于跟吴王国一次战役后的路上，楚国的力量被消耗殆尽。

楚国并没有因两位王子的死于非命而从噩梦中复苏，更大的灾难在等待着他们。春秋后期，楚国更大的一位英雄人物伍子胥被楚王逼反，他逃到吴王国，被吴国重用，并于公元前 506 年率领巫狐庸一手训练成的吴军团向楚国发动历史上空前的大规模军事总攻。楚军团溃败，首都陷落，楚王逃往外国，来不及逃走的王后和所有高级官员的妻女全部沦为吴军的性奴隶。

而这一切都是夏姬的美丽惹的祸。

“子非鱼，安知鱼之乐。”因此，我们不能武断地认定夏姬就是一个天性淫荡的女人，我们也不能一厢情愿地认为，如果她是被迫淫荡，就应该用一死摆脱。可是，她的淫荡确实造成了丑陋而且悲惨的结果。

毫无疑问，无论放在哪个时代，夏姬都是忠贞的反面教材。如果说因为春秋时期的规则淳朴，女人没有独立的地位，不必为淫乱承担责任的话，那么，她儿子的妄死总该与她有关。

有一首名叫《卡门》的流行歌曲，歌中唱道：

爱情不过是一种普通的玩意一点也不稀奇，
男人不过是一件消遣的东西有什么了不起，
什么叫情什么叫意还不是大家自己骗自己，
什么叫痴什么叫迷简直是男的女的在做戏，
是男人我都抛弃不怕你再有魔力，
你要是爱上了我你就自己找晦气，
我要是爱上了你你就死在我手里。

配着比才的原曲唱这首歌，听着真让女性朋友们解气。问题是，原作中的卡门终究还是惨死在情人刀下。

玩弄感情，放纵自己，无异于玩火，玩大了就难免玩火自焚。风月无边，再想回头，已看不到岸，悲剧总是一开始就注定了的。所以，千万别把“妇道”当儿戏。

## 魂断西泠桥——苏小小

苏小小是南齐人，出身于钱塘（今杭州）一户殷实人家。苏小小先世曾在东晋朝廷为官，晋亡后举家流落到钱塘，后在此作生意，到了苏小小父母这一代，已成为当地的富商。苏小小是父母的独生女儿，所以自小被视为掌上明珠，因长得玲珑娇小，就取名小小。苏家虽是商贾之家，但沿袭了祖上的香书遗风，聪明灵慧的苏小小深受熏染。苏小小长得眉清目秀。聪慧过人，自小能书善诗，文才横溢。可惜好景不长，苏小小十五岁时，父母相继谢世，她失去了依靠，仍住在城中旧院里，睹物思人，易引起伤感的情绪，于是变卖了在城中的家产，带着乳母贾姨移居到城西的西泠桥畔。她们住在松柏林中的小楼里，每日靠积蓄生活，尽情享受于山水之间。

小小酷爱西湖山水，她将自己住屋布置得幽雅别致，迎湖开一圆窗，题名“镜阁”，两旁对联写道：“闭阁藏新月，开窗放野云。”那时的西湖，虽然秀美，但还未经人工开发，山路曲折迂回，游览辛劳，她便请人制作了一辆小巧灵便的油壁香车。坐着这车，可以去远处。每当小小出行，沿路行人都不觉啧啧称奇，猜不出她是何等人物。苏小小则旁若无人，一路行一路朗声吟诗。

苏小小的名声渐渐传开了，在她的车后总有许多风流倜傥的少年。没有父母的管束，苏小小也乐得和文人雅士们来往，常在她的小楼里以诗会友，她的门前总是车来车往，苏小小成了钱塘一带有名的诗伎。

冬去春来，草长莺飞。一日，苏小小乘油壁车去游春，偶遇当朝宰相阮道之子阮郁。至于两个是如何偶遇的，各种小说、传记有不同的描述方式，总之不外乎才子佳人一见钟情。之后俩人结成伉俪，如胶似漆，形影不离。苏小小还为他们的幸福生活写下一首《同心歌》："妾乘油壁车，郎跨青骢马，何处结同心，西陵松柏下。"

萍水姻缘毕竟缺乏根基，半年之后，阮郁的父亲在建康听到儿子在钱塘与妓女混在一起的消息，气得差点昏倒：堂堂宰相之子娶了歌伎，岂不被天下人耻笑！但山高水远，一时又奈何不得。

阮道老谋深算，强按怒火，写了封信，连同一份厚礼，派人送至钱塘，交给阮郁。信中写道：小小既是品貌双全的才女，他并不反对这门婚事。还提醒阮郁不可贪欢于夫妻之情而荒了学业。阮郁、小小见阮道说得通情达理，才放下心来。

又过了些时日，阮郁又接到家书，说阮道因受风寒卧床不起。小小急忙打点行装，催阮郁回去探亲。阮郁赶回家中，见父亲安然无恙，才知道是中了计。阮道不由阮郁分说，命家人将他关进书房，又为阮郁另择名门闺秀。

再说小小，自阮郁去后，整日足不出户，一年过去了，却不见阮郁的一点音信。苏小小由渴望、失望到绝望，终于病倒在床上。从此以后，小小脸上少有笑容，性情变得更为冷峻孤傲。

小小对山水的痴恋未变，只不过，她不再到热闹的景区，而专去人迹稀少之处。这一日，时值深秋，她来到红叶满山的烟霞岩畔。忽然，见一位落魄的公子在江边徘徊，细一看与阮郁长得有几分相似，小小不觉上前搭话。原来，这位公子叫鲍仁，欲上京赶考，却苦于没有盘缠，无法成行。小小当即取出银钱资助鲍仁。

鲍仁走后半年，小小又病倒了。不久，因咯血而亡，这一年她才十九岁。

安葬当天，几个差人飞马来到小小家，问道："苏姑娘在家么？滑州刺史前来面拜。"小小的姨妈哭道："苏姑娘在家，只可惜睡在棺木之中。"差人大惊失色，飞马而去。不多时，只见一人穿白衣，戴白冠，骑着白马而来，到西泠桥边下马，步行至小小家门前，一路哭将进来。他奔到灵堂，抚棺痛哭："苏姑娘，为何不等我鲍仁来谢知己，就辞世而去？老天不公，为何容不得你这个有才有德有情的奇女子！"直哭得声息全无。

姨妈含泪相劝，鲍仁道："人之相知，贵乎知心，知我心者，唯有小小。”他强压悲哀，按照小小的遗愿，把她安葬在离西冷桥不远的山水极佳处，墓前立碑，上刻“钱塘苏小小之墓”。

后来，诸多到钱塘的文人骚客都自愿到苏小小墓前凭吊，于是当地人在她的墓前修建了一个“慕才亭”，为来吊唁的人遮蔽风雨，亭上题着一副楹联：千载芳名留古迹，六朝韵事著西泠。

传说苏小小死后，芳魂不散，常常出没于花丛林间。宋朝时，有个叫司马樨的书生，在洛下梦一美人搴帷而歌，问其名，曰：西陵苏小小也。问歌何曲？曰：《黄金缕》。过了五年，司马樨得到苏东坡的荐举，在秦少章幕下为官。一日，他对秦少章说了梦到苏小小一事，秦少章感到很惊奇，就说：“苏小小的墓在西冷，何不酹酒吊之。”司马樨果然前去寻墓拜之。当天夜里，他梦到与苏小小同寝，苏小小说：“妾愿酬矣。”自此后，司马樨昏迷了三年，最后死在杭州，葬于小小墓的旁边。





这个传说虽然有些恐怖，但多少表达了人们对苏小小的怀恋与同情。

在以儒教为主流的国度，一位妓女竟如此尊贵地长久安享景仰，实在不是一件容易的事。然而，这并非因为她的身份和才华，而是因为她的身上寄托了文人们的梦。现实生活中的正人君子们，常常压抑着自己和别人的本性，越是鸿儒高士，越需要牺牲本性。而苏小小的一生却迥然于世俗，是文人们心中的理想状态，或者说是梦境。所以，后代文人赞美、凭吊苏小小，不如说是对自己梦境的渴望。

文人们自以为是地给苏小小加诸了诸多冠冕堂皇的光环，或许苏小小本人并不这样想，至少她不幸福。而这一切不幸来源于她的妓女身份，虽然她的心灵和身体都是洁净的，但却是不被世俗社会所容的。

## 被囚禁的鸟——左芬

左芬也叫左棻，这个名字大家可能有些陌生，但提起她的哥哥左思，知道的人就多了，他就是写过那篇造成“洛阳纸贵”的《三都赋》的左思。史书记载，左思貌丑口讷，左芬的相貌比哥哥好不到哪里去，但她的文学造诣很高。西晋诗风多是过分雕琢的靡靡之音，左芬的作品却以朴素自然、震撼人心见长，实属难得。

左芬的名声没多久就传到晋武帝司马炎耳朵里，于是司马炎将其纳入后宫成了妃子。司马炎是西晋的开国皇帝，爷爷是司马懿，父亲是司马昭，都是赫赫有名的人物，司马炎只不过从前人手中接过政权，本人不过是个庸才加色鬼，他不但将蜀、吴二国的后宫佳人都纳为己有，还大肆掠夺民间美女入宫，供其淫乐。

司马炎将左芬纳入后宫，不过是为了沽名钓誉、附庸风雅。所以，左芬进宫后根本得不到皇帝的宠幸，《晋书》中说她“姿陋无宠，以才德见礼。体羸多患，常居薄室”。其实，当时后宫佳丽多如牛毛，就算左芬长得美如天仙，也很难得到专宠。据史书载：司马炎后宫有上万美女，以至于他自己都不知道该临幸谁。所以常常坐上羊车，在后宫转一圈，车停到哪就在哪过夜。有聪明的妃子在门前摆满青草吸引羊来。后来，这个方法很快都传遍后宫，于是又有更聪明的妃子听说羊喜欢吃盐，于是在门口撒盐吸引羊。可想而知，妃子们的竞争是多么激烈。像左芬这样既不漂亮，又没有什么手段的姑娘根本没有什么指望得到皇帝的临幸。

但是，她却凭借自己的才华成为司马炎的专职秘书，整日伴随皇帝身边左右。左芬的主要工作，就是为司马炎写些命题作文。比如，有一天，司马炎忽然感到很不愉快，于是让左芬作诗。左芬略想片刻，挥笔而就，写出了著名的《离思赋》。在将近四百字的《离思赋》中，左芬尽情地宣泄了自己的哀愁，同时，诗人将处于深宫之中“小我”的悲苦缩小，将成千上万宫廷女子的悲剧命运放大，同时还体现出作者追求独立人格、向往海阔天空自由生活的希望。

钱钟书曾这样评价《离思赋》：“宫怨诗赋多写待临望幸之怀，如司马相如《长门赋》、唐玄宗江妃《楼东赋》等，其尤著者。左芬不以侍至尊为荣，而以隔‘至亲’为恨，可谓有志。”司马炎读完此作大为汗颜，对左芬的文采更加倚赖。于是，宫廷内有什么事情，左芬总要受命赋诗来供人吟赏。左芬存有诗、赋、颂、赞、诔等二十余篇，大多为应诏而作。不过，即使如此普通庸俗的题材，也无法埋没她的才华。她以独特的视角和感受，开拓了宫怨题材的新境界，在历史上留下了属于她的“闺音”。





290 年，荒淫无度的司马炎在洛阳去世，江山落入他的儿媳贾南风手中。贾南风是历史有名的丑且祸国殃民的主儿，此书也有介绍。她以残忍的手段控制皇宫和朝政，并且将皇帝身边的女人统统饿死。左芬的晚景，史书并无详细记载。但有一点是肯定的，作为司马炎的妃子，其结局肯定好不到哪去。后来出土的她的墓碑上有文字记载，她在司马炎死后第二年就去世了。

左芬生年不详，公元 272 年入宫，公元 300 年去世，在宫中待了二十八年，想来入宫时不过十七岁左右，离世时也不过四十多岁。

钱忠书说左芬“有志”，然而，尽管“有志”，左芬也无力逃脱命运，也正因为“有志”，才更加痛苦。对于左芬来说，她承受的是双重痛苦。从女人的角度来说，她既没有得到皇帝的宠幸，也没有得到普通夫妻间的日常恩爱。从诗人的角度来说，她没有创作的自由，只能写些命题应景之作。她的一生就像被囚禁的鸟，本来她可以飞得更高，发出更美丽的声音的。

## 才女谢道韫的烦恼

谢道韫是谢安的侄女，是一位才能咏絮的才女，长大后嫁给王凝之。王凝之何许人也？大书法家王羲之是他爸爸，王献之是他大哥，都是赫赫有名的人物。

谢、王两家门当户对，声望家世可说是旗鼓相当。如果晋代只留下两个名字，就必有谢安和王羲之；如果罗列历史上最有名的贵族，晋朝的“王谢”二家也必在其中。晋朝两大宰相，一是王导，二是谢安。王羲之是王导的侄子，而王凝之是王羲之的次子。从历史的记载中，两家统领当时的文坛、仕途。作为当时政治、文坛双料领袖的家人，王凝之之贵，只怕在当时无几人出其右。再说王凝之本人也非庸才，虽不如其父兄，但也善草书、隶书。

让外人看起来更幸福的是，他娶了当时号称才女之最的谢道韫。“可堪停机德，甚慕咏絮才。”这咏絮才一句，便是说的谢道韫。

谢道韫的才华到底多高？《世说新语》里有一个小故事可以参考。

王献之是谢道韫的小叔子。话说有一次王献之和宾客清谈辩论，谢道韫在屏风后偷听，只听王献之的言论渐渐落了下风，马上要被客人压倒，于是她命小婢出去传话，请客人稍待，又命仆人在客厅里安设青纱屏障。隔着屏障她根据王献之的论点，继续和客人谈论，结果扭转劣势，客人辞穷而退，这就是千古盛传的才女替小叔解围的故事。

出生于最有名的世家，有个最有名的老爹，娶了个最有名的老婆，还恰好生在那个最有名的风流时代，王凝之算是天下最幸福的人了吧？

非也。《世说新语》里记载。谢道韫对她的婚姻并不满意，婚后一直抑郁不乐。伯父谢安说："凝之是逸少（即王羲之）的儿子，总不会差的，你为什么总是闷闷不乐呢？"谢道韫说："王氏一门之中，长辈不要讲，同辈的晚辈中哪一个不比他强？天天对着一个鄙陋无知、语言无味的人，这种日子教我怎么过！天地之间怎会有王凝之这样的人！"没有平等智慧，这是才高八斗的才女最无法忍受的事。

从历史看，王凝之确实不是一个才华高妙的人，也不是个魏晋风流的代表者。跟他的弟兄相比，只能算是平庸者，考其一生，更是迂腐无比。不过，比起一般来说，他还是要出色得多。只是他不太幸运，娶的是当世才女。

王凝之活得有些糊涂，死也同样的糊涂。

他任会稽太守时，孙恩叛乱。由于孙恩和王凝之一样信仰五斗米教，王凝之居然凭此死活都不相信孙恩会谋反。等叛军逼近时，他才不得不相信，但没有组织军队抵御，而是拜神起乩，请鬼兵拒敌。结果当然是城被攻破，到了这个时候，王凝之仍然不相信同一教派的孙恩会杀他，并不逃走。结果被一刀枭首。死得糊里糊涂，让人哭笑不得。此时的谢道韫，面对虎狼叛军，竟然镇定自若，手持利刃而前，凛然面对杀人魔王孙恩。孙恩也不由得为之心折，竟不敢伤她。孙恩要杀她的外孙刘涛，谢道韫厉声斥责道："事在王门，何关他族？此小儿是外孙刘涛，如必欲加诛，宁先杀我！"掷地有声，孙恩为其所慑，放走两人。

看到这里，我们不仅为谢道韫叫屈，以她的才华见识竟要终身跟这样一个人朝夕相处，对她而言简直是精神上的凌辱。也就是那个时代不兴离婚，否则谢道韫会下堂求去的。同样，对王凝之而言，身边有一位自己没有一样可比，并且从内心就看不起自己的妻子，那味道也真够受的。难怪他要另谋发展，找一个比他更愚昧无知的女人。

然而王凝之与谢道韫的婚姻总有些糊里糊涂。

据说，谢安为他这个珍爱的侄女选婿的时候，起初看中的是王徽之。王徽之也是大名鼎鼎，最脍炙人口的典故便是他夜读左思《招隐诗》，忽然想起了好友戴安道，便趁着大雪前去拜访。但到其门口而不入，别人问他为什么不进去。他说了一句堪称魏晋风流之典范的话："吾本乘兴而行，兴尽而返，何必见戴？"

但不知为什么，最终谢安选中了有些浑浑噩噩、平常平庸的王凝之。

无论社会如何变化，“门当户对”这个婚姻搭配的基本规律和原则一点也没变。门当户对包括两个方面，一方面，男女双方的社会背景、生长环境以及经济条件要大致相同。另一方面，男女双方在思想、见识上要对等。思想上的不对等比经济、地位不对等要难办多了。而如果思想上不对等，那生活就是一种煎熬。谢道韫就是典范。

## 她的理想是当妓女——北齐胡太后

法国女作家杜拉斯说过：“如果我不是作家，我会是一个妓女。”当然，这个一生姿态飞扬的女子最终还是“正确”地选择了做作家。这里所说的正确，是指遵从主流价值的选择。不用说，绝大部分人都会认为妓女与作家之间的差距不啻于云泥之别。即使抛开道德评价，单从功利的角度来看，作家可以籍由作品流芳后世，而妓女红火的日子也就是那么几年，所以选择作家比当妓女划算。

无独有偶。在中国南北朝时期，有一个娼家女子在颠鸾倒凤之隙，向身边的人说：“为后何如为妓乐。”——做皇后还不如当娼妓快乐呢。这个女人可不是个没吃过葡萄硬说葡萄酸的主儿，她就是北齐武成帝高湛的皇后——胡氏。她这句话是向她以前的儿媳，同样沦入娼门的北齐后主高纬的皇后穆氏说的。

艺术家总是喜欢做出些惊世骇俗的事，所以，作家杜拉斯的宣言会被视为率真，原生态，个性。更何况，杜拉斯说这话时正在埋头写作，而不是在街头揽客。而胡氏在做出上述总结时，正操持着皮肉生意。想来，芸芸众生都是卯足了劲拼命往上爬，而一个曾经贵为第一母亲的女人却贪恋污浊的泥沼，确实惊世骇俗的可以。正因为胡皇后这一句话，她被世人扣上了“淫”这顶中国人最不待见的帽子。

这个女人不一般。

胡氏嫁给高湛时，高湛还只是长广王。胡氏叫什么，史书中没有记载，只知道，她出生于名门望族。南北朝时期非常看重门第，胡氏父亲一支是安定胡氏，在门阀士族里面虽然排不到前几位，也算名门；她的母亲是范阳卢道约的女儿。范阳卢氏，是中古时期声名赫赫的四大家族崔、卢、李、郑之一。当时，这些大家族的儿女们尊贵得很，一般人家是高攀不上的，即便是皇族想要染指，也得费一番周折。反观高家，高氏江山的开山鼻祖高欢号称出身渤海高氏，可是这个出身禁不起严格推敲。所以，倘若不同门阀士族联姻，他们本质上还是草根，说话办事，都没有底气。因此，高氏与胡氏联姻，除了看中胡家女儿的样貌以外，应该也与她爹妈累世门阀的背景有关。

关于胡氏还有一个传说。据说胡氏还没出生时，有一天，一个游方僧人突然登门造访，神色诡秘地对主人说："此宅瓠芦中有月。"再问，就一个字也不多说了。多年以后，胡氏被册封为皇后，胡家人这时才回过味来，原来，那僧人是说，我们胡家要出一个皇后啊。"瓠"是胡的谐音，"芦"是卢的谐音，月亮则是皇后的象征。除此以外，还有另外一种解释，瓠芦就是葫芦。卢氏怀孕待产，大腹便便，正像一个大葫芦。瓠芦中有月，也就是说，卢氏的肚子里装着一个月亮。月亮是皇后之瑞，这就暗示，这肚子里的孩子，以后是贵不可言啊。

当然，这可能只是政治家们一种惯用的造势手段，当不得真。

但是，可以肯定的是，胡氏在进入高家时是一个典型的名门闺秀。在她作为长广王妃时，史料也并未记载胡氏有什么不检的评议。想来当时高湛当时上有皇帝，自然还不太敢胡作非为，对胡氏应该还有几分尊重有几分呵护。胡氏性情大变应该是从高湛当了皇帝后。

北齐皇室的男人中，除开山老祖高欢和他的儿子高演外，几乎个个都是禽兽加神经病，高湛也不例外。561 年，高湛从哥哥们手里接过了皇位后，长广王妃胡氏随即被册封为皇后。坐上这个"母仪天下"的位置，也算大富大贵了。可惜，胡家小姐并没有找到幸福。在胡氏新册为皇后的那一天，按一般宫廷惯例，高湛理应在胡氏寝宫歇宿，然而这位皇帝却在那一晚以儿子相逼，强占了他的寡嫂李祖娥。那个夜晚李祖娥的欲哭无泪自不用说，胡氏在那天晚上一定是被伤透了心。此后高湛的恶行并没有收敛。他放着众多的妃嫔不去宠幸，偏以折磨李祖娥为乐，李祖娥因为怀了高湛的孩子，觉得无脸见人，生下女儿便亲手淹死，高湛大怒，当着李祖娥的面把李祖娥唯一的儿子一下一下打死，又把李祖娥打得遍体鳞伤后扔进护城河中。

胡氏是胡人之女，本没有汉人那么多的礼俗限制，再加上这样一个丈夫，她的性格必然产生扭曲，不管是出于报复，还是破罐子破摔，胡氏开始堕落了。

第一个男宠是高湛的亲信和士开。和士开的先祖是西域胡人，本姓素和，不但长得面目俊秀，善于逢迎，而且多才多艺，谈得一手好琵琶，倒也是个不错的人选。

高湛知道这事后，并不吃醋，还有意成全他们。和士开善使一把铁槊，胡皇后说她也想学槊，高湛便命和士开教她。这样便有了便利条件，胡皇后与和士开眉来眼去，乘机调情。两情相悦。

高湛对胡氏如此纵容，可能有理亏成分。想来，高湛当上皇帝，胡家多多少少出过一些力，而胡氏也为他生儿育女，现在高湛当了皇帝便冷落胡氏，或许自己也感觉不好意思，于是不追究胡氏的胡天海地。还有一种可能，高湛自己就是个淫乱之人，或许觉得淫乱根本不算什么事。

和士开是一个对政治极为热衷的人，很受高湛宠幸，再加上胡氏的宠爱，他在外朝内廷都极有势力。但是老谋深算的和士开并不满足于此，他想尽快靠拢太子高纬，为将来留一条退路。于是他劝高湛及时行乐，把皇位禅让给太子高纬，将国事委托大臣，自己当个有权不干事的太上皇。高湛言听计从，当真安排了“禅让大典”，禅位于十岁的儿子高纬。三年后，高湛因酒色过度而亡，年仅三十二岁。胡皇后被尊为皇太后。高湛临终之际，向和士开托孤。从此，他大权独揽。

高湛已死，江山也已收入囊中，和士开同胡后的私情，更是无所顾忌。朝中许多大臣对此深为不满，上奏皇上，要求处死和士开。但高纬年少昏庸，不敢怎样。但胡后的二儿子，琅琊王高俨对这个飞扬跋扈、大权独揽的胡人早就看不上眼，更无法容忍朝野喧喧，都在传播他母亲与和士开的丑闻。于是，他与胡后的妹夫冯子琮合谋，设计将他杀死。胡太后又悲又气，但也无可奈何。这件事让高纬看到了弟弟的才能，于是又设计杀了高俨。胡氏虽然看惯了杀戮、背叛、死亡，但自己的情人和儿子之死应该还是让她感到了针刺般的痛。

和士开死后，胡氏生命里出现了一个很大的空挡。因为惧怕高纬迁怒，朝臣里没有人敢靠近胡氏，她难免觉得无聊。有一天，她出宫散心，结识了寺庙里的和尚昙献，两人经常在禅房私会。胡氏对昙献极其大方，不但把国库里的金银珠宝多搬入寺院，还将高湛的龙床也搬入禅房。最后，为了掩人耳目，胡氏索性以讲经说法的名义召百名僧人进宫，昙献当然也在这百名僧人之列。二人的关系宫里的人早已看出端倪，甚至有人遥指太后，称昙献为太上皇。

没有不透风的墙，这话最终传到了高纬耳朵里，但他并没有太往心里去。直到某一天，高纬入宫向母亲请安，见母亲身边站着两名新来的女尼，生得眉清目秀，姿色十分美艳，不觉垂涎万分。当夜，命人悄悄宣召这两名女尼，逼其侍寝，可是两名女尼抵死不从。高纬大怒，命宫人强行脱下两人的衣服，一看，原来是两名男扮女装的少年僧侣！原来这两人是昙献手下的小和尚，生得十分漂亮，被胡太后看中，带回宫中淫乐。胡太后怕高纬知道，才让他们乔扮女尼入宫。高纬又惊又怒，一下子明白了母亲的秽行，第二天就下令将昙献和两名小僧斩首，将太后迁居北宫，幽闭起来，同时颁下诏书，没有他的允许，谁也不能同太后见面。从此，胡氏便在寂寂深宫，当起了锦衣的囚徒。

胡氏本以为自己会这样终老而死，没想到，有一天，有使者求见。胡皇后见惯了高姓皇族杀人如麻的手段，以为自己的亲生儿子要对自己下手了。结果，使者进得门来，只是承皇帝的旨意，要把她接回去。原来是皇帝终究念在母子情深的份上，赦免了母亲。虽然如此，胡后对儿子的疑虑仍然没有打消。胡氏如此，后主高纬，对他的母亲，也是时刻提防着。每次去胡后那里，宴会上的食物，高纬都不敢尝（怕她毒害自己）。

这母子二人，时刻保持着客气而又安全的距离，相互防范，谁也不肯主动向对方靠近。

高纬即位时，腐朽的北齐政权已经风雨飘摇，他自己仍然荒淫无道，自称“无愁天子”，结果，在继位12年后，即公元577年，北周大军压境，高纬慌忙将皇位传于自己8岁的儿子高恒，然后带着高恒等十余人骑马准备投降南方的陈朝，途中被俘。北齐政权轰然倒塌。

凤坠九天，胡氏与她的儿媳——高纬的皇后穆黄花，直接从云霄之上堕入十八层地狱。只不过，高氏的后宫原本就是一个修罗场，所以亡国对于胡氏来说或许只是从地狱的十七层坠到第十八层，其间没有什么分别。

胡氏一行人被俘至长安以后，周主为了彰显自己的仁德，并没有马上对高氏的残余下手。但是，养痈遗患这个道理，谁都知道。所以，九个月后，高纬与儿子高恒一起被辣椒塞口而死，终年仅 23 岁。其他高姓男子也多以谋反罪被诛，女人们有的被赏赐给王公贵族做妻妾、做奴仆，有的被放出宫去。对于那些养在深闺、肩不能担、手不能提的女人们来说，自由就是死亡的同义语。据说，被释放出宫的那些北齐女眷们，有一部分流落到益州，也就是现在的四川，靠卖“取灯”为生。所谓取灯，就是将木头削成小木片，然后，将硫磺涂在木片顶端，摩擦生火。其形制，类似于现在的火柴。

胡氏，这个前朝的太后，也在被遣之列。她不想去卖取灯，她想起了女人最原始的资本。当时胡氏不过四十余岁，丰韵犹存。就算自己不行，还有自己的儿媳妇，高纬的正妻，不过二十余岁，正是风华正茂的后主皇后穆黄花。于是，在北周首都长安城最繁华的大街上，一座青楼拔地而起。昔日两位皇后成为妓女，自然不缺恩客。好奇心，窥视欲，还有别的说不清，道不明的情愫，让长安城的男人们竞相前往。生意兴隆之际，胡氏兴奋地对穆黄花说：“为后不如为娼，更有乐趣。”正是这句话让她不得翻身。

事实上，这句话是在什么情况下说的根本无法考证，但是却成了胡氏寡廉少耻的铁证。

胡氏怎么死的，无迹可寻。有一种说法是她在无日无夜的狂欢中，髓竭而死。也有人说，人老珠黄之后，门前冷落，车马稀少，没了男人，她抑郁而终。在正史书，胡氏得到了善终。可是，怎样死的又有什么关系。“欲”字是这个女人身后留下的墓志铭。

胡太后无疑是史学家笔下的“黑典型”。但是，人们只忙着批评一个女子的行为，却不考虑这行为是发生在什么环境下，其中是否有很多难处和内情。

人之初，性本善。胡氏出身名门，所受教育应该也是大家闺秀式的，想当初，她必定也是娇羞如花，清纯如水。只可惜，她生错了年代，嫁错了丈夫。人的一生，若没有好的开始，就很难再好起来。胡氏是婚姻的失败者，可她却不甘心做生活的乞丐，于是就必须寻找宣泄口，而当时的环境无法提供更好的出口，所以她不得不沉溺于欲。

她从来都无法把握自己的命运。我们倒真的希望青楼为妓是她真心的选择。

## 终身不能扶正——王朝云

广东惠州有一个极似杭州西湖的湖泊，也被称作西湖，湖边有一座小山，也叫孤山，山上有一座小亭掩映在一片苍翠的松树林中，叫作六如亭。亭柱上镌有一副出自北宋著名文人苏东坡之手的楹联，联曰：

不合时宜，唯有朝云能识我；
独弹古调，每逢暮雨倍思卿。

苏东坡在这副亭联中感叹一生坎坷际遇，而这种感叹最终维系在一个女子身上，她就是长眠在六如亭下的王朝云。

清初有个叫徐震的文人，闲来无事写了一本《美人谱》，排列宋以前的26大美女，王朝云被列为四大婢妾美女之一。曹雪芹在红楼梦中也曾借贾雨村之口，将王朝云与唐伯虎、祝枝山、李龟年、卓文君、红拂、薛涛等历史上的名士相提并论，能得到曹雪芹的赏识，也说明她确实有独到之处。

那么，铺陈了这么多，她究竟是怎样一个女子呢？

王朝云，字子霞，钱塘人。因家境清寒，很小的时候就沦落在歌舞班中。有一年，年已四十岁的苏东坡被贬为杭州通判。一日，在与朋友宴饮时，在歌舞升平的风月女子中看到了清新脱俗，楚楚可人的王朝云。当时王朝云只有十二岁，她身上所带有的淡淡的气质吸引了政治上刚刚遭受打击的苏东坡。苏东坡当即写下一首脍炙人口的诗作——

水光潋滟晴方好，山色空蒙雨亦奇。
欲把西湖比西子，浓妆淡抹总相宜。

众所周知，东坡先生文风豪迈，堪称一代大家，对妻子王弗也是一往情深，一曲《江城子》至今读来令人潸然泪下，但这并不妨碍他风流才子的本性。王朝云的主人见苏轼对王朝云甚是喜欢，当场将她送给苏轼。苏东坡把她带回家中，因为她的年龄太小，所以只是让她当个侍女。

王朝云年龄虽小，却是苏东坡身边最了解他心意的人。苏东坡这个人性格直爽，总是嘴给身子惹祸，得罪了当朝权贵。一次，苏东坡退朝回家，指着自己的腹部问侍妾："你们有谁知道我这里面有些什么？"一答："文章。"一说："见识。"苏东坡摇摇头，王朝云笑道："您肚子里都是不合时宜。"苏东坡闻言赞道："知我者，唯有朝云也。"

王朝云不但聪慧，料理家务也有一手，至今仍闻名遐迩的"东坡肉"就是出自她手。

苏东坡在杭州待了四年，之后又官迁密州、徐州、湖州，颠沛不已。后来苏东坡再一次因"乌台诗案"被贬为黄州副使。这期间，王朝云始终紧紧相随，无怨无悔。也就是在黄州时，苏轼纳朝云为侍妾。这一年，苏轼四十六岁，朝云十八岁。

苏东坡有诗句曰："枝上柳絮吹又少，天涯何处无芳草。"可见他对女人并不太在意，他每次被贬之时，都会将身边的姬妾送人，但始终没有舍得将王朝云送人，由此可见他对王朝云的喜爱和依赖。

苏东坡的下半辈子一直处于不断的贬谪之中，当他来到惠州时（今广东省惠阳县），已经年近花甲，依当时的情况已难有东山再起的可能，身边姬妾都陆续散去，只有王朝云始终追随。对此，苏东坡深有感叹，作诗一首：

不似杨枝别乐天，恰如通德伴伶元。
阿奴络秀不同老，无女维摩总解禅。
经卷药炉新活计，舞衫歌板旧姻缘。
丹成逐我三山去，不作巫山云雨仙。

此诗序云："予家有数妾，四五年间相继辞去，独朝云随予南迁，因读乐天诗，戏作此赠之。"白居易年老体衰时，深受宠爱的美妾樊素走了，白居易因而有诗句"春随樊子一时归"。王朝云与樊素同为舞伎出身，然而性情却迥然不同，面对朝云的患难与共，垂暮之年的苏东坡怎能不感激涕零。

苏东坡在惠州的生活非常清苦，王朝云的存在，给了他极大的生活乐趣，她不但与丈夫共担福祸，还能与东坡诗词相和。是苏东坡难得的生活密友和红颜知己。然而，红颜自古多薄命。谪居惠州的第三年，王朝云在生下第二个儿子后，因产后身体虚弱，不久便溘然长逝，年仅 34 岁。东坡尊重朝云的遗愿，于绍圣三年八月三日，将她葬在惠州西湖南畔的栖禅寺的松林里，亲笔为她写下《墓志铭》。在朝云逝去的日子里，不胜哀伤的苏轼为她写了许多诗、词、文章来悼念这位红颜知己，是他的三个最爱的女人中写诗最多的。

王朝云或许是苏东坡最喜爱的女人，也是陪伴他时间最长的女人，长达 20 年，但直到去世，她的身份也只是宠妾，她的墓碑上只写着"姬人"二字。

我们无法猜测王朝云终身为妾，是因为苏东坡无意还是王朝云自己不愿意。估计两者都有吧。聪明的王朝云一定清楚地知道，前二位夫人都是大家闺秀，与苏轼是门当户对，而自己则出身青楼，假如让苏轼为自己正名的话，在那个时代当中，会有人说苏轼的闲话的。

其实，朝云虽然曾身在风月场，但身心都不曾被污染过，像水一样干净。然而，那个经历却像是一个巨大污迹陪伴她一生。

## 零落成尘碾作泥——柳如是

我总以为，在名妓中，柳如是是最悲惨的一个。

柳如是明末有名的美人加才女，位列秦淮八艳之首，嘉兴人，生活于明清易代之际。她的经历非常坎坷，这从她名字的变迁就可以看出来。柳如是一生用过十多个名号。其名号的演变记录了她前半生的人生轨迹。

据历史学家陈寅恪考证，柳如是本姓杨，名云娟，虽然这个名字在江南极其普通，但寄寓了父母对儿女的美好祝福。只不过天不遂人愿，柳如是的童年和少年充满了不幸。幼年即被卖入青楼——盛泽镇归家院作婢女和“瘦马”，小小年纪就备尝人世艰辛。所谓瘦马，即未成型的小马，骨架瘦小，毛色暗淡，很没有看相。但要不了多久，它就会长大，出落得丰姿绰约，一如少女的化茧成蝶，所以，那些身量尚小未可形容之际即被牙婆买去，调教之后供应大户人家为婢为妾的黄毛丫头，被称为“瘦马”。

十四岁时，柳如是嫁与年逾花甲的大学士（宰相）周道登为侍妾。据说这周道登人品不佳，但柳如是出任周老头小妾的日子，似乎不像想象中那么难捱。周是状元出身，非常喜欢这个聪明伶俐的小姑娘，常把她抱于膝上，教她这个教她那个。宰相家的其他妻妾醋意大发，柳如是相当孤立。周某死后，柳如是被迫下堂而去，重操青楼旧业。

柳如是的第二个名字——朝云，系周道登所取。“朝云”本是宋代大文豪苏东坡的爱妾王氏的名字。王朝云聪明可爱，善解人意，曾给晚年失意的苏东坡带来无限欢乐与慰藉。罢官还乡的周道登为柳如是取“朝云”之名，意即希望柳如是能给他晚年带来欢乐，不料柳如是为众妻妾不容，被赶出周府，流落人间，沦为娼妓。

柳如是改名影怜，这个名字大概取意于李商隐的《碧城三首》中的诗句“对影闻声已可怜，玉池荷叶正田田”。形容自己如同出淤泥而不染的荷叶，孤独一身，除了自己怜惜自己，恐怕不会有人关爱了。此后一段时期，柳如是以影怜之名独张艳帜，风靡吴越。文人骚客赠以“美人”、“婵娟”、“爱爱”等名号美称。

柳如是喜爱和文人清流交往，这些人中就有她的初恋情人——宋辕文，他与柳如是同岁，长相风流，文采出众，家景颇丰。所以柳如是不免就对他产生了好感。两个人之间还有一个非常动人的“寒潭试真心”的小桥段。话说某日早晨，宋公子应约与柳如是泛舟，却赶上佳人慵起，只见侍儿出来传话“郎君真要是有意，请跳到水里等我”。这分明是半撒娇半打趣的话，偏这宋公子实心眼，“扑通”一声就跳了下去，让柳姑娘看得又是好笑，又是心疼，又是感动，忙让船家救起，扶到床上，用自己的身体为他取暖。

寒潭试真心是一个小小的高潮，之后他们恋爱了。就在此时，宋公子的母亲粉墨登场了，她以我们熟悉地黑脸，严厉地教训儿子悬崖勒马，宋公子无力地辩解道，她从来不要儿子的钱。但是，宋母冷笑一声说，两个臭钱算什么？她要的是你的命！宋父更绝，他打算当面去劝说柳如是，一见之下惊为天人，一通猛夸后，说你这样的绝色，儿子消受不起，还是另择他处吧。

就在两人的感情停滞不前之时，半道上又跳出一件大事。郡守大人要整顿风气，限期驱逐柳如是。如果宋辕文娶了柳如是，这件事就没了，不然柳如是将继续漂泊。于是，柳如是就置一古琴，一倭刀，邀请宋辕文来谈这件事。宋辕文支吾了半天，让柳如是出去避避风头。柳如是大怒，割断琴弦，从此与宋辕文成为异路。

宋辕文亲手丢失了柳如是，后来却摇身变成痴情郎君，写下一首首怀念的诗，甚至柳如是嫁给钱谦益之后，宋辕文还致信钱前辈，大表不甘之意。柳如是从来不做回应，真得叫一声好。这都是后话。

宋辕文离去后，陈子龙渐渐在她的眼前鲜明起来。宋辕文就是陈子龙带来的，陈子龙比柳如是大十几岁，他当初是以恋人的朋友、兄长的身份出现的，所以不自觉地与柳如是保持着距离。现在，他则还原成了一个倜傥多才，且对她深具好感的男子。他倾听柳如是的心中烦事，共同煮酒赏花，品茗吟诗，那时应该是非常烂漫的时光。

但同上一回一样，这恋爱因为她的身份而有着先天的致命伤。陈子龙的母亲早已去世，然而他更有厉害的妻子张孺人。张儒人并非是一个悍妇，她有文化，有才干，而且人品高尚。陈子龙的继母唐氏是填房，地位不太高，张孺人一嫁过来，陈子龙的祖母就以唐氏多病好静为借口，把家交给张孺人来管理。但张孺人丝毫没有看轻这位弱势的婆婆，始终善待她，她的四个小姑子都是张孺人张罗着嫁出去的。

不用说，张儒人就是陈家的主心骨，眼睛里揉不得沙子。老公在外面与妓女玩玩可以，但娶回家绝对不行。她没有生儿子，家里那位蔡姨娘也没有，为子嗣计，她不反对老公纳妾，但一定得是良家女子。陈子龙后来娶回沈姓小妾，就是她安排的。

从一开始，陈柳二人都意识到这个问题，若是一意孤行，经济道德上皆有压力，唯一的指望是陈子龙不久之后将赴京赶考，一旦榜上有名，或者可以略息张氏之怒，压张氏之势。然后，半年后，陈子龙从京城失意而归。

陈子龙回来时，柳如是却去了嘉定。有情人没有相聚，却暂时分别，这有些奇怪。或许是因为两人都没有想好如何解决两人之间的问题，所以柳如是暂时出游了。柳如是在嘉定直待到秋天。崇祯八年春，柳如是终于决定和陈子龙同居，房子是从朋友那儿借来的。以柳如是江湖经验之老到，心思之缜密，不会想不到男女之间一旦同居，满腔热情找到了一个落脚点，多半不会有心情朝婚姻进发了。但是，心高气傲的柳如是还是选择了这么一个尴尬的外室的身份。或许这正是柳如是异于寻常女子的地方。爱如潮水，无力抵挡自然是原因之一，更重要的是，她是个真正的明白人，小事听从理性，大事听从心灵。花开堪摘直须摘，莫待花落空摘枝。她希望在自己最美丽的时候，享受一次只动心不动脑筋的绽放。

然而，他们在一起仅仅度过了一个春天。这个时候，张孺人被推到了台前。她做了什么，资料上都语焉不详，总之，人们认为是她惊了这对鸳鸯。事实上，如果真心相爱的人如果想要在一起，是一定能够在一起的。只能说陈子龙累了，倦了。

这一年，柳如是十八岁。结束了这段感情后，她给自己改了新名号，叫作“蘼芜君”。名字源自诗句“上山采蘼芜，下山逢故夫”，有些负气，也透着沧桑之感。“如是”这个名字也是这个时候改的。“如是”应该源自《金刚经》，大凡《金刚经》都由“如是我闻”四字开首，她取名“如是”，字“我闻居士”，表明她悉心向佛，有皈依佛门之意。柳如是晚年，确有削发出家的念头，只是因为官场失意、屡遭打击的钱谦益苦苦挽留才没有出成。

柳如是的这段经历还证明了一个事实，那就是同居对于女子始终弊大于益，所以，除非一开始就不想要结果，否则，最好不要在没有任何保障的情况下把自己全盘托出。这个原则在今天依然有效。

不过，柳如是毕竟不是寻常女子，她不会把人生理想全押在婚姻感情之上。于是，她再次出游嘉定。她在崇祯七年有过一次嘉定之旅，那是一次愉快的旅程，在那里，这个聪慧美貌的才女受到了诗坛老前辈的热烈欢迎，还牵动了年已七旬的程孟阳老诗人的绮念，老人苦涩的单相思甚至延续到了崇祯九年。柳如是的第二次嘉定之旅只待了两个月，主要靠程孟阳张罗，她一度还借住在他家，对于这件得意事，程诗人在诗中再三予以暗示。但很快，他就尝到了不理智的后果。为了款待柳如是，他倾己而出，结果，柳如是这边走了，他的经济漏洞在那边显现出来，无奈之下，只好跑去找大财主谢三宾。谢三宾有钱，又有文化，帮程诗人他们印过诗集，对当地诗歌的发展，作过不可磨灭的贡献。

程孟阳是打着吊唁谢三宾的父母的名义去要钱的，可谢家二老都于前一年就死了，这会儿跑去吊唁，未免可笑。程诗人也明白这一点，特地写了一篇文章，假设旁人来质疑，他则引经据典说明这迟来的吊唁是何等有道理。拿人家手短，程孟阳在文中给谢三宾涂脂抹粉，夸他是廉贞，他无论如何不会料到，这谢三宾亦成了柳如是的追求者。谢三宾说起来也算风雅，但是政治上反复，这一点不入柳如是的眼。谢见软的不行就来硬的，找了帮地痞到柳如是住处骚扰，柳如是毫无对抗的资本，情急之下不得不紧急寻求能够震得住谢三宾的保护伞，这个范围内的第一人选是谢三宾的老师，60 多岁的东林领袖钱谦益。

柳如是并没见过钱谦益，但钱却先被她的诗征服，并且在一首诗中大赞柳如是。只不过，钱谦益当时没什么想法，但柳如是留心记下了，当谢三宾强势逼来时，她自然而然地，记起这根应急的稻草。

崇祯十一年冬天，柳如是女扮男装，乘一叶扁舟前去杭州，独闯钱谦益的半野堂，当场作诗，文思敏捷，令钱谦益惊得目瞪口呆，一见倾心。柳如是没有沉迷于她的新恋情里，第二年正月她独自回到松江。钱钟书说老年人的爱情就像老房子着火，烧起来没救，钱谦益就是这样。柳如是走后，他急得四处托人说项，大家也乐得成全这桩好事。当年夏天，钱谦益在原配健在的情况下，以“匹嫡”也就是以大老婆之礼迎娶了比自己小36岁的柳如是。经过数年的东奔西走，柳如是终于得到明媒正娶的待遇，胸中一口恶气吁出。

钱学士迎娶妓女，这一事件引起了社会上广泛的声讨。当夫妻双双坐船回常熟时，江南士绅哗然，百姓笑闹，官吏们更是愤怒，有些人觉得骂人还不解气，干脆将石块瓦片掷向船中。钱谦益却毫不为意，还为柳如是另筑精室，以柳如是的号“我闻居士”命名为“我闻室”。他们日夕晤对，谈诗论文。

很多人以为一代美女加才女下嫁给一个糟老头子是一件遗憾的事。事实上，柳如是是一个头脑清醒的人，她知道自己要什么和可以放弃什么。柳如是与钱谦益，一个是美艳的妓女，一个是大官兼文人，但是他们却有着思想共鸣，更重要的是，两人抱负不浅。钱谦益探花出身，抱负不浅是自然的事；柳如是则因为出身低卑，备受践踏，很想够到一个崇高的东西，刷新她屈辱的过往。于是，两个起点不同的人，找到了一个共同的点，那就是，热衷进取，有所作为。

柳如是常与人纵论天下兴亡，曾对朋友说：“中原鼎沸，正需大英雄出而戡乱御侮，应如谢东山运筹却敌，不可如陶靖节亮节高风。如我身为男子，必当救亡图存，以身报国！”她还常以妓女出身而能破敌救国的梁红玉自比，希望做出一番事业。

弘光二年（公元1645年）五月，清军打到南京。二三十万南明守军望风而逃，弘光帝丢下南京自己逃命去了，此事史称“乙酉之变”。当时，钱谦益正以礼部尚书的身份留守南京。柳如是见明朝灭亡的命运已无可挽回，就劝钱谦益说，你是高官，又是名人，可千万不能干那对不起祖宗和国家的事，你殉国，我殉夫。钱谦益左思右量，说那咱们投湖自尽吧。两人来到湖边，钱谦益犹豫半天，将手伸到水里，说了一句：“水太凉了，我这身子骨恐怕不行，我们改天再来吧！”柳如是对他摇摇头，一个翻身便跳进了湖里。钱谦益令家人将她救了上来。

钱谦益这种表现也不足为奇。做为一个混迹官场、江湖多年的老人，他能迂回，有韧性，为达目的不会太在意清洁程度。但这种迂回、韧性一旦发展得过了头，就近似怯懦。几日后，鼎鼎大名的文坛巨匠钱谦益出城降敌。这其中当然有对死亡的恐惧，但同时钱作为知名人士以及高官，他担心自己如果杀身成仁，会连累城市里成千上万的人。事实上，就算他死了，也挡不住清军的脚步。只不过，即使他不蹈死殉国，成就气节名声，也可以像当时的许多文人一样选择隐居，而不应该做清廷的官。

之后，钱谦益作为清朝的官员要北上任职，柳如是拒绝随行，独留南方。要是钱谦益在新的朝廷能够做出一番事业，就像那个五朝不倒翁冯道那样，也许能够抵消掉一些不堪的感觉，然而，不到半年，他失意而归。而且牢牢地戴上了汉奸的帽子。

早知现在，何必当初。想来钱谦益会后悔自己当初的选择吧。在细密如虫噬的自责中，他学会了宽恕。史书记载，当谦益北上期间，柳如是与人通奸，他的儿子非常愤怒，想报官。钱回来后，怒骂其子，说国破君亡，士大夫尚不能全节，何必追究一个女人不能守身呢？

钱谦益或许在想：自己就陷身变节的淤泥中，有什么资格去挑剔别人的贞节？

钱谦益回到家乡不久，卷入一桩反清复明的重案中，并锒铛入狱——这应该是他悔过的具体表现吧。后来，靠着柳如是的精神支撑，以及她的四处奔走，案子不了了之。钱作诗道：“恸哭临江无壮子，徒行赴难有贤妻。”

日后，他们还曾与郑成功与南明永历朝廷联络，图谋复辟，没能成功。宏大的梦想一旦破灭，他们从华丽的前台退到幕后，开始了寻常人家的生活。

1664 年，83 岁的钱谦益走到了人生的尽头。这是一个悲剧人物，做忠臣做叛徒皆不彻底，连从没跟他打过交道的康熙都讨厌他，说他有才无德，其实他是优柔寡断。在生命的后期，钱谦益几乎是个穷人，当年把他从监狱里捞出来，以及后来赞助反清复明大业，耗光了他的所有积蓄。据说他临死之前，丧葬费尚无着落，正好有人来求他的文章，允诺的润笔是一千两银子。当时的钱谦益心有余而力不足，便求来家中做客的黄宗羲做枪手。黄不愿意，钱谦益把他锁在房中，逼他连夜完成，就这么弄到了埋葬自己的银子。可他的族人不相信他有那么穷。于是，他这边一死，族人们就拥上门来。

钱谦益的儿子钱孙爱文弱不振，只好跑去跟柳如是商量。柳如是不慌不忙地对这帮人说："你们明天晚上再来，到时候你们要多少，我们都照给。"那帮人这才散去。当晚，柳如是连夜写了讼状，遣人送到府县，她自己则用一根白绫结束了自己的生命。

第二天，官府听说柳夫人被逼自杀，命人逮捕前日来逼债的那帮恶亲戚，吓得这帮人抱头逃窜，不敢露面。

其实，柳如是怎么可能是被一群恶人逼死的？或者说，他们哪里值得柳如是去死？她一定是早有赴死之心。她为自己书写了一个精彩利落的结尾——虽然她没能做成国家的忠臣，但终于可以做一个殉夫的节妇了。她的付出得到了回报，钱孙爱最后以匹嫡之礼将她埋葬。

柳如是的命运是不可以用幸或不幸来简单评价的。她是一个头脑清醒、离经叛道的女人，她可以掌控自己的命运，所以妓女的身份对她不会造成致命的打击，可是她的生活依然为世俗所羁绊。

好在，她终于还是做了一件不平凡的事——以死殉夫。

## 人言可畏——关盼盼

关盼盼生于唐德宗年间，出身于书香门第，后来，关家家道中落，盼盼无奈在徐州为妓。关盼盼精通诗文，更兼具绝伦美貌、清丽动人的歌喉和高超的舞技，名气很大。有一天，她与徐州守帅张愔邂逅。张愔虽是一介武官，却性喜儒雅，颇通文墨。他对关盼盼一见钟情，以重礼将关盼盼娶回为妾。

婚后，这一对年龄相距甚远的老夫少妻，竟也情投意合，十分恩爱。有一年，大诗人白居易游历来到徐州，张愔设宴款待他，席间，让关盼盼歌舞助兴。盼盼以善舞“霓裳羽衣舞”驰名。白居易一见之下，仿佛又见当年能歌善舞的倾国美人杨玉环，当即写下了“醉娇胜不得，风嫋牡丹花”的诗句。白居易这首诗让关盼盼的艳名更加香溢四方。

幸福总是短暂的。两年之后，张愔病逝。树倒猢狲散，张府中的姬妾很快四散而去，只有年轻貌美的关盼盼无法忘记夫妻的情谊，矢志为张愔守节。张府易主后，她只身移居到徐州城郊云龙山麓的燕子楼，与一位年迈的仆人相伴，过着几乎与世隔绝的生活。燕子楼地处徐州西郊，依山面水，风景绝佳，是张愔生前特地为关盼盼兴建的一处别墅。

住在充满旧情的楼中，关盼盼不再歌舞，也懒于梳洗理妆，在昏昏暗暗中，不知不觉度过了十度春秋。关盼盼的这种忠于旧情、守节不移的精神，赢得了远近许多人的怜惜和赞叹。

元和十四年，曾在张愔手下任职多年的张仲素前往拜访白居易，提起关盼盼之事，言语间不胜唏嘘。因关盼盼曾与白居易有一宴之交，又倾慕白居易的诗才，所以张仲素这次带了关盼盼近来所写的三首诗让白居易观阅。诗中展示了关盼盼在燕子楼中凄清孤苦、相思无望、万念俱灰的心境，真切感人。白居易对盼盼的境况非常同情，但是转念一想：既然如此情深义重，何不索性以死殉夫，留下贞节烈妇的名声，成就千古美谈呢。于是提笔作诗，托人转交关盼盼，诗曰：

黄金不惜买娥眉，拣得如花四五枚。
歌舞教成心力尽，一朝身去不相随。

关盼盼为张愔守节十年而没有去死，是唯恐别人误会张愔自私，让爱妾殉身，反辱没了张愔名声。此时看到白居易竟然以诗作讽，怎不悲愤？性情贞烈的关盼盼在十天后绝食身亡。

关盼盼的死讯传到白居易耳中，让他十分震惊，想到关盼盼的死与自己有着直接关系，心中又是敬佩又是内疚。于是，他想尽办法将关盼盼安葬到张愔的墓侧，算是对关盼盼的一点补偿。但这对于含悲而死的关盼盼来说，已没有任何意义。

这件事对白居易的影响是深远的。他老年隐居洛阳香山时，自知来日不多，把心爱的骏马送给他人，并让能歌善舞的侍姬樊素与小蛮离开自己，各奔前程。可见，白居易对逼死关盼盼一事一直在深深内疚之中。

关盼盼活活是被人言所杀。其实，伟大的爱情不一定要生死相许，爱情不需要以“杀身成仁”来证明。

## 第十章

# 女子称义，光芒万丈

当女人绽放大义的时候，世界也会为之暗淡，如姬、虞姬、乐昌公主，她们虽然是史册中的配角，却光芒万丈。我们为她们击节，但也不免叹息。因为，大义的代价原本不必如此巨大。

令我们叹息的还有那些在男权至上的年代，追求独立人格而不得的女性们。即使是今天，这种无奈依然存在，比如职场的歧视、处于工作与家庭夹缝的疲惫，乃至被称为剩女的尴尬。所幸的是，今天的女性不必再背负那么沉重的压力，只要你有足够的智慧和胆量，依然可以活出精彩，而这个精彩不再只依附于男性。

# 大义女子——如姬

如姬是战国时期魏安僖王的宠妃，她之所以留名史册，是因为与信陵君的关系。

信陵君名叫魏无忌，是魏安僖王的同胞弟弟，战国四公子中打头儿的一位，连司马迁都对他高看一眼，在《史记》中，对其他三公子都用“某某君列传”，唯独对信陵君却称《魏公子列传》，而且连边称赞：“名冠诸侯，不虚耳！”明显高看一眼。

信陵君最被后人称道的优点是好交朋友，爱管闲事，门下食客三千,三教九流都有。信陵君的这个爱好让列国“不敢加兵魏地十余年”。魏王也有点害怕他这个弟弟，于是给了他一块封地，任他去折腾。在信陵君的众多朋友中，如姬是对她帮助最大的一个。

如姬姓甚名谁，史书记载甚略。我们只知道她很受魏安僖王的宠幸。她的父亲被仇人所杀，此后三年中，魏王派人替她了却这深仇大恨，都没有成功。无奈之下，如姬只好求到了信陵君门下。信陵君二话不说，立刻吩咐手下的门客去办这件事。这些人果然了得，没费什么事就取下了如姬杀父仇人的项上人头。

可以肯定的是，信陵君做这件事时只是当作普通的帮忙，绝没有巴结君王宠妃的目的，事后也没想过索取回报。但如姬记住了，而且最终成就了信陵君的一世英名。

信陵君最大的功绩就是窃虎符救赵。公元前 258 年，秦昭王破赵国长平军，进兵赵都邯郸，赵国岌岌可危。赵魏属唇亡齿寒的关系，而且魏王的妹妹，也是信陵君的姐姐还是赵国平原君的夫人。所以，赵王以及平原君的夫人都一再请求魏国出手相救。但魏王惧怕秦国，他命令魏国大将晋鄙率领十万大军在邺城按兵不动，名为救赵，实则观望。信陵君反复劝哥哥出兵，魏王就是不听。信陵君是一个讲义气的人，无奈之下，只好整顿自己的一千多人，百余乘战车准备赴赵国与姐姐、姐夫并肩战斗。这时候一个重要人物出现了，他就是侯嬴。侯嬴认为信陵君带着这么几个人去抗秦无异于羊入虎口，毫无用处。如果想成事，就要把晋鄙的兵权夺过来。

这可不是件容易的事，古代的军事权力掌控在君王手中，君王调兵遣将的信物是一种虎形的兵符，也叫虎符。兵符一分为二，一半在君王手中，一半在带兵在外的最高将领手中。当君王要调动这支军队时，就会派人拿着自己的一半兵符前去。如果没有兵符，谁去也不管用。也就是说，信陵君要想调动晋鄙的大军就要拿到魏王的那半块兵符，而魏王的兵符放在他的卧室里，如何拿得出来？侯嬴为信陵君想到了一个人——如姬。侯嬴说如姬是个知恩图报的女人，她肯定愿意为信陵君以死相报。果然，如姬没有让信陵君失望，偷出了那半块兵符。后面的故事就不用说了，信陵君夺得兵权，秦军被迫退兵，赵国得救。这个故事在中学课本里《信陵君窃符救赵》中有详细记载。

后人在谈到这段典故时，基本上把金都贴到信陵君脸上了，侯嬴、朱亥也分了一勺羹，但起关键作用的如姬却连口汤都没喝着。信陵君在救赵后，知道回去肯定没好果子吃，于是把军队遣回国，自己索性在赵国一待就是十年。至于如姬的结局，史书中再未提起。但是试想，连君王的弟弟都吓得不敢回国，一个陷君王于不义的女人会有什么下场是可想而知的，即使不被处死也一定是在冷宫中度完余生。

信陵君无疑是讲义气的，他帮助如姬在前，而且没有功利心。而如姬则是真正的大义者，她为报恩，竟然以生命相还。这是一个令人仰视的奇女子。

## 慧星般灿烂——虞姬

虞姬是西楚霸王项羽的爱姬，她的名字已经失传，只知道姓虞。也有人说虞是她的名，姓则不可考。秦朝末年，项羽在下相（今江苏省宿迁市）杀了县长起兵，打到吴县时遇到了虞姬，当即为她的美貌和才华所倾倒。虞姬不但貌美如仙，而且书画歌舞，无一不精。在那个时代，美女易得，才女难求。英雄美人相见恨晚，两人十分恩爱，项羽转战南北，总把虞姬带在身边，她分享了项羽的威风，也分享了项羽的荣耀。然而，她是一位善良纯洁的女孩，从没有干涉过政治，从没有在西楚王朝扮演过使人注目或使人迁怒的角色。因此，在四面楚歌之前，史书中根本没有她的影子。

可是，她却分享了西楚政府覆亡的灾难，而且留下一抹如慧星般璀璨的光芒。

公元前 202 年初春，刘邦的西汉兵团在垓下把项羽的西楚大军重重包围。当晚，满天星斗，月明如昼。忽然间，四面八方的汉军阵地里传出楚歌，项羽侧耳倾听，大骇道：“楚人怎么这么多，难道我们的疆土全部陷落了吗？”

事实上也正是如此，项羽的力量只剩下这支残存八百骑的孤军。听着四面楚歌，项羽不能入睡，在营帐中徘徊，虞姬在旁陪伴。项羽的战马名叫乌骓，也在帐外长嘶。项羽百感交集，慷慨悲歌，歌曰：“力拔山兮气盖世，时不利兮骓不逝。骓不逝兮可奈何，虞兮虞兮奈若何！”项羽一面唱，一面落下英雄穷途末路的眼泪。虞姬也随着他唱，最后，她起身为项羽舞蹈，一面舞，一面以歌唱和：“汉兵已略地，四面楚歌声；大王意趣尽，贱妾何聊生？”

这是一个悲凉的场面，项羽众叛亲离，只有八百骑兵、一匹战马和一位美女。然而世界之大，已无他容身之地。虞姬知道往事已不堪回首，她趁着项羽不备，举剑自刎，以断项羽后顾之私情，激项羽奋战之斗志，希冀胜利突围。

项羽抱尸痛哭，就在尸体倒处，掘土成墓，把虞姬安葬。

历史上，虞姬只在这一晚露面，在完成悲剧后，又归乌有。她就像一颗彗星，刹那间呈现，又刹那间消失。她除了给我们留下这段可歌可泣的事迹外，还为中国文学贡献了一个唯美的“虞美人”调。

清朝有位诗人以虞姬的口吻作诗一首：“君王意气尽江东，贱妾何堪入汉宫。碧血化为江边草，花开更比杜鹃红。”

虞姬幸还是不幸，无法评判。从生命的角度看，她陨落于最鲜艳的年龄，不幸；从爱情的角度看，她遇到了知己，为爱而亡，死得光芒万丈，幸。

# 情何以堪——徐淑

徐淑是东汉时的一个家庭妇女，也是一个著名的女诗人。她的丈夫秦嘉在陇西郡（今属甘肃）当差，职位不高。二人都能文擅作，婚后生活琴瑟合鸣，并且很快就有了一儿一女两个爱情的结晶。

可惜徐淑身体不太好，婚后没几年就得了病，或许是怕传染给老公，或者不愿拖累老公，她决定回娘家养病。就在当年年末，秦嘉接到上级命令去京城洛阳任职。这样的机会可是千载难逢。洛阳毕竟是天子脚下，比陇西一个小县城要强多了。对于这件喜事，秦嘉并不太高兴，想到要与妻子两地分居，心中不免有些失落。于是他派人去丈母娘家接妻子，想临行前见她一面。顺便捎去了一首情诗："临路怀惆怅。中驾正踯躅。浮云起高山。悲风激深谷。良马不回鞍。轻车不转毂。针药可屡进。愁思难为数。"大致意思是说，最近我就要到外地出差了，十分想念你，你赶紧回来吧。这首诗是著名的《赠妇诗三首》中的第一首。

徐淑读完信后真是归心似箭，但想到病未痊愈，就打消了回去的念头，只回了首情诗和一封信。她在信中写道："身非形影，何能动而辄俱；体非比目，何得同而不离？"

秦嘉没有接到妻子，只好独自怅然地上路，临行前留下一封信（即《重报妻书》）和一首诗以及四件礼物：明镜、宝钗、好香、素琴，并且在信中解释说："明镜可以鉴形，宝钗可以耀首，芳香可以馥身去秽，麝香可以辟恶气，素琴可以娱耳。"

不知徐淑是误会了秦嘉的意思，还是太懂丈夫的心了，她回了一封信，信中说："素琴之作，当须君归；明镜之鉴，当待君还；未奉光仪，则宝钗不列也；未待帷帐，则芳香不发也。”意思是说，你不在家，我一不化妆照镜子，二不弹琴焚香。女为悦己者容，但是你久居首都，无法见面，我即使打扮得再好看又有什么意思？

秦嘉到洛阳后果然争气，当了个黄门郎。黄门是指宫禁之门，黄门郎的作用就是掌侍皇帝，传达诏命，是距皇帝最近的人，如果没什么意外，是进阶高官的最好跳板。

秦嘉也想把徐淑接到京城，但是当时东汉的陇西郡郡治在今天的临洮。临洮距兰州一百多里，兰州到西安一千多里，西安到洛阳又是一千多里。而且东汉时期道路还不很发达，加之徐淑身体也不太好，所以一时半会儿两人不可能团聚，只能经常互通书信以表怀念之情。

丈夫高升，而且一往情深，徐淑的前景看起来很美。然而，世事弄人，秦嘉年纪轻轻就病死于任上。

死者长已矣，生者何以堪。留在老家的徐淑悲痛欲绝。可最大的问题还不在这里。她本来一心要忠于自己的爱情誓言，独自把弱儿幼女拉扯成人。谁知，她的哥哥却强迫她改嫁。她写了篇《为誓书与兄弟》的文章，义正辞严地反抗说“盖闻君子导人以德，矫俗以礼，是以烈士有不移之志，贞女无回二之行。淑虽妇人，窃慕杀身成义，死而后已”。为了不再受到逼迫，她“毁形不嫁，哀恸伤生”。至于怎么毁形，不得而知，但一定很惨烈。

不久，徐淑因悲伤过度而死。

徐淑和秦嘉夫妇在文人五言诗的发展过程中占有重要的地位，其诗歌作品表明了文人五言诗的技巧渐趋成熟。他们的诗歌成就是与二人的爱情联系在一起的，最著名的作品就是互通情意的书信和诗作——秦嘉的《赠妇诗》三首和徐淑的《答秦嘉诗》一首（其他诗作佚失），诗歌评论家钟嵘在《诗品》中把他们列入中品。以为“夫妻事既可伤，文亦凄怨”，并认为徐淑诗仅次于班婕妤《怨歌行》，为汉代难得的女诗人。

作为一个具有独立人格的女诗人，徐淑一生为一个情字而活，为情坚守，为情发光。然而，人生不如意十之八九，老天有时候很无情，偏偏不让有情人白头偕老。

## 破镜重圆——南朝乐昌公主

乐昌公主是南朝最后一位皇帝陈后主陈叔宝的妹妹。她的故事为中国贡献了两个典故：一是“元宵节”这个华人传统的情人节（这个节日的来历有许多版本，这是其中之一），二是“破镜重圆”这个成语。

陈叔宝是一位风流天子，他当皇帝时，不太管理国家大事，就喜欢喝酒吟诗，著名的《玉树后庭花》就是他的作品。乐昌公主不但貌若天仙，而且琴棋诗书皆通，是历史上有名的女诗人。她选择夫婿自有眼光，不恋侯门贵族，独重诗文才识，成年后，由自己做主下嫁太子舍人（即门客）徐德言为妻。

当时北边的杨坚已建立隋朝，随时可能南下灭陈。一天徐德言对妻子说：“一旦国破家亡，凭着你的才气容貌，一定会被掳入权贵豪门，夫妻恩爱一场就可能成为永诀。到时候，倘若情缘未断，还望有相见之日，应该有信物为凭。”公主听罢，泪流满面，便从妆奁中拿出一面镜子。那个时候还没有玻璃，镜子是铜的。徐德言将这面铜镜破为两半，自己留一半，另一半给妻子，作为日后重见的凭证，镜子重圆日，就是夫妻团圆时。徐德言说：“你以后每年正月十五那天在市上卖这半面镜子，如果我还活着，我也在这天来找你。”

以镜子作为爱人之间的信物的习惯在中国古代早已有之。我国古代的婚姻讲究“父母之命，媒妁之言”，经双方家长同意后，就下聘礼，聘礼中就有铜镜和镜台。且有夫妻双镜成对使用的习俗，传说自汉以后，常用铜镜作为男女相爱的信物，生前相互赠送，作为纪念，死后随葬。考古中也有破镜重圆的发现。西汉东方朔的《神异经》载，从前有夫妇相别，把一面镜子一分为二，各执一半。后来其一与人私奔，那半面镜子变为一只乌鹊，飞到丈夫面前。

两人破了镜子之后不久，隋文帝派次子杨广和大将杨素率军灭了南陈，民众流离失所，乐昌公主和徐德言也在战乱中失散了。乐昌公主被掠入了隋朝大臣越公杨素家里，成为他的宠姬。但乐昌公主郁郁寡欢，日夜都在思念着徐德言。每到正月十五元宵佳节，乐昌公主便私下命老仆拿着自己一直珍藏在身边的半块铜镜沿街叫卖。行人见那老仆只卖半面镜子都十分奇怪，询问要价几何，谁知老仆的开价高得离谱，众人都以为是疯人疯语，从此再无人过问。

再说徐德言，自从和妻子失散后，颠沛流离，生活困苦不堪，但依然没有放弃找寻妻子，揣着怀里的半面镜子多方打听妻子的下落。几年后他流浪到隋朝的京城长安。又逢正月十五这天，他来到集市上，看到有人正在高价叫卖半面镜子，徐德言一番打听之后，拿出自己保存的半面镜子，两下一合，果然破镜重圆。一问之下，才知道妻子已沦为权倾朝野的越国公的爱妾，徐德言的心不禁冷了半截，但他不死心，便在镜面上写了一首五言诗："镜与人俱去，镜归人未归！无复嫦娥影，空留明月辉！"

老仆回去后诉说了事情经过，乐昌公主知是徐德言，待看到诗后，心中无限悲痛，整日以泪洗面。杨素见状，便向乐昌公主询问缘故。乐昌公主据实以告，并且请求杨素能让他们夫妻见上一面。杨素深为感动，他问乐昌公主是不是要回到徐德言的身边，乐昌公主说："原是一女不嫁二夫，但杨公对我不薄，不忍辜负，不过徐相公情意未改，而且依约寻来，妾也不忍离弃，还望杨公成全。"

杨素虽然心中有些醋意，但他终不是一般人，还是派人召见徐德言，在府上设宴款待，庆贺他们夫妻破镜重圆。此时的徐德言已是鬓生白发，憔悴落魄，与妻子重逢，恍如梦境，但乐昌公主已为他人妇，诸多言语不知从何说起，也不敢多说一句。席间，杨素也觉尴尬，便命乐昌公主作诗，公主悲喜交集，即席赋曰："今日何迁次，新官对旧官。笑啼俱不敢，方验做人难。"在座的人无不感叹唏嘘。杨素更是感动不已，索性好人做到底，第二天，便送乐昌公主回到丈夫身边，还赠送了一大笔钱财。后来徐德言与乐昌公主回到了江南，白头相守偕老。

“欢乐趣，离别苦，就中更有痴儿女。”谁说世间没有真情。

## 生得相亲，死亦何恨——步非烟

步非烟是唐懿宗时期洛阳城中一位著名的美女。唐代以杨玉环的雍容丰腴为美，但步非烟却旁逸别出，以轻盈纤弱取胜。相传她形如柳丝，能随风飘拂，罗绮加身尚若不胜其重，是一个惹人怜爱、让人心痛的瘦美人。唐代是产才女的好时代。步非烟虽生长于小户人家，却才情横溢、教养颇深，尤其是能弹一手绝妙的琵琶，敲击一手好筑。筑是古代的一种打击乐器，据说步非烟击筑之技，在当时堪称一绝。

这样一个才女加美女自然名声在外。步非烟未出阁前，其美艳和才艺已经传遍了洛阳城中，河南府功曹参军武公业在一次偶然的机会中遇到了她，顿时一见倾心，千方百计托媒人说合，终于把可人儿娶进了府中。成婚后，武参军对步非烟爱如至宝，整天尽以呆望着她的清丽身影为快事，除在公府留值外，他与非烟几乎寸步不离。

只不过，感情一物不是宠爱就能得来的。步非烟作为一个才女，比起一般女子更需要思想上的共鸣，而这个粗悍的夫君虽然对她宠得无以复加，但既不能与她诗词互答，也不会表达柔情蜜意，在她弹奏琴击筑时，只会傻瞧着她的脸。这还不算，因武公业不好文墨，还常常干扰步非烟读书。这样的婚姻与她所期望的意境简直是天差地别，因此步非烟的失望和郁闷是可想而知的。

有一天，步非烟正心不在焉地在院中摘花赏玩，忽听得隔墙传来琅琅的读书声，语声激昂、抑扬有致，似乎颇得书中神韵。这让自嫁入武府就难觅知音的步非烟不禁为之感慨心喜，直想去探个究竟。但转念想到自己身已有归属，不该再生非分之念，但是，邻院的读书声还是久久萦绕在她的耳畔，弄得她心里痒痒的。

这个往步非烟心里扔了颗石子的人是谁呢？他就是武家的紧邻，府椽赵麟的儿子赵象。赵象年方二十，长得美貌丰仪，当时正在家中攻读科举课业。这一天，赵象在自家庭院中读书，读到兴头上，他一边绕庭漫步，一边朗声吟诵诗书，没想到扰动了隔壁院中的步非烟的心湖。

几天之后的一个清晨，东方乍白，赵象在院中舞剑健身，转身腾跃中，不经意地透过矮墙上看到邻家院中有一位纤秀的少妇正独自在晨雾中赏花。但见那少妇美貌胜过春花几倍，赵象不知不觉地忘了舞剑，只顾伸长脖子偷看那位美艳的少妇，越看越让他心荡神怡。赵象实在想不通，这般楚楚可人的女子如何落入了粗悍的武公业家中？正在他胡思乱想之际，邻院的美人儿已穿花拂柳飘进了屋中。只留下赵象在院中愣怔了好半天。这次惊鸿一瞥让赵象再也忘不了那动人的女子，朝思暮想，辗转反侧，根本无法静下心来读书。他立即重金收买武家的守门人，求他转达自己对步非烟的渴慕之情。看门人起初不敢做这件事，但禁不住赵家公子的苦苦相求，也摆不脱厚利的诱惑，于是答应成就这桩美事。

守门人让自己的妻子伺机向步非烟传达赵象的心意。一天午后，步非烟正独坐廊下出神，守门人的妻子趁四下无人，婉转地向步非烟转达了隔壁赵公子的倾慕之意。步非烟先是一惊，待弄清对方就是令她心神荡漾的那位读书郎后，一丝喜悦掠过心头。但是考虑到自己的身份，她没有表露出来，只叫守门人妻子退下。

守门人把事情经过详细禀报给赵象。赵象暗想，她既然无拒绝之意，就可能有接纳之心，我不妨再试她一试。当下写了一首挑逗意味很浓的诗让守门人的妻子送给步非烟。步非烟读完诗，心底升起了重重柔情蜜意，她无奈地对守门人妻子说："我也久慕赵公子雅才，但只恨自己命薄福浅，无缘与他共度此生了！"守门人妻子是一个老于世故的人，她见步非烟芳心已动，只是碍于身份不敢妄动，于是心中有了数。受人钱财，就得替人办事，守门人妻子怂恿道："赵公子一片诚心，夫人好歹给个回音啊！"步非烟做了很长时间的思想斗争后，终于半推半就地回了一首诗，表达了这种矛盾的心情。

赵象看到诗后顿时欣喜万分，不禁喊了出来："事情果然有眉目了！"

于是再写一首诗，抒发感激和相思之情。赵象满以为很快便能得到佳人的回音，谁知一天过去了却音讯杳然。赵象思来想去，不知道哪里出了差错。第二天一早，赵象还在为此事怨怒时，武家守门人的妻子喜滋滋地推门而入，悄悄传来了步非烟的口信："我昨天没回信，是因为小女子偶染风寒，卧床难起。"说完，又从袖中掏出一只小巧的锦囊递给赵象，说是夫人所赠。赵象急忙打开锦囊，见里面装着一只玲珑的玉蝉和一副诗笺。蝉也叫"知了"，步非烟的意思很明白："我知道你的情意了"，再看诗笺：

无力严妆倚绣笼，暗题蝉锦思难穷。
近来赢得伤春病，柳弱花欹怯晓风。

一时间，赵象飘飘欲仙，他立刻写下一封短信和一首小首表达问候和担忧。步非烟的病可以说半是身病、半是心病，见到赵象的信和诗，大为感动，病也几乎都抛到了九霄云外。她关上房门，垂下窗帏，也回了一首诗。

就这样，两人之间书信不断，柔情蜜意也越来越浓。女人的心扉一旦打开，感情就更汹涌。赵象只是美滋滋地幻想着自己与步非烟才子佳人相配成双的美景，步非烟开始行动了。

几天后的一个黄昏，武家守门人妻子又悄悄来到赵象书房，告诉他说："今夜武参军要在公府值宿，夜里只剩下夫人独守空房，公子可越墙与佳人相会。"赵象揣着一颗怦怦直跳的心好不容易熬到更深人静时，悄悄搬了梯子，越墙来到武家院中，见步非烟默立在花丛中似已等候多时。两人相见之下，欣喜难言，牵着手悄悄潜入卧室。

天晓临别时，步非烟紧紧拉住赵象的手，秀目含泪说道："今日相遇，乃前生姻缘，望公子不要因为妾无玉洁松贞之志而轻薄待妾。妾本非风流放荡之人，以身相许，实是情之所至，愿公子深记！"赵象温柔地抚慰道："小生非轻妄之徒，决不会逢场作戏。承蒙垂青，决不相负！"

感情的闸门一旦开启，春心如泉就再也遏制不住了。自从那一夜以后，凡是武公业不在家的夜晚，就是赵象与步非烟欢会之时。当然，这种好日子毕竟不多，大多数的日子，他们都只能隔墙相思，有时托守门人夫妇传递诗书，有时赵象在院中大声吟诵诗书，步非烟坐廊下轻抚琵琶。就这种情形，步非烟用诗作了描述：

相思只怕不相识，相见还愁却别君。
愿得化为松上鹤，一双飞去入云行。

两颗相倾相爱的心，无论什么困难都无法阻隔。但是两人实在想不出可以插翅双飞的办法，只能这样漫无结果地苦恋着。

纸终究包不住火。大约一年后，步非烟因小过错而鞭打了一个婢女，这个婢女怀恨在心，将她与赵象的私情告诉了武公业。武公业先找来守门人妻子询问，在严刑逼供下，她说出了事情的真相。武公业火冒三丈，但他还是压住自己的火气，决心以眼见为实。第二天他假装晚上值班，夜里又悄悄潜回家中，藏在院墙下守候。二更时分，看见墙上有人影晃动，性急的武公业奋力跃起抓住来人衣衫，撕下对方一块衣衫，那个人却跌回邻院中。武公业愤怒地拿着那片撕下的衣角，冲进自家卧室，向已妆扮整齐的步非烟大吼道："下贱女人，看你做的好事！"步非烟一见衣衫就知事已败露，望着暴跳如雷的丈夫，她显得十分平静，只淡淡地说了一句话："生既相爱，死亦何恨。"武公业见妻子不但不否认、不惊恐，反而说出这样的话来，顿时气得说不出话来，转身到侧房取来马鞭，朝步非烟没头没脑地打去。皮鞭下处，步非烟霎时皮开肉绽，她却咬紧牙关，并不讨饶，这让武公业更愤怒，下手更狠了。纤弱的步非烟在鞭打之下，很快就气绝身亡。武公业见打死了娇妻也不由得吓傻了。为遮人耳目，武公业对外宣称妻子暴疾而亡。隔壁的赵麟觉得步非烟死的有些蹊跷，本想立案追究，后来发觉此事与儿子赵象有关，便不敢再过问，事情就这样不了了之。

事后，人们发现，每至薄暮之际，邙山步非烟墓上总有一位文弱的书生伏地而泣，似乎在与墓中人倾心相诉。

步非烟敢于追求自己的幸福，面对灾难，淡定从容，不置一辩，承担了这场孽情所有的悲哀与不幸，她用自己的生命祭了自己的追求。而那个让她遭受这一切的男人，在整整两年里，只满足于这样的偷情之中，无所作为。

步非烟可歌也可泣。

## 错错错——唐婉

流行的说法是，唐婉与南宋大诗人陆游是表兄妹。陆游母亲的嫂子即是唐婉的母亲。当时流行亲上加亲，因而唐婉与陆游很小就订了娃娃亲。唐婉，字蕙仙，自幼文静灵秀，不善言语却善解人意。与年龄相仿的陆游情意十分相投。宋高宗绍兴十四年，二人结为伴侣，当时陆游二十岁，唐婉应该年龄相若。

无从考证，美丽柔情、知书达礼的唐婉为什么不见容于她的婆母和亲姑母，总之，她与表兄陆游结婚没多久就被“遣归”了。

有一种说法是，陆游的母亲在尚未出嫁的时候，在娘家与嫂子关系不和。由此，自然也不喜欢嫂子生的女儿。偏偏唐婉又婚后数年未育。陆游的母亲不愿意让儿子因为这个女人而绝了后，所以她以这个理由提出休了唐婉。无论陆、唐两家的谁，都觉得提不出更有力的理由来反对。最后，两人被迫离婚。

还有一种说法是，陆游的母亲起初很喜欢这个温婉可人的侄女，两家父母和众亲朋好友，也都认为他们是天造地设的一对，于是陆家就以一只精美无比的家传凤钗作信物，订下了这门亲上加亲的婚事。成年后，唐婉便成了陆家的媳妇。新婚燕尔的陆游终日流连于温柔乡里，根本无暇顾及应试功课进仕为官。陆游的母亲唐氏一心盼望儿子金榜题名，光耀门庭。目睹眼下的状况，她大为不满，几次以姑姑和婆婆的身份对唐婉大加训斥，责令她以丈夫的科举前途为重，淡薄儿女之情。但陆、唐二人情意缠绵，无以复顾，情况始终未见显著的改善。陆母因此对儿媳大起反感，认为唐婉实在是陆家的扫帚星，将把儿子的前程耽误殆尽。于是找个借口强令陆游将唐婉休了。陆游心中悲如刀绞，素来孝顺的他，面对态度坚决的母亲，除了暗自饮泣，别无他法。迫于母命难违，陆游只得答应把唐婉送归娘家。

两种说法虽有些许差别，但殊途同归。

离婚从现代优生的角度，这对唐婉和陆游是一件好事；但对于相爱的人来说，分离却是无法忍受的。

陆游与唐婉难舍难分，不忍就此一去，相聚无缘，于是悄悄另筑别院安置唐婉。无奈纸总包不住火，精明的陆母很快就察觉了此事。严令二人断绝来往，并为陆游另娶一位温顺本分的王氏女为妻，彻底切断了陆、唐之间的悠悠情丝。王氏过门后很快生了孩子。唐家愤愤不平，觉得不把女儿嫁出去，面子会失尽。于是将女儿嫁于当时也还有点名气的同郡士人赵士程。赵家系皇家后裔、门庭显赫，赵士程是个宽厚重情的读书人，他对曾经遭受情感挫折的唐婉表现出诚挚的同情与谅解。使唐婉饱受到创伤的心灵已渐渐平复，并且开始萌生新的感情苗芽。

再说陆游与唐婉分开后，只得收拾起满腔的幽怨，在母亲的督教下，埋头课业，以他扎实的学识功底和才气横溢的文思博得了考官陆阜的赏识，被荐为魁首。但由于当朝宰相秦桧从中作梗，在第二年春天的礼部会试时，硬是借故将陆游的试卷剔除。使得陆游的仕途在一开始就不顺利。

礼部会试失利，陆游回到家乡。在一个繁花竞妍的春日晌午，陆游为了排遣心中的烦闷，到附近的沈园散步。没想到，在园林深处的幽径上迎面遇见与赵士程相偕游园的唐婉。这次相遇虽然距他们分离已有十年，但不期而遇仍让两人已经封闭的心灵重新打开，积蓄已久的旧日柔情一下子奔泻出来。善解人意的赵士程独自离开，留下二人相聚。然而，四目相对，千般心事、万般情怀，却不知从何说起。在一阵恍惚之后，唐婉终于迈着沉重的脚步走远了，只留下了陆游在花丛中怔怔发呆。

许久，陆游才在旧梦中惊醒过来，他不由地循着唐婉的身影追寻而去，遥见唐婉与赵士程正在池中水榭上进食，这一似曾相识的场景，看得陆游的心都碎了。昨日情梦，今日痴怨尽绕心头，感慨万端，于是提笔在粉壁上题了一阙《钗头凤》：

红酥手，黄藤酒，满城春色宫墙柳。东风恶，欢情薄，一怀愁绪，几年离索。错！错！错！

春如旧，人空瘦，泪痕红浥鲛绡透。桃花落，闲池阁，山盟虽在，锦书难托。莫！莫！莫！

陆游在这首词里抒发了爱情遭受摧残后的伤感、内疚和对唐婉的深情爱慕，以及对他母亲棒打鸳鸯的不满情绪。

游园之后不久，秦桧病死，陆游被朝廷任用，离开了故乡。第二年春天，唐婉再一次来到沈园，忽然瞥见陆游留在墙上的诗。反复吟诵，想起往日二人诗词唱和的情景，不由得泪流满面，心潮起伏，于是在诗后和了一阙词：





世情薄，人情恶，雨送黄昏花易落。晓风干，泪痕残，欲笺心事，独倚斜栏。难！难！难！

人成各，今非昨，病魂常似秋千索。角声寒，夜阑珊，怕人寻问，咽泪装欢。瞒！瞒！瞒！

唐婉是一个极重感情的女子，与陆游的爱情本是十分完美的结合，却毁于世俗的风雨中。赵士程虽然给了她感情的抚慰，但毕竟曾经沧海难为水。与陆游那份刻骨铭心的情缘始终留在她情感世界的最深处。自从看到了陆游的题词，她的心就再难以平静，往日的种种煎熬着她，使她日渐憔悴，抑郁成疾，当年就悄悄逝去。《钗头凤》成了她的绝笔。

唐婉就是汉末的刘兰芝(《孔雀东南飞》中的人物)，但她比刘兰芝更有重新开辟生活的勇气。倘若没有和陆游那场致命的邂逅，唐婉再嫁后该是和睦幸福的，或有所憾但会平静。然而，在那场不期而遇后，反应强烈的是陆游，承受影响和后果的却是唐婉。

可是，既然往日的山盟已无法实现，唐婉又何必要为此付出生命？